MILITONA

TYPOGRAPHIE DE CH. LAHURE
Imprimeur du Sénat et de la Cour de Cassation
rue de Vaugirard, 9

MILITONA

PAR

THÉOPHILE GAUTIER

PARIS

LIBRAIRIE DE L. HACHETTE ET Cⁱᵉ

RUE PIERRE-SARRAZIN, N° 14

1855

MILITONA.

I.

Un lundi du mois de juin de 184., *dia de toros*,
comme on dit en Espagne, un jeune homme de
bonne mine, mais qui paraissait d'assez mauvaise
humeur, se dirigeait vers une maison de la rue
San-Bernardo, dans la très-noble et très-héroïque
cité de Madrid.

D'une des fenêtres de cette maison s'échappait
un clapotis de piano qui augmenta d'une manière
sensible le mécontentement peint sur les traits du
jeune homme : il s'arrêta devant la porte comme
hésitant à entrer ; mais cependant il prit une dé-
termination violente, et surmontant sa répu-
gnance, il souleva le marteau, au fracas duquel
répondit dans l'escalier le bruit des pas lourds et
gauchement empressés du gallego qui venait ouvrir.

On aurait pu supposer qu'une affaire désagréable, un emprunt usuraire à contracter, une

dette à solder, un sermon à subir de la part de quelque vieux parent grondeur, amenait ce nuage sur la physionomie naturellement joyeuse de don Andrès de Salcedo.

Il n'en était rien.

Don Andrès de Salcedo, n'ayant pas de dettes, n'avait pas besoin d'emprunter, et, comme tous ses parents étaient morts, il n'attendait pas d'héritage, et ne redoutait les remontrances d'aucune tante revêche et d'aucun oncle quinteux.

Bien que la chose ne soit guère à la louange de sa galanterie, don Andrès allait tout simplement rendre à doña Feliciana Vasquez de los Rios sa visite quotidienne.

Doña Feliciana Vasquez de los Rios était une jeune pesonne de bonne famille, assez jolie et suffisamment riche, que don Andrès devait épouser bientôt.

Certes, il n'y avait pas là de quoi assombrir le front d'un jeune homme de vingt-quatre ans, et la perspective d'une heure ou deux passées avec une *novia* « qui ne comptait pas plus de seize avrils » ne devait présenter rien d'effrayant à l'imagination.

Comme la mauvaise humeur n'empêche pas la coquetterie, Andrès, qui avait jeté son cigare au bas de l'escalier, secoua, tout en montant les marches, les cendres blanches qui salissaient les

parements de son habit, donna un tour à ses cheveux et releva la pointe de ses moustaches ; il se
défit aussi de son air contrarié, et le plus joli
sourire de commande vint errer sur ses lèvres.

« Pourvu, dit-il en franchissant le seuil de
l'appartement, que l'idée ne lui vienne pas de me
faire répéter avec elle cet exécrable duo de Bellini
qui n'en finit pas, et qu'il faut reprendre vingt
fois. Je manquerai le commencement de la course
et ne verrai pas la grimace de l'alguazil quand on
ouvrira la porte au taureau. »

Telle était la crainte qui préoccupait don Andrès,
et, à vrai dire, elle était bien fondée.

Feliciana, assise sur un tabouret et légèrement
penchée, déchiffrait la partition formidable ouverte à l'endroit redouté ; les doigts écartés, les
coudes faisant angle de chaque côté de sa taille,
elle frappait des accords plaqués et recommençait
un passage difficile avec une. persévérance digne
d'un meilleur sort.

Elle était tellement occupée de son travail qu'elle
ne s'aperçut pas de l'entrée de don Andrès, que la
suivante avait laissé passer sans l'annoncer, comme
familier de la maison et futur de sa maîtresse.

Andrès, dont les pas étaient amortis par la natte
de paille de Manille qui recouvrait les briques du
plancher, parvint jusqu'au milieu de la chambre
sans avoir attiré l'attention de la jeune fille.

Pendant que doña Feliciana lutte contre son
piano, et que don Andrès reste debout derrière
elle, ne sachant s'il doit franchement intérrompre
ce vacarme intime ou révéler sa présence par une
toux discrète, il ne sera peut-être pas hors de
propos de jeter un coup d'œil sur l'endroit où la
scène se passe.

Une teinte plate à la détrempe couvrait les murs ;
de fausses moulures, de feints encadrements à la
grisaille entouraient les fenêtres et les portes.
Quelques gravures à la manière noire, venues de
Paris, Souvenirs et Regrets, les Petits Bracon-
niers, Don Juan et Haydée, Mina et Brenda, étaient
suspendues, dans la plus parfaite symétrie, à des
cordons de soie verte. Des canapés de crin noir,
des chaises assorties au dos épanoui en lyre, une
commode et une table d'acajou ornées de têtes de
sphinx en cadenettes, souvenirs de la conquête
d'Égypte, une pendule représentant la Esméralda
faisant écrire à sa chèvre le nom de Phébus, et
flanquée de deux chandeliers sous globe, complétaient cet ameublement de bon goût.

Des rideaux de mousseline suisse à ramages prétentieusement drapés et rehaussés de toutes sortes
d'estampages garnissaient les croisées et reprodui-
saient d'une façon désastreusement exacte les des-
sins que les tapisseries de Paris font paraître dans
les journaux de modes ou par cahiers lithographiés.

Ces rideaux, il faut le dire, excitaient l'admiration et l'envie générales.

Il serait injuste de passer sous silence une foule de petits chiens en verre filé, de groupes en porcelaine moderne, de paniers en filigrane entremêlés de fleurs d'émail, de serre-papiers d'albâtre et de boîtes de Spa relevées de coloriages qui encombraient les étagères, brillantes superfluités destinées à trahir la passion de Feliciana pour les arts.

Car Feliciana Vasquez avait été élevée à la française et dans le respect le plus profond de la mode du jour; aussi, sur ses instances, tous les meubles anciens avaient-ils été relégués au grenier, au grand regret de don Geronimo Vasquez, son père, homme de bon sens, mais faible.

Les lustres à dix bras, les lampes à quatre mèches, les fauteuils couverts de cuir de Russie, les draperies de damas, les tapis de Perse, les paravents de la Chine, les horloges à gaîne, les meubles de velours rouge, les cabinets de marqueterie, les tableaux noirâtres d'Orrente et de Menendez, les lits immenses, les tables massives de noyer, les buffets à quatre battants, les armoires à douze tiroirs, les énormes vases à fleurs, tout le vieux luxe espagnol, avaient dû céder la place à cette moderne élégance de troisième ordre qui ravit les naïves populations éprises d'idées

civilisatrices et dont une femme de chambre anglaise ne voudrait pas.

Doña Feliciana était habillée à la mode d'il y a
deux ans; il va sans dire que sa toilette n'avait rien
d'espagnol : elle possédait à un haut degré cette
suprême horreur de tout ce qui est pittoresque et
caractéristique, qui distingue les femmes comme
il faut; sa robe, d'une couleur indécise, était se-
mée de petits bouquets presque invisibles ; l'étoffe
en avait été apportée d'Angleterre et passée en
fraude par les hardis contrebandiers de Gibraltar ;
la plus couperosée et la plus revêche bourgeoise
n'en eût pas choisi une autre pour sa fille. Une
pèlerine garnie de valenciennes ombrait modeste-
ment les charmes timides que l'échancrure du corsage, commandée par la gravure de modes, eût
pu laisser à découvert. Un brodequin étroit mou-
lait un pied qui, pour la petitesse et la cambrure,
ne démentait point son origine.

C'était, du reste, le seul indice de sa race qu'eût
conservé doña Feliciana; on l'eût prise d'ailleurs
pour une Allemande ou une Française des pro-
vinces du nord; ses yeux bleus, ses cheveux
blonds, son teint uniformément rosé, répondaient aussi peu que possible à l'idée que l'on se
fait généralement d'une Espagnole d'après les
romances et les keepsakes. Elle ne portait jamais
de mantille et n'avait pas le moindre stylet à sa

jarretière. Le fandango et la cachucha lui étaient
inconnus : mais elle excellait dans la contredanse,
le rigodon et la valse à deux temps ; elle n'allait
jamais aux courses de taureaux, trouvant ce diver-
tissement « barbare ; » en revanche, elle ne manquait pas d'assister aux premières représentations
des vaudevilles traduits de Scribe, au théâtre del
Principe, et de suivre les représentations des chan-
teurs italiens au théâtre del Circo. Le soir, elle
allait faire au Prado un tour en calèche, coiffée
d'un chapeau venant directement de Paris.

Vous voyez que doña Feliciana Vasquez de los
Rios était de tous points une jeune personne parfaitement convenable.

C'était ce que disait don Andrès ; seulement il
n'osait pas formuler vis-à-vis de lui-même le com-
plément de cette opinion : parfaitement convenable,
mais parfaitement ennuyeuse !

On demandera pourquoi don Andrès faisait la
cour dans des vues conjugales à une femme qui lui
plaisait médiocrement. Était-ce par avidité ? Non ;
la dot de Feliciana, quoique d'un chiffre assez
rond, n'avait rien qui pût tenter Andrès de Salcedo, dont la fortune était pour le moins aussi
considérable : ce mariage avait été arrangé par les
parents des deux jeunes gens, qui s'étaient laissé
faire sans objection ; la fortune, la naissance,
l'âge, les rapports d'intimité, l'amitié contractée

dès l'enfance, tout s'y trouvait réuni. Andrès s'était habitué à considérer Feliciana comme sa femme. Aussi lui semblait-il rentrer chez lui en allant chez elle; et que peut faire un mari chez lui, si ce n'est désirer de sortir? Il trouvait d'ailleurs à doña Feliciana toutes les qualités essentielles; elle était jolie, mince et blonde; elle parlait français et anglais, faisait bien le thé. Il est vrai que don Andrès ne pouvait souffrir cette horrible mixture. Elle dansait et jouait du piano, hélas! et lavait assez proprement l'aquarelle. Certes, l'homme le plus difficile n'aurait pu exiger davantage.

« Ah! c'est vous, Andrès, » dit sans se retourner Feliciana, qui avait reconnu la présence de son futur au craquement de ses chaussures.

Que l'on ne s'étonne pas de voir une demoiselle aussi bien élevée que Feliciana interpeller un jeune homme par son petit nom; c'est l'usage en Espagne au bout de quelque temps d'intimité, et l'emploi du nom de baptême n'a pas la même portée amoureuse et compromettante que chez nous.

« Vous arrivez tout à propos; j'étais en train de repasser ce duo, que nous devons chanter ce soir à la tertulia de la marquise de Bénavidès.

— Il me semble que je suis un peu enrhumé, » répondit Andrès.

Et, comme pour justifier son assertion, il essaya de tousser; mais sa toux n'avait rien de convaincant, et dona Feliciana, peu touchée de son excuse, lui dit d'un ton assez inhumain :

« Cela ne sera rien ; nous devrions bien le chanter ensemble encore une fois pour être plus sûrs de notre effet. Voulez-vous prendre ma place au piano et avoir la complaisance d'accompagner ? »

Le pauvre garçon jeta un regard mélancolique sur la pendule ; il était déjà quatre heures ; il ne put réprimer un soupir, et laissa tomber ses mains désespérées sur l'ivoire du clavier.

Le duo achevé sans trop d'encombre, Andrès lança encore vers la pendule, où la Esméralda continuait d'instruire sa chèvre, un coup d'œil furtif qui fut surpris au passage par Feliciana.

« L'heure paraît vous intéresser beaucoup aujourd'hui, dit Feliciana ; vos yeux ne quittent pas le cadran.

— C'est un regard vague et machinal.... Que m'importe l'heure lorsque je suis près de vous ?... »

Et il s'inclina galamment sur la main de Feliciana pour y poser un baiser respectueux.

« Les autres jours de la semaine, je suis persuadée que la marche des aiguilles vous est fort indifférente ; mais le lundi c'est tout autre chose....

— Et pourquoi cela, âme de ma vie ? Le temps ne coule-t-il pas toujours aussi rapide, surtout quand on a le bonheur de faire de la musique avec vous ?

— Le lundi, c'est le jour des taureaux, et, mon cher don Andrès, n'essayez pas de le nier, il vous serait plus agréable d'être en ce moment-ci à la porte d'Alcala qu'assis devant mon piano. Votre passion pour cet affreux plaisir est donc incorrigible ? Oh! quand nous serons mariés, je saurai bien vous ramener à des sentiments plus civilisés et plus humains.

— Je n'avais pas l'intention formelle d'y assister.... cependant j'avoue que, si cela ne vous contrariait pas.... j'ai été hier à l'Arroyo d'Abrunigal, et il y avait entre autres quatre taureaux de Gaviria.... des bêtes magnifiques ; un fanon énorme, des jambes sèches et menues, des cornes comme des croissants! et si farouches, si sauvages, qu'ils avaient blessé l'un des deux bœufs conducteurs ! Oh! quels beaux coups il va se faire tout à l'heure dans la place, si les toreros ont le cœur et le poignet fermes ! • s'écria imprudemment Andrès, emporté par son enthousiasme d'aficionado.

Feliciana, pendant cette tirade, avait pris un air suprêmement dédaigneux, et dit à don Andrès :

« Vous ne serez jamais qu'un barbare verni ; vous allez me donner mal aux nerfs avec vos descriptions de bêtes féroces et vos histoires d'éventrements.... et vous dites ces horreurs avec un air de jubilation, commé si c'étaient les plus belles choses du monde. »

Le pauvre Andrès baissa la tête; car il avait lu, comme les autres Espagnols, les stupides tirades philanthropiques que les poltrons et les âmes sans énergie ont débitées contre les courses de taureaux, un des plus nobles divertissements qu'il soit donné à l'homme de contempler; et il se trouvait un peu Romain de la décadence, un peu boucher, un peu belluaire, un peu cannibale; mais cependant il eût volontiers donné ce que sa bourse contenait de douros à celui qui lui eût fourni les moyens de faire une retraite honnête et d'arriver à temps pour l'ouverture de la course.

« Allons, mon cher Andrès, dit Feliciana avec un sourire demi-ironique, je n'ai pas la prétention de lutter contre ces terribles taureaux de Gaviria; je ne veux pas vous priver d'un plaisir si grand pour vous : votre corps est ici, mais votre âme est au cirque. Partez; je suis clémente et vous rends votre liberté, à condition que vous viendrez de bonne heure chez la marquise de Benavidès. »

. Par une délicatesse de cœur qui prouvait sa bonté, Andrès ne voulut pas profiter sur-le-champ de la permission octroyée par Feliciana; il causa encore quelques minutes et sortit avec lenteur, comme retenu malgré lui par le charme de la conversation.

Il marcha d'un pas mesuré jusqu'à ce qu'il eût tourné l'angle de la calle ancha de San-Bernardo

pour prendre la calle de la Luna; alors, sûr d'être
hors de vue du balcon de sa fiancée, il prit une
allure qui l'eut bientôt amené dans la rue du
Desengaño.

Un étranger eût remarqué avec surprise que les
passants se dirigeaient du même côté : tous allaient,
aucun ne venait. Ce phénomène dans la circulation
de la ville a lieu tous les lundis, de quatre à cinq
heures.

En quelques minutes, Andrès se trouva près de
la fontaine qui marque le carrefour où se rencontrent la red de San-Luis, la rue Fuencarral et la rue
Ortaleza.

Il approchait.

La calle del Caballero de Gracia franchie, il déboucha dans cette magnifique rue d'Alcala, qui
s'élargit en descendant vers la porte de la ville,
ainsi qu'un fleuve approchant de la mer, comme
si elle se grossissait des affluents qui s'y dégorgent.

Malgré son immense largeur, cette belle rue, que
Paris et Londres envieraient à Madrid, et dont la
pente, bordée d'édifices étincelants de blancheur, se
termine sur une percée d'azur, était pleine, jusqu'au bord, d'une foule compacte, bariolée, four-
millante et de plus en plus épaisse.

Les piétons, les cavaliers, les voitures se croisaient, se heurtaient, s'enchevêtraient au milieu
d'un nuage de poussière, de cris joyeux et de voci-

férations ; les caleseros juraient comme des possé-
dés ; les bâtons résonnaient sur l'échine des rosses
rétives ; les grelots, suspendus par grappes aux tê-
tières des mules, faisaient un tintamarre assour-
dissant ; les deux mots sacramentels de la langue
espagnole étaient renvoyés d'un groupe à l'autre
comme des volants par des raquettes.

Dans cet océan humain apparaissaient de loin en
loin, pareils à des cachalots, des carrosses du temps
de Philippe IV, aux dorures éteintes, aux couleurs
passées, traînés par quatre bêtes antédiluviennes ;
des berlingots, qui avaient été fort élégants du
temps de Manuel Godoï, s'affaissaient sur leurs ressorts énervés, plus honteusement délabrés que les
coucous des environs de Paris réduits à l'inaction
par la concurrence des chemins de fer.

En revanche, comme pour représenter l'époque
moderne, des omnibus, attelés de six à huit mules
maintenues au triple galop par une mousqueterie
de coups de fouet, fendaient la foule qui se rejetait
effarée sous les arbres écimés et trapus dont est
bordée la rue d'Alcala, à partir de la fontaine
de Cybèle jusqu'à la porte triomphale élevée en
l'honneur de Charles III.

Jamais chaise de poste à cinq francs de guide, au
temps où la poste marchait, n'a volé d'un pareil
train. Les omnibus madrilègnes, ce qui explique
cette vélocité phénoménale, ne vont que deux

heures par semaine, l'heure qui précède la course
et celle qui la suit ; la nécessité de faire plusieurs
voyages en peu de temps force les conducteurs à
extraire à coups de trique de leurs mules toute la
vitesse possible ; et, il faut le dire, cette nécessité
s'accorde assez bien avec leur penchant.

Andrès s'avançait de ce pas alerte et vif particulier aux Espagnols, les premiers marcheurs du
monde, faisant sauter joyeusement dans sa poche ,
parmi quelques douros et quelques piécettes, son billet de *sombra* (place à l'ombre) tout près de la barrière ; car, dédaignant l'élégance des loges, il préférait s'appuyer aux cordes qui sont censées devoir
empêcher le taureau de sauter parmi les spectateurs,
au risque de sentir à son coude le coude bariolé
d'une veste de paysan, et dans ses cheveux la
bouffée de fumée de la cigarette d'un manolo ; car,
de cette place, l'on ne perd pas un seul détail du
combat, et l'on peut apprécier les coups à leur juste
valeur.

Malgré son futur mariage, don Andrès ne se
privait nullement de la distraction de regarder les
jolis visages plus ou moins voilés par les mantilles
de dentelles, de velours ou de taffetas. Même si
quelque beauté passait, l'éventail ouvert sur le coin
de la joue, en manière de parasol, pour préserver
des âcres baisers du hâle la fraîche pâleur d'un
teint délicat, il allongeait le pas, et, se retournant

ensuite sans affectation, contemplait à loisir les traits qu'on lui avait dérobés.

Ce jour-là, don Andrès faisait sa revue avec plus de soin qu'à l'ordinaire ; il ne laissait passer aucun minois vraisemblable sans lui jeter son coup d'œil inquisiteur. On eût dit qu'il cherchait quelqu'un à travers cette foule.

Un fiancé ne devrait pas, en bonne morale, s'apercevoir qu'il existe d'autres femmes au monde que sa novia ; mais cette fidélité scrupuleuse est rare ailleurs que dans les romans, et don Andrès, bien qu'il ne descendît ni de don Juan Tenorio ni de don Juan de Marana, n'était pas attiré à la place des Taureaux par le seul attrait des belles estocades de Luca Blanco et du neveu de Montès.

Le lundi précédent il avait entrevu à la course, sur les bancs du tendido, une tête de jeune fille d'une rare beauté et d'une expression étrange. Les traits de ce visage s'étaient dessinés dans sa mémoire avec une netteté extraordinaire pour le peu de temps qu'il avait pu mettre à les contempler. Ce n'était qu'une rencontre fortuite qui ne devait pas laisser plus de trace que le souvenir d'une peinture regardée en passant, puisque aucune parole, aucun signe d'intelligence n'avaient pu être échangés entre Andrès et la jeune manola (elle paraissait apparte-nir à cette classe), séparés qu'ils étaient l'un de l'autre par l'intervalle de plusieurs bancs. Andrès n'avait d'ailleurs aucune raison de croire que la jeune fille l'eût aperçu et eût remarqué son admiration. Ses yeux, fixés sur l'arène, ne s'étaient pas détournés un instant du spectacle, auquel elle paraissait prendre un intérêt exclusif.

C'était donc un incident qu'il eût dû oublier sur le seuil du lieu qui l'avait vu naître. Cependant, à plusieurs reprises, l'image de la jeune fille s'était retracée dans l'esprit d'Andrès avec plus de vivacité et de persistance qu'il ne l'aurait fallu.

Le soir, sans en avoir la conscience sans doute, il prolongeait sa promenade, ordinairement bornée au salon du Prado, où s'étale sur des rangs de chaises la fashion de Madrid, au delà de la fontaine d'Alcachofa, sous les allées plus ombreuses fréquentées par les manolas de la place de Lavapiès. Un vague espoir de retrouver son inconnue le faisait déroger à ses habitudes élégantes.

De plus, il s'était aperçu, symptôme significatif, que les cheveux blonds de Feliciana prenaient à contre-jour des teintes hasardeuses atténuées à grand'peine par les cosmétiques (jamais jusqu'à ce jour il n'avait fait cette remarque), et que ses yeux bordés de cils pâles n'avaient aucune expression, si ce n'est celle de l'ennui modeste qui sied à une jeune personne bien élevée; et il bâillait involontairement en pensant aux douceurs que lui réservait l'hymen.

Au moment où Andrès passait sous une des trois arcades de la porte d'Alcala, un calesin fendait la foule au milieu d'un concert de malédictions et de sifflets ; car c'est ainsi que le peuple accueille en Espagne tout ce qui le dérange au milieu de ses plaisirs et semble porter atteinte à la souveraineté du piéton.

Ce calesin était de l'extravagance la plus réjouissante ; sa caisse, portée par deux énormes roues écarlates, disparaissait sous une foule d'amours et d'attributs anacréontiques, tels que lyres, tambourins, musettes, cœurs percés de flèches, colombe se becquetant, exécutés à des époques reculées par un pinceau plus hardi que correct.

La mule, rasée à mi-corps, secouait de sa tête empanachée tout un carillon de grelots et de sonnettes. Le bourrelier qui avait confectionné son harnais s'était livré à une débauche incroyable de passementeries, de piqûres, de pompons, de houppes et de fanfreluches de toutes couleurs. De loin, sans les longues oreilles qui sortaient de ce brillant fouillis, on eût pu prendre cette tête de mule ainsi attelée pour un bouquet de fleurs ambulant.

Un calesero de mine farouche, en manches de chemise et la chamarre de peau d'Astracan au coin de l'épaule, assis de côté sur le brancard, bâtonnait à coups de manche de fouet la croupe osseuse de sa bête, qui s'écrasait sur ses jarrets et se jetait en avant avec une nouvelle furie.

Un calesin, le lundi, à la porte d'Alcala, n'a rien en soi qui mérite une description particulière et doive attirer l'attention, et, si celui-là est honoré d'une mention spéciale, c'est qu'à sa vue la plus agréable surprise avait éclaté sur la figure de don Andrès.

Il n'est guère dans l'usage qu'une voiture se rende vide à la place des Taureaux ; aussi le calesin contenait-il deux personnes.

La première était une vieille, petite et grosse, vêtue de noir, à l'ancienne mode, et dont la robe trop courte d'un doigt laissait paraître un ourlet de jupon en drap jaune comme en portent les paysannes en Castille ; cette vénérable créature appartenait à cette espèce de femmes qu'on appelle en Espagne la tia Pelona, la tia Blasia, selon leur nom, comme on dit ici la mère Michel, la mère Godichon, dans le monde si bien décrit par Paul de Kock. Sa face large, épatée, livide, aurait été des plus communes, si deux yeux charbonnés et entourés d'une large auréole de bistre, et deux pinceaux de moustaches obombrant les commissures des lèvres, n'eussent relevé cette trivialité par un certain air sauvage et féroce digne des duègnes du bon temps. Goya, l'inimitable auteur des *Caprices*, vous eût en deux coups de pointe gravé cette physionomie. Bien que l'âge des amours fût envolé depuis longtemps pour elle, si jamais il avait existé, elle n'en arran-

geait pas moins ses coudes dans sa mantille de
serge , bordée de velours avec une certaine coquetterie, et manégeait assez prétentieusement un grand
éventail de papier vert.

Il n'est pas probable que ce fût l'aspect de cette
aimable compagnonne qui amenât un éclair de satisfaction sur le visage de don Andrès.

La seconde personne était une jeune fille de seize
à dix-huit ans, plutôt seize que dix-huit ; une légère
mantille de taffetas, posée sur la galerie d'un haut
peigne d'écaille qu'entourait une large natte de
cheveux tressés en corbeille, encadrait sa charmante
figure d'une pâleur imperceptiblement olivâtre. Son
pied allongé sur le devant du calesin, et d'une petitesse presque chinoise, montrait un mignon sou-
lier de satin à quartier de ruban et le commencement d'un bas de soie à coins de couleur bien tiré.
Une de ses mains délicates et fines , bien qu'un peu
basanées, jouait avec les deux pointes de la mantille , et l'autre, repliée sur un mouchoir de batiste,
faisait briller quelques bagues d'argent, le plus
riche trésor de son écrin de manola ; des boutons
de jais miroitaient à sa manche et complétaient ce
costume rigoureusement espagnol.

Andrès avait reconnu la délicieuse tête dont le
souvenir le poursuivait depuis huit jours.

Il doubla le pas et arriva en même temps que le
calesin à l'entrée de la place des Taureaux : le ca-

lesero avait mis le genou en terre comme pour
servir de marchepied à la belle manola, qui descendit en lui appuyant légèrement le bout des doigts
sur l'épaule : l'extraction de la vieille fut autrement
laborieuse; mais enfin elle s'opéra heureusement,
et les deux femmes, suivies d'Andrès, s'engagèrent
dans l'escalier de bois qui conduit aux gradins.

Le hasard, par une galanterie de bon goût, avait
distribué les numéros des stalles de façon que
don Andrès se trouvât assis précisément à côté de
la jeune manola.

II.

Pendant que le public envahissait tumultueuse-
ment la place, et que le vaste entonnoir des gradins se noircissait d'une foule de plus en plus compacte, les toreros arrivaient les uns après les autres
par une porte de derrière dans l'endroit qui leur
sert de foyer, et où ils attendent l'heure de la *fun-
cion*.

C'est une grande salle blanchie à la chaux, d'un
aspect triste et nu. Quelques petites bougies y font
trembloter leurs étoiles d'un jaune fade devant une
image enfumée de Notre-Dame suspendue à la
muraille; car, ainsi que tous les gens exposés par
état à des périls de mort, les toreros sont dévots,

ou tout au moins superstitieux; chacun a son amulette, à laquelle il a pleine confiance; certains présages les abattent ou les enhardissent; ils savent, disent-ils, les courses qui leur seront funestes. Un cierge offert et brûlé à propos peut cependant corriger le sort et prévenir le péril. Il y en avait bien, ce jour-là, une douzaine d'allumés, ce qui prouvait la justesse de la remarque de don Andrès sur la force et la férocité des taureaux de Gaviria qu'il avait vus la veille à l'Arroyo, et dont il décrivait avec tant d'enthousiasme les qualités à sa fiancée Feliciana, médiocre appréciatrice de semblables mérites.

Il vint à peu près une douzaine de toreros, chulos, banderilleros, espadas, embossés dans leurs capes de percaline glacée. Tous, en passant devant la madone, firent une inclination de tête plus ou moins accentuée. Ce devoir accompli, ils allèrent prendre sur une table *la copa de fuego*, petite coupe à manche de bois et remplie de charbon, posée là pour la plus grande commodité des fumeurs de cigarettes et de puros, et se mirent à pousser des bouffées en se promenant ou campés sur les bancs de bois le long du mur.

Un seul passa devant le tableau révéré sans lui accorder cette marque de respect, et s'assit à l'écart en croisant l'une sur l'autre des jambes nerveuses que le luisant du bas de soie aurait pu faire croire de marbre. Son pouce et son index, jaunes comme de l'or, sortaient par l'hiatus de son manteau, tenant serré un reste de papelito aux trois quarts consumé. Le feu s'approchait de l'épiderme de manière à brûler des doigs plus délicats ; mais le torero n'y faisait pas attention, occupé qu'il paraissait d'une pensée absorbante.

C'était un homme de vingt-cinq à vingt-huit ans. Son teint basané, ses yeux de jais, ses cheveux crépus démontraient son origine andalouse. Il devait être de Séville, cette prunelle noire de la terre, cette patrie naturelle des vaillants garçons, des bien plantés, des bien campés, des gratteurs de guitare, des dompteurs de chevaux, des piqueurs de taureaux, des joueurs de navaja, de ceux du bras de fer et de la main irritée.

Il eût été difficile de voir un corps plus robuste et des membres mieux découplés. Sa force s'arrêtait juste au point où elle serait devenue de la pesanteur. Il était aussi bien taillé pour la lutte que pour la course, et, si l'on pouvait supposer à la nature l'intention expresse de faire des toreros, elle n'avait jamais aussi bien réussi qu'en modelant cet Hercule aux proportions déliées.

Par son manteau entre-bâillé, on voyait pétiller dans l'ombre quelques paillettes de sa veste incarnat et argent, et le chaton de la sortija qui retenait les bouts de sa cravate ; la pierre de cet an-

neau était d'une assez grande valeur, et montrait,
comme tout le reste du costume, que le possesseur appartenait à l'aristocratie de sa profession.
Son *moño* de rubans neufs, lié à la petite mèche de
cheveux réservée exprès, s'épanouissait derrière
sa nuque en touffe opulente ; sa *montera*, du plus
beau noir, disparaissait sous des agréments de
soie de même couleur, et se nouait sous son menton par des jugulaires qui n'avaient jamais servi ;
ses escarpins, d'une petitesse extraordinaire, auraient fait honneur au plus habile cordonnier de
Paris, et eussent pu servir de chausson à une danseuse de l'Opéra.

Cependant Juancho, tel était son nom, n'avait
pas l'air ouvert et franc qui convient à un beau
garçon bien habillé et qui va tout à l'heure se
faire applaudir par les femmes : l'appréhension de
la lutte prochaine troublait-elle sa sérénité ? Les
périls que courent les combattants dans l'arène, et
qui sont beaucoup moins grands qu'on ne pense,
ne devaient avoir rien de bien inquiétant pour un
gaillard découplé comme Juancho. Avait-il vu en
rêve un taureau infernal portant sur des cornes
d'acier rougi un matador embroché ?

Rien de tout cela ! Telle était l'attitude habituelle
de Juancho ; surtout depuis un an, et sans qu'il
fût précisément en état d'hostilité avec ses cama-
rades, il n'existait pas entre eux et lui cette fami-

liarité insouciante et joviale de gens qui courent ensemble les mêmes chances; il ne repoussait pas les avances, mais il n'en faisait aucune, et, quoique Andalous, il était volontiers taciturne. Cependant quelquefois il semblait vouloir se dérober à sa mélancolie, et se livrait aux élans désordonnés d'une joie factice : il buvait outre mesure, lui si sobre ordinairement, faisait du vacarme dans les cabarets, dansait des cachuchas endiablées, et finissait par des querelles absurdes où le couteau ne tardait pas à briller; puis, l'accès passé, il retombait dans sa taciturnité et dans sa rêverie.

Diverses conversations se tenaient simultanément parmi les groupes : on parlait d'amour, de politique et surtout de taureaux.

« Que pense votre grâce, disait, avec ces belles formules cérémonieuses de la langue espagnole, un torero à un autre, du taureau noir de Mazpule? A-t-il la vue basse, comme le prétend Arjona?

— Il est myope d'un œil et presbyte de l'autre; il ne faut pas s'y fier.

— Et le taureau de Lizaso, vous savez, celui de couleur pie, de quel côté pensez-vous qu'il donne le coup de corne?

— Je ne saurais le dire, je ne l'ai pas vu à l'œuvre; quel est votre avis, Juancho?

— Du côté droit, répondit celui-ci comme réveillé d'un rêve et sans jeter les yeux sur le jeune homme arrêté devant lui.

— Pourquoi?

— Parce qu'il remue incessamment l'oreille droite, ce qui est un signe presque infaillible. »

Cela dit, Juancho porta à ses lèvres le reste de son *papelito*, qui s'évanouit en une pincée de cendres blanches.

L'heure fixée pour l'ouverture de la course approchait; tous les toreros, à l'exception de Juancho, s'étaient levés; la conversation languissait et l'on entendait les coups sourds de la lance des picadores s'exerçant contre le mur dans une cour intérieure, pour se faire la main et étudier leurs chevaux. Ceux qui n'avaient pas fini leurs cigarettes les jetèrent; les chulos arrangèrent avec coquetterie sur leur avant-bras les plis de leurs capes de couleurs éclatantes et se mirent en rang. Le silence régnait, car c'est un moment toujours un peu solennel que celui de l'entrée dans la place, et qui rend les plus rieurs pensifs.

Juancho se leva enfin, jeta son manteau, qui s'affaissa sur le banc, prit son épée et sa muleta, et alla se mêler au groupe bigarré.

Tout nuage s'était envolé de son front. Ses yeux brillaient, sa narine dilatée aspirait l'air fortement. Une singulière expression d'audace animait ses traits ennoblis. Il se carrait et cambrait comme

pour se préparer à la lutte. Son talon s'appuyait
énergiquement à terre, et, sous les mailles de soie,
les nerfs de son cou-de-pied tressaillaient comme
les cordes au manche d'une guitare. Il faisait jouer
ses ressorts, et s'en assurait au moment de s'en
servir, ainsi qu'un soldat fait jouer avant la bataille son épée dans le fourreau.

C'était vraiment un admirable garçon que Juancho, et son costume faisait merveilleusement ressortir ses avantages : une large *faja* de soie rouge
sanglait sa taille fine ; les broderies d'argent qui
ruisselaient le long de sa veste formaient au collet,
aux manches, aux poches, aux parements, comme
des endroits stagnants où l'arabesque redoublait
ses complications et s'épaississait de façon à faire
disparaître l'étoffe. Ce n'était plus une veste incar-
nadine brodée d'argent, mais une veste d'argent
brodée d'incarnadin. Aux épaules papillotaient tant
de torsades, de globules de filigrane, de nœuds et
d'ornements de toute sorte, que les bras semblaient jaillir de deux couronnes défoncées. La culotte de satin, enjolivée de soutaches et de paillons
sur les coutures, pressait, sans les gêner, des muscles de fer et des formes d'une élégance robuste.
Ce costume était le chef-d'œuvre de Zapata de
Grenade, Zapata, ce Cardillac des habits de majo,
qui pleure toutes les fois qu'il vous rapporte un
habit, et vous offre pour le ravoir plus d'argent

qu'il ne vous en a demandé pour le faire. Les connaisseurs ne croyaient pas l'estimer trop cher au prix de dix mille réaux. Porté par Juancho, il en valait vingt mille !

La dernière fanfare avait résonné; l'arène était vide de chiens et de muchachos. C'était le moment. Les picadores, rabaissant sur l'œil droit de leur monture le mouchoir qui doit les empêcher de voir arriver le taureau, se joignaient au cortége, et la troupe déboucha en bon ordre dans la place.

Un murmure d'admiration accueillit Juancho quand il vint s'agenouiller devant la loge de la reine; il plia le genou de si bonne grâce, d'un air à la fois si humble et si fier, et se releva si moelleusement, sans effort ni saccade, que les vieux aficionados eux-mêmes dirent : « Ni Pepé Illo, ni Romero, ni José Candido, ne s'en fussent mieux acquittés. »

L'alguazil à cheval, en costume noir de familier de la Sainte-Hermandad, alla, selon la coutume, au milieu des huées générales, porter la clef du toril au garçon de service, et, cette formalité accomplie, se sauva au plus grand galop qu'il put, chancelant sur sa selle, perdant les étriers, embrassant le col de sa monture, et donnant à la populace cette comédie de l'effroi, toujours si amusante pour les spectateurs à l'abri de tout danger.

Andrès, tout heureux de la rencontre qu'il avait

faite, n'accordait pas grande attention aux prélimi-
naires de la course; et le taureau avait déjà éventré
un cheval sans qu'il eût jeté un seul regard au
cirque.

Il contemplait la jeune fille placée à côté de lui
avec une fixité qui l'eût gênée sans doute si elle
s'en fût aperçue. Elle lui sembla plus charmante
encore que la première fois. Le travail d'idéalisa-
tion, qui se mêle toujours au souvenir et fait souvent
éprouver des déceptions quand on se retrouve en
présence de l'objet rêvé, n'avait rien pu ajouter à la
beauté de l'inconnue; il faut avouer aussi que jamais type plus parfait de la femme espagnole ne
s'était assis sur les gradins de granit bleu du cirque
de Madrid.

Le jeune homme, en extase, admirait ce profil si
nettement découpé, ce nez mince et fier aux narines roses comme l'intérieur d'un coquillage, ces
tempes pleines où, sous un léger ton d'ambre, se
croisait une imperceptible lacis de veines bleues;
cette bouche fraîche comme une fleur, savoureuse
comme un fruit, entr'ouverte par un demi-sourire
et illuminée par un éclair de nacre, et surtout
ces yeux d'où le regard pressé par deux épaisses
franges de cils noirs jaillissait en irrésistibles
effluves.

C'était toute la pureté du type grec, mais affinée
par le caractère arabe, la même perfection avec un

accent plus sauvage, la même grâce, mais plus
cruelle ; les sourcils dessinaient leur arc d'ébène
sur le marbre doré du front d'un coup de pinceau
si hardi, les prunelles étaient d'un noir si âpre-
ment noir, une pourpre si riche éclatait dans la
pulpe des lèvres, qu'une pareille beauté eût eu
quelque chose d'alarmant dans un salon de Paris
ou de Londres : mais elle était parfaitement à
sa place à la course de taureaux, sous le ciel ardent
de l'Espagne.

La vieille, qui ne donnait pas aux péripéties de
l'arène la même attention que la jeune, observait le
manége d'Andrès avec un regard oblique et un air
de dogue flairant un voleur. Joyeuse, cette physionomie était laide ; refrognée, elle était repoussante :
ses rides semblaient plus creuses, et l'auréole brune
qui cernait ses yeux s'agrandissait et rappelait va-
guement les cercles de plume qui entourent les
prunelles des chouettes ; sa dent de sanglier s'appuyait plus fortement sur sa lèvre calleuse, et
des tics nerveux contractaient sa face grima-
çante.

Comme Andrès persistait dans sa contemplation,
la colère sourde de la vieille augmentait d'instant
en instant ; elle se tracassait sur son banc, faisait
siffler son éventail, donnait de fréquents coups de
coude à sa belle voisine, et lui adressait toutes
sortes de questions pour l'obliger à tourner la tête

de son côté ; mais, soit que celle-ci ne comprît pas
ou qu'elle ne voulût pas comprendre, elle répondait en deux ou trois mots et reprenait son attitude
attentive et sérieuse.

« La peste soit de l'atroce sorcière! se disait tout
bas Andrès, et quel dommage qu'on ait aboli l'in-
quisition! Avec une figure pareille, on vous l'eût
promenée, sans enquête, à califourchon sur un
âne, coiffée du san-benito et vêtue de la chemise
soufrée; car elle sort évidemment du séminaire de
Barahona, et doit laver les jeunes filles pour le
sabbat. »

Juancho, dont le tour de tuer n'était pas arrivé,
se tenait dédaigneusement au milieu de la place,
sans prendre plus souci des taureaux que s'ils eussent été des moutons; à peine faisait-il un léger
mouvement de corps et se dérangeait-il de deux
ou trois semelles lorsque la bête furieuse, se
préoccupant de cet homme, faisait mine de fondre
sur lui.

Son bel œil noir lustré faisait le tour des loges,
des galeries et des gradins, où palpitaient, comme
des ailes de papillons, des essaims d'éventails de
toutes nuances; on eût dit qu'il cherchait à reconnaître quelqu'un parmi ces spectateurs. Lorsque
son regard, promené circulairement, arriva au
gradin où la jeune fille et la vieille femme étaient
assises, un éclair de joie illumina sa brune figure,

et il fit un imperceptible mouvement de tête, espèce de salut d'intelligence comme s'en permettent quelquefois les acteurs en scène.

« Militona, dit la vieille à voix basse, Juancho nous a vues ; prends garde à te bien tenir ; ce jeune homme te fait les doux yeux et Juancho est jaloux.

— Qu'est-ce que cela me fait ? répondit Militona sur le même ton.

— Tu sais qu'il est homme à faire avaler une langue de bœuf à quiconque lui déplaît.

— Je ne l'ai pas regardé, ce monsieur, et d'ailleurs ne suis-je pas ma maîtresse ? »

En disant qu'elle n'avait pas regardé Andrès, Militona faisait un petit mensonge. Elle ne l'avait pas regardé, les femmes n'ont pas besoin de cela pour voir, mais elle aurait pu faire de sa personne la description la plus minutieuse.

En historien véridique, nous devons dire qu'elle trouvait don Andrès de Salcedo ce qu'il était en effet, un fort joli cavalier.

Andrès, pour avoir un moyen de lier conversation, fit signe à l'un de ces marchands d'oranges, de fruits confits, de pastilles et autres douceurs, qui se promènent dans le corridor de la place, et offrent au bout d'une perche leurs sucreries et leurs dragées aux spectateurs qu'ils soupçonnent de galanterie. La voisine d'Andrès était si jolie qu'un marchand se tenait aux environs, comptant sur une vente forcée.

« Señorita, voulez-vous de ces pastilles ? » dit Andrès avec un sourire engageant à sa belle voisine, en lui présentant la boîte ouverte.

La jeune fille se retourna vivement et regarda Andrès d'un air de surprise inquiète.

« Elles sont au citron et à la menthe, » ajouta Andrès comme pour la décider.

Milotona, prenant tout à coup sa résolution, plongea ses doigts menus dans la boîte et en retira quelques pincées de pastilles.

« Heureusement Juancho a le dos tourné, grommela un homme du peuple qui se trouvait là ; autrement il y aurait du rouge de répandu ce soir.

— Et madame, en désire-t-elle ? » continua Andrès du ton le plus exquisement poli, en tendant la boîte à l'horrible vieille, que ce trait d'audace déconcerta au point qu'elle prit, dans son trouble, toutes les pastilles sans en laisser une.

Toutefois, en vidant la bonbonnière dans le creux de sa main noire comme celle d'une momie, elle jeta un coup d'œil furtif et effaré sur le cirque et poussa un énorme soupir.

En ce moment l'orchestre sonna la mort : c'était le tour à Juancho de tuer. Il se dirigea vers la loge de l'ayuntamiento, fit le salut et la demande de rigueur, puis jeta en l'air sa montera avec la crânerie la plus coquette. Le silence se fit tout à coup parmi l'assemblée, ordinairement si tumultueuse ; l'attente oppressait toutes les poitrines.

Le taureau que devait tuer Juancho était des plus redoutables ; pardonnez-nous si, occupés d'Andrès et de Militona, nous ne vous avons pas conté ses prouesses en détail : sept chevaux étendus, vides d'entrailles et découpant sur le sable, aux différents endroits où l'agonie les avait fait tomber, la mince silhouette de leur cadavre, témoignaient de sa force et de sa furie. Les deux picadores s'étaient retirés moulus de chutes, presque écloppés, et le *sobre-saliente* (doublure) attendait dans la coulisse en selle et la lance au poing, prêt à remplacer ses chefs d'emploi hors de service.

Les chulos se tenaient prudemment dans le voisinage de la palissade, le pied sur l'étrier de bois qui sert à la franchir en cas de péril ; et le taureau vainqueur vaguait librement par la place, tachée çà et là de larges mares de sang sur lesquelles les garçons de combat n'osaient pas aller secouer de la poussière, donnant des coups de corne dans les portes, et jetant en l'air les chevaux morts qu'il rencontrait sur son passage.

« Fais ton fier, mon garçon, disait un aficionado du peuple en s'adressant à la bête farouche ; jouis

de ton reste, saute, gambade, tu ne seras pas si
gai tout à l'heure : Juancho va te calmer. »

En effet, Juancho marchait vers la bête mon-
strueuse de ce pas ferme et délibéré qui fait rétro-
grader même les lions.

Le taureau, étonné de se voir encore un adversaire, s'arrêta, poussa un sourd beuglement, secoua
la bave de son mufle, grata la terre de son sabot,
pencha deux ou trois fois la tête et recula de quelques pas.

Juancho était superbe à voir : sa figure exprimait
la résolution immuable; ses yeux fixes, dont les
prunelles entourées de blanc semblaient des étoiles
de jais, dardaient d'invisibles rayons qui criblaient
le taureau comme des flèches d'acier; sans en
avoir la conscience, il lui faisait subir ce magné-
tisme au moyen duquel le belluaire Van Amburg
envoyait les tigres tremblants se blottir aux angles
de leur cage.

Chaque pas que l'homme faisait en avant, la bête
féroce le faisait en arrière.

A ce triomphe de la force morale sur la force
brute, le peuple, saisi d'enthousiasme, éclata en
transports frénétiques; c'étaient des applaudisse-
ments, des cris, des trépignements à ne pas s'entendre; les amateurs secouaient à tour de bras les
espèces de sonnettes et de tam-tam qu'ils apportent
à la course pour émettre le plus de bruit possible.

Les plafonds craquaient sous les admirations de l'étage supérieur, et la peinture détachée s'envolait en tourbillons de pellicules blanchâtres.

Le torero ainsi applaudi, l'éclair aux yeux, la joie au cœur, leva la tête vers la place où se trouvait Militona, comme pour lui reporter les bravos qu'on lui criait de toutes parts et lui en faire hommage.

Le moment était mal choisi. Militona avait laissé tomber son éventail, et don Andrès, qui s'était précipité pour le ramasser avec cet empressement à profiter des moindres circonstances qui caractérise les gens désireux de fortifier d'un fil de plus la chaîne frêle d'une nouvelle liaison, le lui remettait d'un air tout heureux et d'un geste le plus galant du monde.

La jeune fille ne put s'empêcher de remercier d'un joli sourire et d'une gracieuse inclinaison de tête l'attention polie d'Andrès.

Ce sourire fut saisi au vol par Juancho ; ses lèvres pâlirent, son teint verdit, les orbites de ses yeux s'empourprèrent, sa main se contracta sur le manche de la muleta, et la pointe de son épée, qu'il tenait basse, creusa convulsivement trois ou quatre trous dans le sable.

Le taureau, n'étant plus dominé par l'œillade fascinatrice, se rapprocha de son adversaire sans que celui-ci songeât à se mettre en garde. L'in-

tervalle qui séparait la bête de l'homme diminuait
affreusement.

« En voilà un gaillard qui ne s'alarme pas !
dirent quelques-uns, plus robustes aux émotions.

— Juancho, prends garde, disaient les autres,
plus humains; Juancho de ma vie, Juancho de
mon cœur, Juancho de mon âme, le taureau est
presque sur toi ! »

Quant à Militona, soit que l'habitude des courses
eût émoussé sa sensibilité, soit qu'elle eût toute
confiance dans l'habileté souveraine de Juancho
ou qu'elle portât un intérêt médiocre à celui qu'elle
troublait si profondément, sa figure resta calme
et sereine comme s'il ne se fût rien passé ; seulement une légère rougeur monta à ses pommettes,
et son sein souleva d'un mouvement un peu plus
rapide les dentelles de sa mantille.

Les cris des assistants tirèrent Juancho de sa
torpeur; il fit une brusque retraite de corps et agita
les plis écarlates de sa muleta devant les yeux du
taureau.

L'instinct de la conservation, l'amour-propre du
gladiateur luttaient dans l'âme de Juancho avec le
désir d'observer ce que faisait Militona ; un coup
d'œil égaré, un oubli d'une seconde pouvaient mettre
sa vie en péril dans ce moment suprême. Situation infernale ! être jaloux, voir auprès de la
femme aimée un jeune homme attentif et char-

mant, et se trouver au milieu d'un cirque, sous la pression des regards de douze mille spectateurs, ayant à deux pouces de la poitrine les cornes brûlantes d'une bête farouche qu'on ne peut tuer qu'à un certain endroit, et d'une certaine manière, sous peine d'être déshonoré !

Le torero, redevenu maître de la *juridiction*, comme on dit en argot tauromachique, s'établit solidement sur ses talons et fit plusieurs passes avec la muleta pour forcer le taureau à baisser la tête.

« Que pouvait lui dire ce jeune homme, ce drôle, à qui elle souriait si doucement ? » pensait Juancho, oubliant qu'il avait devant lui un adversaire redoutable ; et involontairement il releva les yeux.

Le taureau, profitant de cette distraction, fondit sur l'homme ; celui-ci, pris de court, fit un saut en arrière, et, par un mouvement presque machinal, porta son estocade au hasard ; le fer entra de quelques pouces ; mais, poussé dans un endroit défavorable, il rencontra l'os et, secoué par la bête furieuse, rejaillit de la blessure avec une fusée de sang et alla retomber à quelques pas plus loin. Juancho était désarmé et le taureau plein de vie ; car ce coup perdu n'avait fait qu'exaspérer sa rage. Les chulos accoururent, faisant onduler leurs capes roses et bleues.

Militona avait légèrement pâli ; la vieille poussait

des « Aïe ! » et des « Hélas ! » et gémissait comme
un cachalot échoué.

Le public, à la vue de la maladresse inconce-
vable de Juancho, se mit à faire un de ces triom-
phants vacarmes dans lesquels excelle le peuple
espagnol : c'était un ouragan d'épithètes outra-
geuses, de vociférations et malédictions. « Fuera,
fuera, criait-on de toutes parts, le chien, le voleur,
l'assassin ! Aux présides ! à Ceuta ! Gâter une si
belle bête ! Boucher maladroit ! bourreau ! » et tout
ce que peut suggérer en pareille occasion l'exubé-
rance méridionale, toujours portée aux extrêmes.

Cependant Juancho se tenait debout sous ce
déluge d'injures, se mordant les lèvres et déchi-
rant de sa main restée libre la dentelle de son
jabot. Sa manche ouverte par la corne du taureau
laissait voir sur son bras une longue rayure vio-
lette. Un moment il chancela, et l'on put croire qu'il
allait tomber suffoqué par la violence de son émotion ; mais il se remit bien vite, courut à son épée,
comme ayant arrêté un projet dans son esprit, la ra-
massa, la fit passer sous son pied pour en redres-
ser la lame fléchie, et se posa de manière à tourner
le dos à la partie de la place où se trouvait Militona.

Sur un signe qu'il fit, les chulos lui amenèrent
le taureau en l'amusant de leurs capes, et cette
fois, débarrassé de toute préoccupation, il porta à
l'animal une estocade de haut en bas dans toutes

les règles, et que le grand Montès de Chiclana lui-même n'eût pas désavouée.

L'épée plantée au défaut de l'épaule s'élevait avec sa poignée en croix entre les cornes du taureau et rappelait ces gravures gothiques où l'on voit saint Hubert à genoux devant un cerf portant un crucifix dans ses ramures.

L'animal s'agenouilla pesamment devant Juancho, comme rendant hommage à sa supériorité, et après une courte convulsion roula les quatre sabots en l'air.

« Juancho a pris une brillante revanche! Quelle belle estocade! je l'aime mieux qu'Arjona et le Chiclanero; qu'en pensez-vous, señorita? dit Andrès tout à fait enthousiasmé à sa voisine.

— Pour Dieu, monsieur, ne m'adressez plus un mot, » répondit Militona très-vite, sans presque remuer les lèvres et sans détourner la tête.

Ces paroles étaient dites d'un ton si impératif et si suppliant à la fois, qu'Andrès vit bien que ce n'était pas le « finissez » d'une fillette qui meurt d'envie que l'on continue.

Ce n'était pas la pudeur de la jeune fille qui lui dictait ces paroles; les essais de conversation d'Andrès n'avaient rien qui méritât une telle rigueur, et les manolas, qui sont les grisettes de Madrid, sans vouloir en médire, ne sont pas, en général, d'une susceptibilité si farouche.

Un effroi véritable, le sentiment d'un danger
qu'Andrès ne pouvait comprendre, vibraient dans
cette·phrase brève, décochée de côté et qui paraissait être elle-même un péril de plus.

« Serait-ce une princesse déguisée? se dit Andrès assez intrigué et incertain du parti qu'il devait
prendre. Si je me tais, j'aurai l'air d'un sot ou
tout au moins d'un don Juan médiocre; si je per-
siste, peut-être attirerai-je à cette belle enfant
quelque scène désagréable. Aurait-elle peur de la
duègne? Non; puisque cette aimable gaillarde a
dévoré toutes mes pastilles, elle est un peu com-
plice, et ce n'est pas elle que redoute mon infante.
Y aurait-il ici autour quelque père, quelque frère,
quelque mari ou quelque amant jaloux? »

Personne ne pouvait être rangé dans aucune de
ces catégories parmi les gens qui entouraient Militona; ils avaient des airs effacés et des physio-
nomies vagues : évidemment nul lien ne les rattachait à la belle manola.

Jusqu'à la fin de la course, Juancho ne regarda
pas une seule fois du côté du tendido, et dépêcha
les deux taureaux qui lui revenaient avec une
maestria sans égale; on l'applaudit aussi furieu-
sement qu'on l'avait sifflé.

Andrès, soit qu'il jugeât prudent de ne pas re-
nouer l'entretien après cette phrase, dont le ton
alarmé et suppliant l'avait touché, soit qu'il ne

trouvât pas de manière heureuse de rentrer en conversation, n'adressa plus un mot à Militona, et même il se leva quelques minutes avant la fin de la course.

En enjambant les gradins pour se retirer, il dit tout bas quelques mots à un jeune garçon à physionomie intelligente et vive et disparut.

Le petit drôle, lorsque le public sortit, eut soin de marcher dans la foule, sans affectation et de l'air le plus dégagé du monde, derrière Militona et la duègne. Il les laissa remonter toutes deux dans leur calesin, puis, ayant l'air de céder à un mouvement de gaminerie lorsque la voiture s'ébranla sur ses grandes roues écarlates, il se suspendit à la caisse des pieds et des mains, en chantant à tue-tête la chanson populaire des taureaux de Puerto.

La voiture s'éloigna dans un tourbillon de bruit et de poussière.

« Bon, se dit Andrès, qui vit d'une allée du Prado où il était déjà parvenu passer le calesin à toute vitesse avec le muchacho hissé par derrière; je saurai ce soir l'adresse de cette charmante créature, et que le duo de Bellini me soit léger! »

III.

Le jeune garçon devait venir rendre compte de
sa mission à don Andrès, qui l'attendait en fumant
un cigare dans une allée du Prado, aux environs
du monument élevé aux victimes du 2 mai.

Tout en poussant devant lui les bouffées de
tabac qui se dissipaient en bleuâtres spirales,
Andrès faisait son examen de conscience, et ne
pouvait guère s'empêcher de reconnaître qu'il était
·sinon amoureux, du moins très-vivement préoc-
cupé de la belle manola. Quand même la beauté
de la jeune fille n'eût pas suffi pour mettre en feu
le cœur le moins inflammable, l'espèce de mystère
que semblait annoncer son effroi quand Andrès
lui avait· adressé la parole après l'accident arrivé
à Juancho, ne pouvait manquer de piquer la curiosité de tout jeune homme un peu aventureux :
à vingt-cinq ans, sans être don Quichotte de la
Manche, l'on est toujours prêt à défendre les princesses que l'on suppose opprimées.

Feliciana, la demoiselle si bien élevée, que deve-
nait-elle à travers tout cela? Andrès en était assez
embarrassé; mais il se dit que son mariage avec elle
ne devant avoir lieu que dans six mois, cette légère
amourette aurait le temps d'être menée à bien,

rompue et oubliée avant le terme fatal, et que d'ailleurs rien n'était si facile à cacher qu'une intrigue de ce genre, Feliciana et la jeune fille vivant dans des sphères à ne jamais se rencontrer. Ce serait sa dernière folie de garçon; car dans le monde on appelle folie aimer une jeune fille gracieuse et charmante, et raison épouser une femme laide, revêche et qui vous déplaît; après, il vivrait en ermite, en sage, en vrai martyr conjugal.

Les choses ainsi arrangées dans sa tête, Andrès s'abandonna aux plus agréables rêveries. Il était tenu par dona Feliciana Vasquez de los Rios à un régime de bon ton et d'amusement de bon goût qui lui pesait fort, bien qu'il n'osât protester; il lui fallait se conformer à une foule d'habitudes anglaises, au thé, au piano, aux gants jaunes, aux cravates blanches, au vernis, sans circonstance atténuante, à la danse marchée, aux conversations sur les modes nouvelles, aux grands airs italiens, toutes choses qui répugnaient à son humeur naturellement libre et gaie. Malgré lui, le vieux sang espagnol s'insurgeait dans ses veines contre l'envahissement de la civilisation du Nord.

Se supposant déjà l'amant heureux de la manola du cirque, — quel homme n'est pas un peu fat, au moins en pensée? — il se voyait dans la petite chambre de la jeune fille, débarrassé de son frac et faisant une collation de pâtisseries, d'oranges, de

fruits confits, arrosée de flacons de vin de Péralta
et de Pédro Jiménès plus ou moins légitimes, que
la tia aurait été chercher à la boutique de vins généreux la plus proche.

Prenant un *papel de hilo* teint au jus de réglisse,
la belle enfant roulait dans la mince feuille quelques brins de tabac coupés d'un trabuco, et lui
offrait une cigarette tournée avec la plus classique
perfection.

Puis, repoussant la table du pied, elle allait dé-
crocher du mur une guitare qu'elle remettait à son
galant, et une paire de castagnettes de bois de gre-
nadier qu'elle s'ajustait aux pouces, en serrant la
gance qui les noue de ses petites dents de nacre,
et se mettait à danser avec une souplesse et une
expression admirables une de ces vieilles danses
espagnoles où l'Arabie a laissé sa langueur brû-
lante et sa passion mystérieuse, en murmurant
d'une voix entrecoupée quelque ancien couplet de
séguidille incohérent et bizarre, mais d'une poésie
pénétrante.

Pendant qu'Andrès s'abandonnait à ses vo-
luptueuses rêveries avec tant de bonne foi, qu'il
marquait la mesure des castagnettes en faisant
craquer ses phalanges, le soleil baissait rapidement et les ombres devenaient longues. L'heure du
dîner approchait; car aujourd'hui, à Madrid, les
personnes bien situées se mettent à table à l'heure

de Paris ou de Londres, et le messager d'Andrès ne
revenait pas; quand même la jeune fille eût logé à
l'extrémité opposée de la ville, à la porte San-Joa-
chim ou San-Gerimon, le jeune drôle eût eu le
temps, et bien au delà, de faire deux fois la course,
surtout en considérant que, dans la première partie du voyage, il était perché sur l'arrière-train de
la voiture.

Ce retard étonna et contraria vivement Andrès,
qui ne savait où retrouver son émissaire, et qui
voyait ainsi se terminer au début une aventure qui
promettait d'être piquante. Comment se remettre
sur la piste une fois perdue, quand on ne possède
pas le plus petit indice pour se guider, pas un détail, pas même un nom, et qu'il faut compter sur
le hasard décevant des rencontres?

« Peut-être est-il arrivé quelque incident dont
je ne puis me rendre compte; attendons encore
quelques minutes, » se dit Andrès.

Profitant de la permission d'ubiquité accordée
aux conteurs, nous suivrons le calesin dans sa
course rapide. Il avait d'abord longé le Prado, puis
s'était enfoncé dans la rue de San-Juan, ayant
toujours l'émissaire d'Andrès accroché des pieds
et des mains à ses ressorts; ensuite il avait gagné
la rue de los Desamparados. Au milieu à peu près
de cette rue, le calesero, sentant de la surcharge,
avait envoyé au pauvre Perico, avec une dextérité

extrême, un coup de fouet bien sanglé à travers la
figure qui l'avait forcé à lâcher prise.

Lorsque, après s'être frotté les yeux tout pleu-
rants de douleur, il eut recouvré la faculté de voir,
le calesin était déjà au coin de la rue de la Fé, et
le bruit de ses roues sur le pavé inégal allait s'af-
faiblissant. Perico, excellent coureur comme tous
les jeunes Espagnols, et pénétré de l'importance de
sa mission, avait pris ses jambes à son cou, et il
eût assurément rattrapé la voiture, si celle-ci eût
roulé en ligne droite; mais, à l'extrémité de la rue,
elle fit un coude, et Perico la perdit de vue un
instant. Quant il tourna l'angle à son tour, le calesin avait disparu. Il était entré dans ce lacis de
rues et de ruelles qui avoisinent la place de Lava-
piés. Avait-il pris la rue del Povar ou celle de
Santa-Iñès, celle de las Damas ou de San-Lorenzo ?
C'est ce que Perico ne put démêler; il les parcou-
rut toutes, en espérant voir le calesin arrêté devant
quelque porte : il fut trompé dans son espoir; seulement il rencontra sur la place la voiture qui revenait à vide et dont le conducteur, faisant claquer
son fouet comme des détonations de pistolet par
une sorte de menace ironique, se hâtait pour aller
prendre un autre chargement.

Dépité de n'avoir pu faire ce qu'Andrès lui avait
demandé, Perico s'était promené quelque temps
dans les rues où il présumait que le calesin avait

déposé ses deux pratiques, pensant, avec cette pré-
coce intelligence des passions qu'ont les enfants
méridionaux, qu'une si jolie fille ne pouvait man-'
quer d'avoir un galant et de se mettre à la fenêtre
pour le regarder venir, ou de sortir pour l'aller
retrouver s'il ne venait pas, le jour des taureaux
étant consacré à Madrid aux promenades, aux parties fines et aux divertissements. Ce calcul n'était
pas dénué de justesse ; en effet, bien des jolies têtes
souriaient, encadrées aux fenêtres, et se penchaient
sur les balcons, mais aucune n'était celle de la
manola qu'on l'avait chargé de suivre. De guerre
lasse, après s'être lavé les yeux à la fontaine de
Lavapiès, il redescendit vers le Prado pour rendre
compte à don Andrès de sa mission. S'il ne rap-
portait pas l'adresse précise, il était du moins
à peu près certain que la belle demeurait dans
une des quatre rues dont nous avons cité les
noms ; et, comme elles sont très-courtes, c'était
déjà moins vague que de la chercher dans tout
Madrid.

S'il fût resté quelques minutes de plus, il aurait
vu un second calesin s'arrêter devant une maison
de la rue del Povar, et un homme soigneusement
embossé et le manteau sur les yeux, sauter légèrement à bas de la voiture et s'enfoncer dans l'allée.
Le mouvement du saut dérangea les plis de la cape,
qui laissa briller un éclair de paillon, et découvrit

des bas de soie étoilés de quelques gouttelettes de
sang et tendus par une jambe nerveuse.

Vous avez sans doute déjà reconnu Juancho. En
effet, c'était lui. Mais pour Perico, aucun lien ne
rattachait Juancho à Militona, et sa présence n'eût
pas été un indice de l'endroit où demeurait la jeune
fille. D'ailleurs, Juancho pouvait rentrer chez lui.
C'était même la version la plus vraisemblable. Après
une course aussi dramatique que celle-là, il devait
avoir besoin de repos et d'appliquer quelques compresses sur l'égratignure de son bras, car les cornes du taureau sont venimeuses et font des blessu-
sures lentes à guérir.

Perico se dirigea d'un pas allongé du côté de
l'obélisque du Deux-Mai, où Andrès lui avait donné
rendez-vous. Autre anicroche. Andrès n'était pas
seul. Doña Feliciana, qui était sortie pour quelque
emplette avec une de ses amies qu'elle recondui-
sait, avait aperçu de sa voiture son fiancé se promenant avec une impatience nerveuse ; elle était
descendue, ainsi que son amie, et, s'approchant
d'Andrès, elle lui avait demandé si c'était pour
composer un sonnet ou un madrigal qu'il errait
ainsi sous les arbres à l'heure où les mortels moins
poétiques se livrent à leur nourriture. Le malheureux Andrès, pris en flagrant délit de commencement d'intrigue, ne put s'empêcher de rougir un
peu et balbutia quelques galanteries banales ; il

enrageait dans son âme, bien que sa bouche sou-
rît. Perico, incertain, décrivait autour du groupe
des cercles embarrassés ; tout jeune qu'il était, il
avait compris qu'il ne fallait pas donner à un jeune
homme l'adresse d'une manola devant une jeune
personne si bien habillée à la française. Seulement
il s'étonnait en lui-même qu'un cavalier qui connaissait de si belles dames à chapeaux prît intérêt
à une manola en mantille.

« Que nous veut donc ce garçon, qui nous regarde avec ses grands yeux noirs comme s'il voulait
nous avaler ?

— Il attend sans doute que je lui jette le bout de
ce cigare éteint, » répondit Andrès en joignant
l'action à la parole et en faisant un imperceptible
signe qui voulait dire : « Reviens, quand je serai
débarrassé. »

L'enfant s'éloigna, et tirant un briquet de sa poche, fit du feu et se mit à humer le havane avec la
componction d'un fumeur accompli.

Mais Andrès n'était pas au bout de ses peines.
Feliciana se frappa le front de sa main étroitement
gantée, et dit, comme sortant d'un rêve : « Mon
Dieu, j'étais si préoccupée tantôt de notre duo de
Bellini, que j'ai oublié de vous dire que mon père,
don Geronimo, vous attend à dîner. Il voulait vous
écrire ce matin ; mais, comme je devais vous voir
dans l'après-midi, je lui ai dit que ce n'était pas la

peine. Il est déjà bien tard, dit-elle en consultant une petite montre grande comme l'ongle; montez en voiture avec nous, nous mettrons Rosa chez elle, et nous retournerons à la maison ensemble. »

Si l'on s'étonne de voir une jeune personne si bien élevée prendre un jeune homme dans sa voiture, nous ferons observer que sur le devant de la calèche était assise une gouvernante anglaise, roide comme un pieu, rouge comme une écrevisse, et ficelée dans le plus long des corsets, dont l'aspect suffisait pour mettre en fuite les amours et les médisances.

Il n'y avait pas moyen de reculer; après avoir présenté la main à Feliciana et à son amie pour les aider à monter, il prit place sur le devant de la calèche, à côté de miss Sarah, furieux de n'avoir pu entendre le rapport de Perico, qu'il croyait mieux renseigné, et avec la perspective d'une soirée musicale indéfiniment prolongée.

Comme nous pensons que la description d'un dîner bourgeois n'aurait rien d'intéressant pour vous, nous irons à la recherche de Militona, espérant être plus heureux dans nos investigations que Perico.

Militona demeurait, en effet, dans une des rues soupçonnées par le jeune espion d'Andrès. Vous dire le genre d'architecture auquel appartenait la maison qu'elle habitait avec beaucoup d'autres,

serait fort difficile, à moins que ce ne fût à l'ordre composite. La plus grande fantaisie avait
présidé au percement des baies, dont pas une n'é-
tait pareille. Le constructeur semblait s'être donné
pour but la symétrie inverse, car rien ne se corres-
pondait dans cette façade désordonnée ; les murailles, presque toutes hors d'aplomb, faisaient
ventre et paraissaient s'affaisser sous leur poids ;
des S et des croix de fer les contenaient à peine,
et, sans les deux maisons voisines, un peu plus so-
lides, où elle s'épaulait, elle serait tombée infaillible-
ment au travers de la rue ; au bas, le plâtre, écaillé
par larges plaques, laissait voir le pisé des murs ; le
haut, mieux conservé, offrait des traces d'ancienne
peinture rose, qui paraissait comme la rougeur
de cette pauvre maison honteuse de sa misère.

Près d'un toit de tuiles tumultueux et découpant
sur l'azur du ciel un feston brun, édenté çà et là,
souriait une petite fenêtre, encadrée d'un récent
crépi de chaux ; une cage, à droite, contenait une
caille ; une autre, à gauche, d'une dimension presque imperceptible, ornée de perles de verre rouge
et jaune, servait de palais et de cellule à un grillon :
car les Espagnols, à qui les Arabes ont laissé le
goût des rhythmes persistants, aiment beaucoup
les chants monotones, frappés à temps égaux, de
la caille et du grillon. Une jarre de terre poreuse,
suspendue par les anses à une ficelle et couverte

d'une sueur perlée, rafraîchissait l'eau à la brise
naissante du soir, et laissait tomber quelques gouttes
sur deux pots de basilic placés au-dessous. Cette
fenêtre, c'était celle de la chambre de Militona. De
la rue un observateur eût deviné tout de suite que
ce nid était habité par un jeune oiseau ; la jeunesse
et la beauté exercent leur empire même sur les
choses inanimées, et y posent involontairement
leur cachet.

Si vous ne craignez pas de vous engager avec
nous dans cet escalier aux marches calleuses, à la
rampe miroitée, nous y suivrons Militona, qui
monte en sautillant les degrés rompus avec toute
l'élasticité d'un jarret de dix-huit ans ; elle nage
déjà dans la lumière des étages supérieurs, tandis
que la tia Aldonza, retenue dans les limbes obscures des premières marches, pousse des han! de
saint Joseph et se pend désespérément des deux
mains à la corde grasse.

La belle fille, soulevant un bout de sparterie
jetée devant une de ces portes de sapin à petits
panneaux multipliés si communes à Madrid, prit
sa clef et ouvrit.

Une si pauvre chambre ne pouvait guère tenter
les voleurs et n'exigeait pas de grandes précautions
de fermeture : absente, Militona la laissait ouverte ;
mais, quand elle y était, elle la fermait soigneusement. Il y avait alors un trésor dans ce mince

taudis, sinon pour les voleurs, du moins pour les amoureux.

Une simple couche de chaux remplaçait sur la muraille le papier et la tenture; un miroir dont l'étamage rayé ne reflétait que fort imparfaitement la charmante figure qui le consultait; une statuette en plâtre de saint Antoine, accompagnée de deux vases de verre bleu contenant des fleurs artificielles; une table de sapin, deux chaises et un petit lit recouvert d'une courte-pointe de mousseline avec des volants découpés en dents de loup, formaient tout l'ameublement. N'oublions pas quelques images de Notre-Dame et des saints, peintes et dorées sur verre avec une naïveté byzantine ou russe, une gravure du Deux-Mai, l'enterrement de Daoiz et Vélarde, un picador à cheval d'après Goya, plus un tambour de basque faisant pendant à une guitare : par un mélange du sacré et du profane, dont l'ardente foi des pays vraiment catholiques ne s'alarme pas, entre ces deux instruments de joie et de plaisirs s'élevait une longue palme tire-bouchonnée, rapportée de l'église le jour de Pâques-Fleuries.

Telle était la chambre de Militona, et, bien qu'elle ne renfermât que les choses strictement nécessaires à la vie, elle n'avait pas l'aspect aride et froid de la misère; un rayon joyeux l'illuminait; le rouge vif des briques du plancher était gai à l'œil; aucune ombre difforme ne trouvait à s'accrocher, avec ses ongles de chauve-souris, dans ces angles d'une blancheur éclatante; aucune araignée ne tendait sa toile entre les solives du plafond; tout était frais, souriant et clair dans cette pièce meublée de quatre murs. En Angleterre, c'eût été le dénûment le plus profond; en Espagne, c'était presque l'aisance, et plus qu'il n'en fallait pour être aussi heureux qu'en paradis.

La vieille était enfin parvenue à se hisser jusqu'au haut de l'escalier; elle entra dans le charmant réduit et s'affaissa sur une des deux chaises, que son poids fit craquer d'une manière alarmante.

« Je t'en prie, Militona, décroche-moi la jarre, que je boive un coup; j'étouffe, j'étrangle; la poussière de la place et ces damnées pastilles de menthe m'ont mis le feu au gosier.

— Il ne fallait pas les manger à poignées, tia, » répondit la jeune fille avec un sourire en inclinant le vase sur les lèvres de la vieille.

Aldonza but trois ou quatre gorgées, passa le dos de sa main sur sa bouche et s'éventa en silence sur un rhythme rapide.

« A propos de pastilles, dit-elle après un soupir, quels regards furieux lançait Juancho de notre côté! je suis sûre qu'il a manqué le taureau parce que ce joli monsieur te parlait; il est jaloux comme un tigre, ce Juancho, et, s'il a pu le retrouver, il lui aura fait passer un mauvais quart d'heure. Je ne donnerais pas beaucoup d'argent de la peau de ce jeune homme, car elle court risque d'être fendue par de fameuses estafilades. Te rappelles-tu la belle aiguillette qu'il a levée sur ce Luca, qui voulait t'offrir un bouquet à la romeria de San-Isidro ?

— J'espère que Juancho ne se portera à aucune de ces fâcheuses extrémités ; j'ai prié ce jeune homme de ne plus m'adresser la parole, d'un ton si suppliant et si absolu, qu'il n'a plus rien dit à dater de ce moment ; il a compris mon effroi et en a eu pitié. Mais quelle affreuse tyrannie d'être ainsi poursuivie de cet amour féroce !

— C'est ta faute, dit la vieille ; pourquoi es-tu si jolie ? »

Un coup sec, frappé à la porte comme par un doigt de fer, interrompit la conversation des deux femmes.

La vieille se leva et alla regarder par le petit judas grillé et fermé d'un volet, pratiqué dans la porte, à hauteur d'homme, selon l'usage espagnol.

A l'ouverture parut la tête de Juancho, pâle sous la teinte bronzée dont le soleil de l'arène l'avait revêtue.

Aldonza entre-bâilla la porte et Juancho entra. Son visage trahissait les violentes émotions qui l'avaient agité dans le cirque ; on y lisait une rage

concentrée : car, pour cette âme entichée d'un grossier point d'honneur, les bravos n'effaçaient pas
les sifflets ; il se regardait comme déshonoré et
obligé aux plus téméraires prouesses pour se réha-
biliter dans l'opinion publique et vis-à-vis de lui-
même.

Mais ce qui l'occupait surtout, et ce qui portait sa
fureur au plus haut degré, c'était de n'avoir pu
quitter l'arène assez tôt pour rejoindre le jeune
homme qui paraissait si galant auprès de Militona ;
où le retrouver maintenant ? Sans doute il avait
suivi la jeune fille, il lui avait parlé encore.

A cette idée, sa main tâtait machinalement sa
ceinture pour y chercher son couteau.

Il s'assit sur l'autre chaise. Militona, appuyée à la
fenêtre, déchiquetait la capsule d'un œillet rouge
effeuillé ; la vieille s'éventait par contenance ; un
silence général régnait entre les trois personnages ;
ce fut la vieille qui le rompit.

« Juancho, dit-elle, votre bras vous fait-il toujours
souffrir ?

— Non, répondit le torero en attachant son
regard profond sur Militona.

— Il faudrait y mettre des compresses d'eau et
de sel, » continua la vieille pour ne pas laisser
tomber aussitôt la conversation.

Mais Juancho ne fit aucune réponse, et, comme
dominé par une idée fixe, il dit à Militona : « Quel

était ce jeune homme placé à côté de vous à la course de taureaux ?

— C'est la première fois que je le rencontre ; je ne le connais pas.

— Mais vous voudriez le connaître ?

— La supposition est polie. Eh bien ! quand cela serait ?

— Si cela était, je le tuerais, ce charmant garçon en bottes vernies, en gants blancs et en frac.

— Juancho, vous parlez comme un insensé ; vous ai-je donné le droit d'être jaloux de moi ? Vous m'aimez, dites-vous ; est-ce ma faute et faut-il, parce qu'il vous a pris fantaisie de me trouver jolie, que je me mette à vous adorer sur-le-champ ?

— Ça, c'est vrai, elle n'y est pas forcée, dit la vieille ; mais pourtant, à vous deux vous feriez un beau couple ! Jamais main plus fine ne se serait posée sur un bras plus vigoureux, et, si vous dansiez ensemble une cachucha au jardin de Las Delicias, ce serait à monter sur les chaises.

— Ai-je fait la coquette avec vous, Juancho ? vous ai-je attiré par des œillades, des sourires et des mines penchées ?

— Non, répondit le torero d'une voix creuse.

— Je ne vous ai jamais fait de promesses ni permis de concevoir d'espérances ; je vous ai toujours dit : « Oubliez-moi. » Pourquoi me tourmenter et m'offenser par vos violences, que rien ne justifie ? Faudra-t-il donc, parce que je vous ai plu, que je ne puisse laisser tomber un regard qui ne soit un arrêt de mort? Ferez-vous toujours la solitude autour de moi? Vous avez estropié ce pauvre Luca, un brave garçon qui m'amusait et me faisait rire, et blessé grièvement Ginès, votre ami, parce qu'il m'avait effleuré la main; croyez-vous que tout cela arrange beaucoup vos affaires? Aujourd'hui vous faites des extravagances dans le cirque; pendant que vous m'espionnez, vous laissez arriver les taureaux sur vous, et donnez une pitoyable estocade!

— Mais c'est que je t'aime, Militona, de toutes les forces de mon âme, avec toute la fougue de ce sang qui calcine mes veines; c'est que je ne vois que toi au monde, et que la corne d'un taureau m'entrant dans la poitrine ne me ferait pas détourner la tête quand tu souris à un autre homme. Je n'ai pas les manières douces, c'est vrai, car j'ai passé ma jeunesse à lutter corps à corps avec les bêtes farouches; tous les jours je tue et m'expose à être tué; je ne puis pas avoir la douceur de ces petits jeunes gens délicats et minces comme des femmes, qui perdent leur temps à se faire friser et à lire les journaux! Au moins si tu n'es pas à moi, tu ne seras pas à d'autres! » reprit Juancho après une pause, en frappant la table avec force, et comme résumant par ce coup de poing son monologue intérieur.

Et là-dessus il se leva brusquement et sortit en grommelant :

« Je saurai bien le trouver et lui mettre trois pouces de fer dans le ventre. »

Retournons maintenant auprès d'Andrès, qui, piteusement planté devant le piano, fait sa partie dans le duo de Bellini avec un luxe de notes fausses à désespérer Feliciana. Jamais soirée élégante ne lui avait inspiré plus d'ennui; il donnait à tous les diables la marquise de Benavidès et sa tertulia.

Le profil si pur et si fin de la jeune manola, ses cheveux de jais, son œil arabe, sa grâce sauvage, son costume pittoresque, lui faisaient prendre un plaisir médiocre aux douairières en turban qui garnissaient le salon de la marquise. Il trouva sa fiancée décidément laide, et sortit tout à fait amoureux de Militona.

Comme il descendait la rue d'Alcala pour retourner chez lui, il se sentit tirer par la basque de son habit; c'était Perico qui, ayant fait de nouvelles découvertes, tenait à lui rendre compte de sa mission, et aussi peut-être à toucher le douro promis.

« Cavalier, dit l'enfant, elle demeure dans la rue del Povar, la troisième maison à droite. Je l'ai vue tantôt à sa fenêtre, qui prenait la jarre à rafraîchir l'eau. »

IV.

« Ce n'est pas le tout de connaître le nid de la colombe, se dit don Andrès en s'éveillant après un sommeil que l'image de Militona avait traversé plus d'une fois de sa gracieuse apparition ; il faut encore arriver jusqu'à elle. Comment s'y prendre ? Je ne vois guère d'autre moyen que de m'aller établir en croisière devant sa maison, et d'observer les tenants et les aboutissants. Mais si je vais dans ce quartier, habillé comme je suis, c'est-à-dire comme la dernière gravure de mode de Paris, j'attirerai l'attention, et cela me gênerait dans mes opérations de reconnaissance. Dans un temps donné, elle doit sortir ou rentrer ; car je ne suppose pas qu'elle ait sa chambrette approvisionnée pour six mois de dragées et de noisettes ; je l'accosterai au passage avec quelque phrase galamment tournée, et je verrai bien si elle est aussi farouche à la conversation qu'elle l'était à la place des Taureaux. Allons au Rastro acheter de quoi nous transformer de fashionable en manolo ; ainsi déguisé, je n'éveillerai les soupçons d'aucun jaloux et d'aucun frère féroce, et je pourrai, sans faire semblant de rien, prendre des informations sur ma belle. »

Ce projet arrêté, Andrès se leva, avala à la hâte une tasse de chocolat à l'eau et se dirigea vers le Rastro, qui est comme le temple de Madrid, l'endroit où l'on trouve tout, excepté une chose neuve. Il se sentait tout heureux et tout gai; l'idée que la jeune fille ne pouvait pas l'aimer ou en aimer un autre ne lui était pas venue : il avait cette confiance qui trompe rarement, car elle est comme la divination de la sympathie ; l'ancien esprit d'aventure espagnol se réveillait en lui. Ce travestissement l'amusait, et, quoique l'infante à conquérir ne fût qu'une manola, il se promettait du plaisir à se promener sous sa fenêtre en manteau couleur de muraille; le danger que l'effroi de la jeune fille faisait pressentir ôtait à cette conquête ce qu'elle pouvait avoir de vulgaire.

Tout en forgeant dans sa tête ces mille et mille stratagèmes qui s'écroulent les uns sur les autres et dont aucun ne peut servir à l'occasion, Andrès arriva au Rastro.

C'est un assez curieux endroit que le Rastro. Figurez-vous un plateau montueux, une espèce de butte entourée de maisons chétives et malsaines, où se pratiquent toutes sortes d'industries suspectes.

Sur ce tertre et dans les rues adjacentes se tiennent des marchands de bric-à-brac de bas aloi, fripiers, marchands de ferraille, de chiffons, de verres cassés, de tout ce qui est vieux, sale, dé-

chiré, hors de service. Les taches et les trous, les
fragments méconnaissables, le tesson de la borne,
le clou du ruisseau trouvent là des acheteurs. C'est
un singulier mélange où les haillons de tous les
états ont des rencontres philosophiques : le vieil habit de cour dont on a décousu les galons coudoie la
veste du paysan aux parements multicolores ; la
jupe à paillettes désargentées de la danseuse est
pendue à côté d'une soutane élimée et rapiécée. Des
étriers de picador sont mêlés à des fleurs fausses,
à des livres dépareillés, à des tableaux noirs et
jaunes, à des portraits qui n'intéressent plus personne. Rabelais ou Balzac vous feraient là-dessus
une énumération de quatre pages.

Cependant, en remontant vers la place, il y a
quelques boutiques un peu plus relevées où l'on
trouve des habits qui, sans être neufs, sont encore
propres et peuvent être portés par d'autres que des
sujets du royaume picaresque.

Ce fut dans une de ces boutiques qu'Andrès
entra.

Il y choisit un costume de manolo assez frais, et
qui avait dû, dans sa primeur, procurer à son heureux possesseur bien des conquêtes dans la red
San-Luis, la rue del Barquillo et la place Santa-
Ana : ce costume se composait d'un chapeau à cime
tronquée, à bords évasés en turban et garnis de
velours, d'une veste ronde tabac d'Espagne, à pe-

tits boutons, de pantalons larges, d'une grande
ceinture de soie et d'un manteau de couleur sombre. Tout cela était usé juste à point pour avoir
perdu son lustre, mais ne manquait pas d'une certaine élégance.

Andrès s'étant contemplé dans une grande glace
de Venise à biseau, entourée d'un cadre magnifique et venue là on ne sait d'où, se trouva à son
gré. En effet, il avait ainsi une tournure délibérée,
svelte, faite pour charmer les cœurs sensibles de
Lavapiès.

Après avoir payé et fait mettre les habits à part,
il dit au marchand qu'il reviendrait le soir se costumer dans sa boutique, ne voulant pas qu'on le
vît sortir de chez lui travesti.

En revenant, il passa par la rue del Povar; il reconnut tout de suite la fenêtre entourée de blanc
et la jarre suspendue dont Perico lui avait parlé;
mais rien ne semblait lui indiquer la présence de
quelqu'un dans la chambre : un rideau de mousseline soigneusement fermé rendait la vitre opaque
au dehors.

« Elle est sans doute sortie pour aller vaquer à
quelque ouvrage; elle ne rentrera que la journée
finie, car elle doit être couturière, cigarera, bro-
deuse ou quelque chose approchant, » se dit Andrès; et il continua sa route.

Militona n'était pas sortie, et, penchée sur la table, elle ajustait les différentes pièces d'un corsage de robe étalées sous ses yeux. Quoiqu'elle ne fît rien de mystérieux, le verrou de sa porte était poussé, sans doute dans la crainte de quelque invasion subite de Juancho, que l'absence de la tia Aldonza aurait rendue plus dangereuse.

Tout en travaillant, elle pensait au jeune homme qui la regardait la veille, au Cirque, avec un œil si ardent et si velouté, et lui avait dit quelques mots d'une voix qui résonnait encore doucement à son oreille.

« Pourvu qu'il ne cherche pas à me revoir ! Et pourtant cela me ferait plaisir qu'il le cherchât. Juancho engagerait avec lui quelque affreuse querelle, il le tuerait peut-être ou le blesserait dangereusement comme tous ceux qui ont voulu me plaire ; et même, quand je pourrais me soustraire à la tyrannie de Juancho, qui m'a suivie de Grenade à Séville, de Séville à Madrid, et qui me poursuivrait jusqu'au bout du monde pour m'empêcher de donner à un autre le cœur que je lui refuse, à quoi cela m'avancerait-il ? Ce jeune homme n'est pas de ma classe ; à ses habits l'on voit qu'il est noble et riche ; il ne peut avoir pour moi qu'un caprice passager : il m'a déjà oubliée sans doute. »

Ici la vérité nous oblige à confesser qu'un léger nuage passa sur le front de la jeune fille, et qu'une

A

respiration prolongée, qui pouvait se prendre pour un soupir, gonfla sa poitrine oppressée.

« Il doit sans doute avoir quelque maîtresse, quelque fiancée, jeune, belle, élégante, avec de beaux chapeaux et de grands châles. Comme il serait bien avec une veste brodée en soie de couleurs, à boutons de filigrane d'argent, des bottes piquées de Ronda, et un petit chapeau andalous! Quelle taille fine il aurait, serré par une belle ceinture de soie de Gibraltar! » se disait Militona conduisant son monologue, où, par un innocent subterfuge du cœur, elle revêtait Andrès d'un costume qui le rapprochait d'elle.

Elle en était là de sa rêverie, lorsque Aldonza, qui habitait la même maison, heurta à la porte.

« Tu ne sais pas, ma chère? dit-elle à Militona; cet enragé de Juancho, au lieu d'aller panser son bras, s'est promené toute la nuit devant ta fenêtre, sans doute pour voir si le jeune homme du Cirque rôdait par là : il s'était fourré dans la tête que tu lui avais donné rendez-vous. Si cela avait été vrai, cependant? comme ce serait commode! Aussi, pourquoi ne l'aimes-tu pas, ce pauvre Juancho? il te laisserait tranquille.

— Ne parlons pas de cela; je ne suis pas responsable de l'amour que je n'ai provoqué en rien.

— Ce n'est pas, poursuivit la vieille, que le jeune cavalier de la place des Taureaux ne soit très-bien

de sa personne, et très-galant ; il m'a offert la boîte
de pastilles avec beaucoup de grâce et tous les
égards dus à mon sexe ; mais Juancho m'intéresse,
et j'en ai une peur de tous les diables ! Il me regarde un peu comme ton chaperon, et serait capable de me rendre responsable de ta préférence
pour un autre. Il te surveille de si près, qu'il serait
bien difficile de lui cacher la moindre chose.

— A vous entendre, on croirait que j'ai déjà
une affaire réglée avec ce monsieur, dont je me rappelle à peine les traits, répondit Militona en rougissant un peu.

— Si tu l'as oublié, il se souvient de toi, lui, je
t'en réponds ; il pourrait faire ton portrait de mémoire ; il n'a pas cessé de te regarder tout le temps
de la course ; on eût dit qu'il était en extase devant
une Notre-Dame. »

En entendant ces témoignages qui confirmaient
l'amour d'Andrès, Militona se pencha sur son ouvrage sans rien répondre ; un bonheur inconnu lui
dilatait le cœur.

Juancho, lui, était bien loin de ces sentiments
tendres ; enfermé dans sa chambre garnie d'épées
et de devises de taureaux qu'il avait enlevées au péril
de sa vie pour les offrir à Militona, qui n'en avait
pas voulu, il se laissait aller à ce rabâchage intérieur des amants malheureux : il ne pouvait comprendre que Militona ne l'aimât point ; cette aver-

sion lui semblait un problème insoluble et dont il
cherchait en vain l'inconnue. N'était-il pas jeune,
beau, vigoureux, plein d'ardeur et de courage?
les plus blanches mains de l'Espagne ne l'avaient-
elles pas applaudi mille fois? ses costumes n'étaient-
ils pas brodés d'autant d'or, enjolivés d'autant d'ornements que ceux des plus galants toreros? son
portrait ne se vendait-il pas partout lithographié,
imprimé dans les foulards avec une auréole de couplets laudatifs, comme celui des maîtres de l'art?
Qui, Montès excepté, poussait plus bravement une
estocade et faisait agenouiller plus vite un taureau?
Personne. L'or, prix de son sang, roulait entre ses
doigts comme le vif-argent. Que lui manquait-il
donc? Et il se cherchait avec bonne foi un défaut
qu'il ne se trouvait pas; et il ne pouvait s'expliquer
cette antipathie, ou tout au moins cette froideur,
que par un amour pour un autre. Cet autre, il le
poursuivait partout; le plus frivole motif excitait sa
jalousie et sa rage; lui qui faisait reculer les bêtes
farouches, il se brisait contre la persistance glacée
de cette jeune fille. L'idée de la tuer pour faire cesser le charme lui était venue plus d'une fois. Cette
frénésie durait depuis plus d'un an, c'est-à-dire
depuis le jour où il avait vu Militona; car son
amour, comme toutes les fortes passions, avait acquis tout de suite son développement : l'immensité
ne peut grandir.

Pour rencontrer Andrès, il s'était dit qu'il fallait fréquenter le salon du Prado, les théâtres del Circo et del Principe, les cafés élégants et les autres lieux de réunion des gens comme il faut ; et, bien qu'il professât un profond dédain pour les habits bourgeois, et fût ordinairement vêtu en majo, une redingote, un pantalon noir et un chapeau rond étaient posés sur une chaise : il était allé les acheter le matin sous les piliers de la calle Mayor, précisément à l'heure où Andrès faisait son emplette au Rastro ; l'un pour arriver à l'objet de sa haine, l'autre pour arriver à l'objet de son amour avaient pris le même moyen.

Feliciana, à qui don Andrès ne manqua pas d'aller faire sa visite à l'heure ordinaire avec l'exactitude d'un amant criminel, lui fit d'amers reproches sur les notes fausses et les distractions sans nombre dont il s'était rendu coupable la veille chez la marquise de Benavidès. C'était bien la peine de répéter si soigneusement ce duo, de le chanter tous les jours, pour faire un fiasco à la soirée solennelle. Andrès s'excusa de son mieux. Ses fautes avaient fait briller d'un éclat plus vif l'imperturbable talent de Feliciana, qui n'avait jamais été mieux en voix, et qui avait chanté à rendre jalouse la Ronconi du théâtre del Circo ; et il n'eut guère de peine à la calmer ; ils se séparèrent fort bons amis.

Le soir était venu, et Juancho, revêtu de ses habits modernes qui le rendaient méconnaissable, parcourait d'un pas saccadé et fiévreux les avenues du Prado, regardant chaque homme au visage, allant, venant, tâchant d'être partout à la fois; il entra dans tous les théâtres, fouilla de son œil d'aigle l'orchestre, les avant-scènes et les loges; il avala toutes sortes de glaces dans les cafés, se mêla à tous les groupes de politiqueurs et de poëtes dissertant sur la pièce nouvelle, sans pouvoir découvrir rien qui ressemblât à ce jeune homme qui parlait d'un air si tendre à Militona le jour des taureaux, par l'excellente raison qu'Andrès, qui était allé se costumer chez le marchand, prenait le plus posément du monde, à cette heure-là, un verre de limonade glacée dans une *horchateria de chufas* (boutique d'orgeat), située presque vis-à-vis la maison de Militona, où il avait établi son quartier d'observation, avec Perico pour éclaireur. Au reste, Juancho aurait passé devant lui sans le regarder; l'idée ne lui serait pas venue d'aller chercher son rival sous la veste ronde et le sombrero de calaña d'un manolo. Militona, cachée dans l'angle de la fenêtre, ne s'y était pas trompée une minute; mais l'amour est plus clairvoyant que la haine. En proie à la plus vive anxiété, elle se demandait quels étaient les projets du jeune homme, en s'établissant ainsi dans cette boutique, et redoutait la scène terrible

qui ne saurait manquer de résulter d'une rencontre
entre Juancho et lui.

Andrès, accoudé sur la table, examinait avec
une attention de mouchard épiant un complot les
gens qui entraient dans la maison. Il passa des
femmes, des hommes, des enfants, des gens de
tout âge, d'abord en grand nombre, car la maison était peuplée de beaucoup de familles, et puis
à intervalles plus éloignés; peu à peu la nuit
était venue, et il n'y avait plus à rentrer que
quelques retardataires. Militona n'avait point paru.

Andrès commençait à douter de la bonté des
renseignements de son émissaire, lorsque la fenêtre obscure s'éclaira et fit voir que la chambre
était habitée.

Il avait la certitude que Militona était bien dans
sa chambre, mais cela ne l'avançait pas à grand'-
chose; il écrivit quelques mots au crayon sur un
papier, et, appelant Perico qui rôdait aux alentours, lui dit de l'aller porter à la belle manola.

Perico, se glissant sur les pas d'un locataire
qui rentrait, s'engagea dans l'escalier noir, et,
tâtant les murs, finit par arriver au palier supérieur. La lueur qui filtrait par les interstices des
ais lui fit découvrir la porte qui devait être celle
de Militona; il frappa deux coups discrètement; la
jeune fille entre-bâilla le guichet, prit la lettre et
referma le petit volet.

« Pourvu qu'elle sache lire, » dit Andrès en achevant sa boisson glacée et en payant sa dépense au Valencien, maître de l'horchateria.

Il se leva et marcha lentement sous la fenêtre. Voici ce que la lettre contenait :

« Un homme qui ne peut vous oublier, et qui ne le voudrait pas, cherche à vous revoir; mais d'après les quelques mots que vous lui avez dits au cirque, et ne sachant pas votre vie, il aurait peur, en l'essayant, de vous causer quelque contrariété. Le péril qui ne serait que pour lui ne l'arrêterait pas. Éteignez votre lampe et jetez-lui votre réponse par la fenêtre. »

Au bout de quelques minutes la lampe disparut, la fenêtre s'ouvrit, et Militona, en prenant sa jarre, fit tomber un des pots de basilic qui vint se briser en éclats à quelque distance de don Andrès.

Dans la terre brune qui s'était répandue sur le pavé, brillait quelque chose de blanc; c'était la réponse de Militona.

Andrès appela un sereno (garde de nuit) qui passait avec son falot au bout de sa lance, et le pria de baisser sa lanterne, à la lueur de laquelle il lut ce qui suit, écrit d'une main tremblante et en grosses lettres désordonnées.

« Éloignez-vous.... je n'ai pas le temps de vous en écrire plus long. Demain je serai à dix heures

dans l'église de San-Isidoro. Mais , de grâce, partez : il y va de votre vie. »

« Merci , brave homme, dit Andrès en mettant
un réal dans la main du sereno , vous pouvez continuer votre route. »

La rue était tout à fait déserte, et Andrès se
retirait à pas lents , lorsque l'apparition d'un
homme enveloppé dans un manteau, sous lequel le
manche d'une guitare dessinait un angle aigu , éveilla
sa curiosité et le fit se blottir dans un coin obscur.

L'homme rejeta les pans de son manteau sur
ses épaules, ramena sa guitare par devant, et
commença à tirer des cordes ce bourdonnement
rhythmé qui sert de basse et d'accompagnement
aux mélodies des sérénades et des séguidilles.

Il était évident que ces préludes bruyants avaient
pour but d'éveiller la belle en l'honneur de qui ce
bruit se commettait ; et , comme la fenêtre de
Militona restait fermée , l'homme, réduit à se contenter d'un auditoire invisible , malgré ce dicton
espagnol qui prétend qu'il n'est pas de femme si
bien endormie à qui le frémissement d'une guitare
ne fasse mettre le nez à la fenêtre , après deux hum !
hum ! profondément sonores, commença à chanter
les couplets suivants avec un fort accent andalous :

> Enfant aux airs d'impératrice ,
> Colombe au regard de faucon ,

Tu me hais, mais c'est mon caprice
De me planter sous ton balcon.

Là, je veux, le pied sur la borne,
Pinçant les nerfs, tapant le bois,
Faire luire à ton carreau morne
Ta lampe et ton front à la fois.

Je défends à toute guitare
De bourdonner aux alentours.
Ta rue est à moi. Je la barre
Pour y chanter seul mes amours.

Et je coupe les deux oreilles
Au premier racleur de jambon
Qui devant la chambre où tu veilles
Braille un couplet mauvais ou bon.

Dans sa gaîne mon couteau bouge ;
Allons ! qui veut de l'incarnat ?
A son jabot qui veut du rouge
Pour faire un bouton de grenat ?

Le sang dans les veines s'ennuie,
Car il est fait pour se montrer ;
Le temps est noir, gare la pluie !
Poltrons, hâtez-vous de rentrer.

Sortez, vaillants, sortez bravaches,
L'avant-bras couvert du manteau.
Que sur vos faces de gavaches
J'écrive des croix au couteau !

Qu'ils s'avancent ! Seuls ou par bande,
De pied ferme je les attends.

A ta gloire il faut que je fende
Les naseaux de ces capitans.

Au ruisseau qui gêne ta marche
Et pourrait salir tes pieds blancs,
Corps du Christ ! je veux faire une arche
Avec les côtes des galants.

Pour te prouver combien je t'aime,
Dis, je tuerai qui tu voudras;
J'attaquerai Satan lui-même,
Si pour linceul j'ai tes deux draps.

Porte sourde ! Fenêtre aveugle !
Tu dois pourtant ouïr ma voix;
Comme un taureau blessé je beugle,
Des chiens excitant les abois !

Au moins plante un clou dans ta porte :
Un clou pour accrocher mon cœur.
A quoi sert que je le remporte
Fou de rage, mort de langueur ?

« Peste, quelle poésie farouche ! pensa Andrès;
voilà de petits couplets qui ne pèchent pas par la
fadeur. Voyons si Militona, car c'est en son honneur qu'a lieu ce tapage nocturne, est sensible à
ces vers élégiaques, composés par Matamore, don
Spavento, Fracasse ou Tranchemontagne. C'est
probablement là le terrible galant qui lui inspire
tant de peur. On s'effrayerait à moins. »

Don Andrès, ayant un peu avancé la tête hors
de l'ombre où il s'abritait, fut atteint par un rayon

de lune et dénoncé aux regards vigilants de Juancho.

« Bon ! je suis pris, dit Andrès ; faisons bonne contenance. »

Juancho, jetant à terre sa guitare, qui résonna lugubrement sur le pavé, courut et s'avança sur Andrès, dont la figure était éclairée et qu'il reconnut aussitôt.

« Que venez-vous faire ici à cette heure ? dit-il d'une voix tremblante de colère.

— J'écoute votre musique : c'est un plaisir délicat.

— Si vous l'avez bien écoutée, vous avez dû entendre que je défends à qui que ce soit de se trouver dans cette rue quand j'y chante.

— Je suis très-désobéissant de ma nature, répondit Andrès avec un flegme parfait.

— Tu changeras de caractère aujourd'hui.

— Pas le moins du monde, j'aime mes habitudes.

— Eh bien, défends-toi ou meurs comme.un chien, » cria Juancho en tirant sa *navaja* et en roulant són manteau sur son bras.

Ces mouvements furent imités par Andrès, qui se trouva en garde avec une promptitude qui démontrait une bonne méthode et qui surprit un peu le torero, car Andrès avait longtemps travaillé sous un des plus habiles maîtres de Sé-

ville, de même qu'on voit à Paris de jeunes élégants étudier la canne, le bâton et la savate, réduits en principes mathématiques par Lecour et
Boucher.

Juancho tournait autour de son adversaire, avançant comme un bouclier son bras gauche défendu
par plusieurs épaisseurs d'étoffes, le bras droit
retiré en arrière pour donner plus de jet et de détente au coup; tour à tour il se relevait et s'af-
faissait sur ses jarrets pliés; se grandissant comme
un géant, se rapetissant comme un nain : mais la
pointe de son couteau rencontrait toujours la
cape roulée d'Andrès prêt à la parade.

Tantôt il faisait une brusque retraite, tantôt une
attaque impétueuse; il sautait à droite et à gauche,
balançant sa lame comme un javelot, et faisant
mine de la lancer.

Andrès, à plusieurs reprises, répondit à ces
attaques par des ripostes si vives, si bien dirigées,
que tout autre que Juancho n'eût pu les parer.
C'était vraiment un beau combat et digne d'une
galerie de spectateurs érudits; mais par malheur
toutes les fenêtres dormaient et la rue était complétement déserte. Académiciens de la plage de
San-Lucar, du Potro de Cordoue, de l'Albaycin de
Grenade et du barrio de Triana, que n'étiez-vous
là pour juger ces beaux coups!

Les deux adversaires, tout vigoureux qu'ils

étaient, commençaient à se fatiguer ; la sueur ruisselait de leurs tempes, leurs poitrines haletaient
comme des soufflets de forge, leurs pieds trépi-
gnaient la terre plus lourdement, leurs sauts
avaient moins d'élasticité.

Juancho avait senti la pointe du couteau d'Andrès pénétrer dans sa manche, et sa rage s'en était
accrue; tentant un suprême effort, au risque de se
faire tuer, il s'élança comme un tigre sur son ennemi.

Andrès tomba à la renverse, et sa chute fit ouvrir la porte mal fermée de la maison de Militona,
devant laquelle avait lieu la bataille. Juancho s'é-
loigna d'un pas tranquille. Le sereno qui passait
au bout de la rue cria : « Rien de nouveau, onze
heures et demie, temps étoilé et serein. »

V.

Juancho s'était éloigné, à la voix du garde de nuit,
sans s'assurer si Andrès était mort ou seulement
blessé : il croyait l'avoir tué, tant il était sûr de ce
coup pour ainsi dire infaillible. La lutte avait été
loyale, et il ne se sentait aucun remords : le sombre plaisir d'être débarrassé de son rival dominait
chez lui toute autre considération.

L'anxiété de Militona pendant cette lutte, dont le

bruit sourd l'avait attirée à la fenêtre, ne saurait
se peindre : elle voulait crier, mais sa langue s'attachait à son palais, la terreur lui serrait la gorge
de sa main de fer; chancelante, éperdue, à demi
folle, elle descendit l'escalier au hasard, ou plutôt
se laissa glisser sur la rampe comme un corps
inerte. Elle arriva juste au moment où Andrès
tombait et repoussait par sa chute le battant mal
clos de la porte.

Heureusement Juancho ne vit pas le mouvement
plein de désespoir et de passion avec lequel la
jeune fille s'était précipitée sur le corps d'Andrès ;
car, au lieu d'un meurtre, il en aurait commis
deux.

Elle mit la main sur le cœur d'Andrès et crut
sentir qu'il battait faiblement; le sereno passait,
répétant son refrain monotone ; Militona l'appela à
son secours. L'honnête gallego accourut, et mettant sa lanterne au visage du blessé, il dit : « Eh !
tiens, c'est le jeune homme à qui j'ai prêté mon
fanal pour lire une lettre; » et il se pencha pour
reconnaître s'il était mort ou vivant.

Ce sereno aux traits fortement caractérisés, à
la physionomie rude, mais bonne, cette jeune fille
d'une blancheur de cire et dont les sourcils noirs
faisaient encore ressortir la mortelle pâleur ; ce
corps inanimé, dont elle soutenait la tête sur ses
genoux, formaient un groupe à tenter la brosse

de Rembrandt. La lumière jaune de la lanterne
frappait ces trois figures de reflets bizarres et formait au centre de la scène cette étoile scintillante
que le peintre hollandais aime à faire briller dans
ses rousses ténèbres ; mais peut-être aurait-il fallu
un pinceau plus pur et plus correct que le sien
pour rendre la suprême beauté de Militona, qui
semblait une statue de la Douleur agenouillée près
d'un tombeau.

« Il respire, dit le sereno après quelques minutes
d'examen ; voyons sa blessure. » Et il écarta les
habits d'Andrès toujours évanoui. « Ah ! voilà un
fier coup, s'écria-t-il avec une sorte d'étonnement
respectueux, porté de bas en haut, selon toutes les
règles : c'est bien travaillé. Si je ne me trompe,
ce doit être l'ouvrage d'une main sévillane. Je me
connais en coups de couteau ; j'en ai vu tant ! Mais
qu'allons-nous faire de ce jeune homme ? il n'est
pas transportable, et, d'ailleurs, où le porterions-
nous ? Il ne peut pas nous dire son adresse.

— Montons-le chez moi, dit Militona ; puisque je
suis venue la première à son secours.... il m'appartient. »

Le sereno appela, en poussant le cri de rallie-
ment, un confrère à son aide, et tous deux se mirent à gravir avec précaution le rude escalier. Militona les suivait, soutenant le corps de sa petite
main, et tâchant d'éviter les secousses au pauvre

blessé, qui fut posé doucement sur le petit lit virginal, à la couverture de mousseline dentelée.

L'un des serenos alla chercher un chirurgien, et
l'autre, pendant que Militona déchirait quelque
linge pour faire des bandelettes et de la charpie,
tâtait les poches d'Andrès pour voir s'il ne s'y trouvait pas quelque carte ou quelque lettre qui pût
servir à constater son identité. Il ne trouva rien.
Le chiffon de papier sur lequel Militona prévenait
Andrès du danger qu'il courait était tombé de sa
poche pendant la lutte, et le vent l'avait emporté
bien loin; ainsi, jusqu'au retour du blessé à la vie,
nulle indication ne pouvait mettre la police sur la
voie.

Militona raconta qu'elle avait entendu le bruit
d'une querelle, puis un homme tomber, et ne dit
pas autre chose. Bien qu'elle n'aimât pas Juancho,
elle ne l'aurait pas dénoncé pour un crime dont
elle était la cause involontaire. Les violences du
torero, quoiqu'elles l'effrayassent, prouvaient une
passion sans bornes, et, même lorsqu'on ne la partage pas, on est toujours secrètement flatté de l'inspirer.

Enfin le chirurgien arriva et visita la blessure,
qui n'avait rien de très-grave : la lame du couteau
avait glissé sur une côte. La force du coup et la
rudesse de la chute, jointes à la perte de sang,
avaient étourdi Andrès, qui revint à lui dès que la

sonde toucha les bords de la plaie. Le premier
objet qu'il aperçut en ouvrant les yeux, ce fut Militona, qui tendait une bandelette au chirurgien.
La tia Aldonza, accourue au bruit, se tenait debout de l'autre côté du chevet et marmottait à
demi-voix des phrases de condoléance.

Le chirurgien, ayant achevé le pansement, se
retira et dit qu'il reviendrait le lendemain.

Andrès, dont les idées commençaient à se dé-
brouiller, promenait un regard encore vague sur
ce qui l'entourait; il s'étonnait de se trouver dans
cette chambre blanche, sur ce chaste petit lit,
entre un ange et une sorcière; son évanouissement
formait une lacune dans ses souvenirs, et il ne
s'expliquait pas la transition qui l'avait amené de
la rue, où tout à l'heure il se défendait contre la
navaja de Juancho, dans le frais paradis habité par
Militona.

« Je t'avais bien dit que Juancho ferait quelque
malheur. Quel regard furieux il nous lançait! ça
ne pouvait manquer. Nous voilà dans de beaux
draps! Et quand il apprendra que tu as recueilli ce
jeune homme dans ta chambre!

— Pouvais-je le laisser mourir sur ma porte,
répondit Militona, moi qui suis cause de son malheur? Et, d'ailleurs, Juancho ne dira rien; il aura
fort à faire pour échapper au châtiment qu'il mérite.

— Ah! voilà le malade qui revient à lui, fit la
vieille ; regarde, ses yeux s'entr'ouvrent, un peu
de couleur reparaît aux joues.

— N'essayez pas de parler, le chirurgien l'a défendu, » dit la jeune fille en voyant qu'Andrès es-
sayait de balbutier quelques mots ; et, avec ce petit
air d'autorité que prennent les gardes-malades ,
elle posa sa main sur les lèvres pâles du jeune
homme.

Quand l'aurore, saluée par le chant de la caille
et du grillon, fit pénétrer sa lueur rose dans la
chambrette, elle éclaira un tableau qui eût fait
rugir Juancho de colère : Militona, qui avait veillé
jusqu'au matin au chevet du lit du blessé, brisée
par la fatigue et les émotions de la nuit, s'était
endormie, et sa tête flottante de sommeil avait
cherché, à son insu, un point d'appui au coin de
l'oreiller sur lequel reposait Andrès. Ses beaux
cheveux s'étaient dénoués et se répandaient en
noires ondes sur la blancheur des draps, et Andrès, qui ne dormait pas, en enroulait une boucle
autour de ses doigts.

Il est vrai que la blessure du jeune homme et la
présence de la tia Aldonza, qui ronflait à l'autre
bout de la chambre à faire envie à la pédale de
l'orgue de Notre-Dame de Séville, empêchaient
toute mauvaise interprétation.

Si Juancho avait pu se douter qu'au lieu de tuer

son rival il lui avait procuré un moyen d'entrer chez Militona, d'être déposé sur ce lit, qu'il ne regardait qu'avec des frissons et des pâleurs, lui, l'homme au cœur d'acier et au bras de fer, de passer la nuit dans cette chambre où il était à peine admis le jour et devant laquelle il errait à travers l'ombre, irrité et grondant, il se serait roulé par terre de rage, et déchiré la poitrine avec ses ongles.

Andrès, qui cherchait à se rapprocher de Militona, n'avait pas pensé à ce moyen dans tous ses stratagèmes.

La jeune fille se réveilla, renoua ses cheveux toute honteuse, et demanda au malade comment il se trouvait :

« Bien, » répondit celui-ci en attachant sur la belle enfant un regard plein d'amour et de reconnaissance.

Les domestiques d'Andrès, voyant qu'il n'était pas rentré, crurent qu'il avait fait quelque souper joyeux ou qu'il était allé à la campagne, et ne s'inquiétèrent pas autrement.

Feliciana attendit vainement la visite accoutumée. Andrès ne parut pas. Le piano en souffrit. Feliciana, contrariée de cette absence, frappait les touches avec des mouvements saccadés et nerveux ; car, en Espagne, ne pas aller voir sa novia à l'heure dite est une faute grave qui vous fait appeler ingrat et perfide. Ce n'est pas que Feliciana fût éprise bien

violemment de don Andrès ; la passion n'était pas
dans sa nature et lui eût paru une chose inconve-
nante : mais elle avait l'habitude de le voir, et, à
titre de future épouse, le regardait déjà comme sa
propriété. Elle alla vingt fois du piano au balcon,
et, contrairement à la mode anglaise, qui ne veut
pas qu'une femme regarde à la fenêtre, elle se pencha dans la rue pour voir si don Andrès n'arrivait
pas.

« Je le verrai sans doute au Prado ce soir, se dit
Feliciana par manière de consolation, et je lui
ferai une verte semonce. »

Le Prado, à sept heures du soir, en été, est assurément une des plus belles promenades du
monde : non qu'on ne puisse trouver ailleurs des
ombrages plus frais, un site plus pittoresque ; mais
nulle part il n'existe une animation plus vive, un
mouvement plus gai de la population.

Le Prado s'étend de la porte des Récollets à la
porte d'Atocha, mais il n'est guère fréquenté que
dans la portion comprise entre la rue d'Alcala et la
rue de San-Geronimo. Cet endroit s'appelle le Salon, nom assez peu champêtre pour une promenade.
Des rangées d'arbres trapus, qu'on écime pour forcer le feuillage à s'étendre, versent une ombre avare
sur les promeneurs.

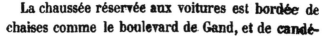

La chaussée réservée aux voitures est bordée de
chaises comme le boulevard de Gand, et de candé-

labres dans le goût de ceux de la place de la Concorde, qui ont remplacé les jolies potences de fer, à volutes élégamment enroulées, qui naguère encore supportaient les lanternes.

Sur cette chaussée se pavanent les voitures de Londres et de Bruxelles, les tilburys, les calèches, les landaus aux portières armoriées, et quelquefois aussi le vieux carrossé espagnol traîné par quatre mules rebondies et luisantes.

Les élégants se penchent sur leurs trotteurs anglais ou font piaffer leurs jolis chevaux andalous à la crinière nattée de rouge, au col arrondi en gorge de pigeon, aux mouvements onduleux comme les hanches d'une danseuse arabe. De temps en temps passe au galop un magnifique barbe de Cordoue noir comme l'ébène et digne de manger de l'orge mondé dans une auge d'albâtre aux écuries des califes, ou quelque prodige de beauté, une vierge de Murillo détachée de son cadre et trônant dans sa voiture avec un chapeau de Beaudrand pour auréole.

Dans le Salon proprement dit, fourmille une foule incessamment renouvelée, une rivière vivante avec des courants en sens contraires, des remous et des tourbillons, qui se meut entre des quais de gens assis.

Les mantilles de dentelles blanches ou noires encadrent de leurs plis légers les plus célestes visages

qu'on puisse voir. La laideur est un accident rare.
Au Prado, les laides ne sont que jolies ; les éventails s'ouvrent et se ferment avec un sifflement
rapide , et les *agurs* (bonjours) jetés au passage,
sont accompagnés de gracieux sourires ou de petits
signes de main ; c'est comme le foyer de l'Opéra
au carnaval, comme un bal masqué à visage découvert.

De l'autre côté, sous les allées qui longent le
parc d'Artillerie et le Musée de peinture, à peine
flânent quelques fumeurs misanthropiques qui pré-
fèrent à la chaleur et au tumulte de la foule la
fraîcheur et la rêverie du soir.

Feliciana, qui se promenait en voiture décou-
verte à côté de don Geronimo, son père, cherchait
vainement des yeux son fiancé parmi les groupes
de jeunes cavaliers; il ne vint pas, selon son habitude, caracoler près de la voiture. Et les obser-
vateurs s'étonnèrent de voir la calèche de doña
Feliciana Vasquez de los Rios faire quatre fois la
longueur de la chaussée sans son escorte ordinaire.

Au bout de quelque temps, Feliciana, ne voyant
pas Andrès à l'état équestre, pensa qu'il se promenait peut-être pédestrement dans le Salon, et dit
à son père qu'elle avait envie de marcher.

Trois ou quatre tours faits dans le Salon et
l'allée latérale la convainquirent de l'absence
d'Andrès.

Un jeune Anglais recommandé à don Geronimo vint le saluer et commença une de ces conversations laborieuses que les habitants de la Grande-Bretagne ont seuls la persévérance de poursuivre, avec les gloussements et les intonations les plus bizarres, à travers les langues qu'ils ne savent pas.

Feliciana, qui entendait assez couramment le *Vicaire de Wakefield*, venait au secours du jeune insulaire avec une obligeance charmante, et prodiguait les plus doux sourires à ses affreux piaulements. Au théâtre del Circo, où ils se rendirent ensuite, elle lui expliqua le ballet et lui fit la nomenclature des loges.... Andrès ne se montra pas encore.

En rentrant Feliciana dit à son père :

« On n'a pas vu Andrès aujourd'hui.

— C'est vrai, dit Geronimo, je vais envoyer chez lui. Il faut qu'il soit malade. »

Le domestique revint au bout d'une demi-heure, et dit :

« M. Andrès de Salcedo n'a pas paru chez lui depuis hier. »

VI.

Le lendemain se passa sans apporter de nouvelles d'Andrès. On alla chez tous ses amis. Personne ne l'avait vu depuis deux jours.

Cela commençait à devenir étrange. On supposa
quelque voyage subit pour affaire d'importance.
Les domestiques, interrogés par don Geronimo,
répondirent que leur jeune maître était sorti
l'avant-veille, à six heures du soir, après avoir dîné
comme à l'ordinaire, sans avoir fait aucun prépa-
ratif, ni rien dit qui pût faire soupçonner un
départ. Il était habillé d'une redingote noire, d'un
gilet jaune de piqué anglais, et d'un pantalon blanc,
comme pour aller au Prado.

Don Geronimo, fort perplexe, dit qu'il fallait
visiter la chambre d'Andrès pour voir s'il n'avait
pas laissé sur quelque meuble une lettre explicative
de sa disparition.

Il n'y avait chez Andrès d'autre papier que du
papier à cigarettes.

Comment justifier cette absence incompréhensible?

Par un suicide?

Andrès n'avait ni chagrins d'amour ni chagrins
d'argent, puisqu'il devait épouser bientôt celle qu'il
aimait, et jouissait de cent mille réaux de rente
parfaitement assurés. D'ailleurs, comment se noyer
au mois de juin dans le Manzanarès, à moins d'y
creuser un puits?

Par un guet-apens?

Andrès n'avait pas d'ennemis, ou du moins ou
ne lui en connaissait pas. Sa douceur et sa modé-

ration écartaient l'idée d'un duel ou d'une rixe où il aurait succombé ; ensuite l'événement eût été connu, et, mort ou vivant, Andrès eût été rapporté chez lui.

Il y avait donc là-dessous quelque mystère que la police seule pouvait éclaircir.

Geronimo, avec la naïveté des honnêtes gens, croyait à l'omniscience et à l'infaillibilité de la police ; il eut recours à elle.

La police, personnifiée par l'alcade du quartier, mit ses lunettes sur son nez, consulta ses registres, et n'y trouva rien, à dater du soir de la disparition d'Andrès, qui pût se rapporter à lui. La nuit avait été des plus calmes dans la très-noble et très-héroïque cité de Madrid : sauf quelques vols avec effraction ou escalade, quelque tapage dans les mauvais lieux, quelques rixes d'ivrognes dans les cabarets, tout avait été le mieux du monde.

« Il y a bien, dit le grave magistrat avant de refermer son livre, un petit cas de tentative de meurtre aux environs de la place de Lavapiès.

— Oh ! monsieur, répondit Geronimo déjà tout alarmé, pouvez-vous me donner quelques détails ?

— Quels vêtements portait don Andrès de Salcedo la dernière fois qu'il est sorti de chez lui ? demanda l'officier de police avec un air de réflexion profonde.

— Une redingote noire, répondit Geronimo, plein d'anxiété.

— Pourriez-vous affirmer, continua l'alcade, qu'elle fût précisément noire, et non pas tête de nègre, vert-bronze, solitaire, ou marron par exemple? la nuance est très-importante.

— Elle était noire, j'en suis sûr, je l'affirmerais su⬤ l'honneur. Oui, devant Dieu et les hommes, la redingote de mon gendre futur était de cette couleur.... distinguée, comme dit ma fille Feliciana.

— Vos réponses dénotent une éducation soignée, ajouta le magistrat en manière de parenthèse. Ainsi, vous êtes sûr que la redingote était noire?

— Oui, digne magistrat, noire; telle est ma conviction, et personne ne m'en fera changer.

— La victime portait une veste ronde, dite marseillaise et de couleur tabac d'Espagne. A la rigueur, la nuit, une redingote noire pourrait passer pour une veste brune, se disait le magistrat paraissant se consulter lui-même. Don Geronimo, vos souvenirs vont-ils jusqu'à se rappeler le gilet que don Andrès avait ce soir-là?

— Un gilet de piqué anglais jaune.

— Le blessé portait un gilet bleu à boutons de filigrane; le jaune et le bleu n'ont pas beaucoup de rapport; cela ne concorde pas très-bien. Et lé pantalon, monsieur, s'il vous plaît?

— Blanc, monsieur, de coutil de fil, à sous-pied, ajusté sur la botte. Je tiens ces détails du valet de chambre qui a aidé Andrès dans sa toilette le jour fatal.

— Le procès-verbal marque pantalon large de drap gris, souliers blancs de peau de veau. Ce n'est pas cela. Ce costume est celui d'un majo, d'un petit-maître de la classe du peuple qui aura reçu ce mauvais coup à la suite de quelque bataille en l'honneur d'une donzelle à jupon court. Malgré toute la bonne volonté du monde, nous ne saurions reconnaître M. de Salcedo dans ce personnage. Voici, du reste, le signalement du blessé, relevé avec beaucoup de soin par le sereno : figure ovale, menton rond, front ordinaire, nez moyen, pas de signes particuliers. Reconnaissez-vous M. de Salcedo à ce portrait?

— Pas le moins du monde, répondit avec conviction don Geronimo.... Mais comment retrouver la trace d'Andrès ?...

— Ne vous inquiétez pas, la police veille sur les citoyens; elle voit tout, elle entend tout, elle est partout; rien ne lui échappe; Argus n'avait que cent yeux, elle en a mille, et qui ne se laissent pas endormir par des airs de flûte. Nous retrouverons don Andrès, fût-il au fond des enfers. Je vais mettre deux agents en route, les plus fines mouches qui aient jamais existé, Argamasilla et Covachuelo,

et dans vingt-quatre heures nous saurons à quoi
nous en tenir. »

Don Geromino remercia, salua et sortit plein de
confiance. Il retourna chez lui et fit le récit de la
conversation qu'il avait eue avec la police à sa fille,
qui n'eut pas un instant l'idée que le manolo blessé
rue del Povar pût être son fiancé.

Feliciana pleurait la perte de son novio avec la
réserve d'une demoiselle bien née ; car il serait
indécent à une jeune personne de paraître regret-
ter trop vivement un homme. De temps à autre,
elle portait à ses yeux son mouchoir bordé de dentelles, pour essuyer une larme qui germait péniblement dans le coin de sa paupière. Les duos délais-
sés traînaient mélancoliquement sur le piano
fermé : signe de grande prostration morale chez
Feliciana. Don Geronimo attendait avec impatience
que les vingt-quatre heures fussent écoulées pour
voir le triomphant rapport de Covachuelo et d'Argamasilla.

Les deux spirituels agents allèrent d'abord à la
maison d'Andrès, et firent causer adroitement les
valets sur les habitudes de leur maître. Ils apprirent
que don Andrès prenait du chocolat le matin, faisait la sieste à midi, s'habillait sur les trois heures,
allait chez doña Feliciana Vasquez de los Rios,
dînait à six heures et rentrait se coucher vers mi-
nuit, après la promenade ou le spectacle, ce qui

donna profondément à réfléchir aux deux agents.
Ils surent aussi qu'en sortant de chez lui, Andrès
avait descendu la rue d'Alcala jusqu'à la calle Ancha de Peligros : ce détail précieux leur fut donné
par un portefaix asturien qui se tenait habituelle-
ment devant la porte.

Ils se transportèrent rue de Peligros, et parvinrent
à découvrir qu'Andrès y avait effectivement passé
l'avant-veille, à six heures et quelques minutes ;
de fortes présomptions pouvaient faire croire qu'il
avait suivi son chemin par la rue de la Cruz.

Ce résultat important obtenu, fatigués par la violente contention d'esprit qu'il avait fallu pour y
parvenir, ils entrèrent dans un ermitage, c'est ainsi
qu'on appelle les cabarets à Madrid, et se mirent à
jouer aux cartes en sablant une bouteille de vin de
Manzanilla. La partie dura jusqu'au matin.

Après un court sommeil ils reprirent leurs
recherches et parvinrent à suivre rétrospectivement
Andrès jusqu'aux environs du Rastro ; là ils perdi-
rent ses traces : personne ne pouvait plus leur donner de nouvelles du jeune homme en redingote
noire, en gilet de piqué jaune, en pantalon blanc.
Évaporation complète ! Tous l'avaient vu aller, nul
ne l'avait vu revenir.... Ils ne savaient que penser.
Andrès ne pouvait cependant avoir été escamoté en
plein jour dans un des quartiers les plus populeux
de Madrid ; à moins qu'une trappe ne se fût ouverte

sous ses pieds et refermée aussitôt, il n'y avait pas
moyen d'expliquer cette suppression de personne.

Ils errèrent longtemps aux alentours du Rastro,
interrogèrent quelques marchands, et n'en purent
tirer rien autre chose. Ils s'adressèrent même à la
boutique où Andrès s'était travesti ; mais c'était la
femme qui les reçut, et c'était le mari qui avait
vendu les habits : elle ne put donc leur donner
aucun renseignement, et d'ailleurs ne comprit rien
aux questions ambiguës qu'ils lui firent ; sur leur
mauvaise mine, elle les prit même pour des voleurs, quoiqu'ils fussent précisément le contraire,
et leur ferma la porte au nez d'assez mauvaise humeur, tout en regardant s'il ne lui manquait rien.

Tel fut le résultat de la journée. Don Geronimo
retourna à la police, qui lui répondit gravement
qu'on était sur la trace des coupables, mais qu'il ne
fallait rien compromettre par trop de précipitation.
Le brave homme, émerveillé, répéta la réponse de
la police à Feliciana qui leva les yeux au ciel,
poussa un soupir et ne crut pas se permettre une
exclamation trop forte pour la circonstance en
disant : « Pauvre Andrès ! »

Un fait bizarre vint compliquer cette ténébreuse
affaire. Un jeune drôle d'une quinzaine d'années en-
viron avait déposé dans la maison d'Andrès un paquet
assez gros, et s'était précipitamment retiré en je-
* nt cette phrase : « Pour remettre à M. Salcedo. »

Cette phrase, si simple en apparence, parut une infernale ironie lorsqu'on ouvrit le paquet.

Il renfermait, devinez quoi? la redingote noire, le gilet piqué jaune, le pantalon blanc de l'infortuné Andrès,. et ses jolies bottes vernies à la tige de maroquin rouge. On avait poussé le sarcasme jusqu'à rouler ses gants de Paris l'un dans l'autre avec beaucoup de soin.

A ce fait étrange et sans exemple dans les annales du crime, Argamasilla et Covachuelo restèrent frappés de stupeur; l'un leva les bras au ciel, l'autre les laissa pendre flasquement le long de ses hanches, dans une attitude découragée; le premier dit : *O tempora!* et le second : *O mores!*

Qu'on ne s'étonne pas d'entendre deux alguazils parler latin : Argamasilla avait étudié la théologie, et Covachuelo le droit; mais ils avaient eu des malheurs. Qui n'en a pas eu?

Renvoyer les habits de la victime à son domicile, fort proprement pliés et ficelés, n'était-ce pas un raffinement de perversité rare? Joindre la raillerie au crime, quel beau texte pour le discours du fiscal!

Cependant l'examen des habits envoyés rendit encore les dignes agents plus perplexes.

Le drap de la redingote était parfaitement intact; aucun trou triangulaire ou rond, accusant le passage d'une lame ou d'une balle, ne s'y montrait. Peut-être la victime avait-elle été étouffée. Alors il

y aurait eu lutte; le gilet et le pantalon n'auraient
pas eu cette fraîcheur; ils seraient tordus, fripés,
déchirés, on ne pouvait supposer qu'Andrès de
Salcedo se fût déshabillé lui-même avec précaution
avant la perpétration du crime et livré tout nu aux
poignards de ses assassins pour ménager ses har-
des : c'eût été une petitesse!

Il y avait vraiment de quoi casser contre les murs
des têtes plus fortes que celles d'Argamasilla et de
Covachuelo.

Covachuelo, qui était le plus logicien des deux,
après s'être tenu pendant un quart d'heure les
tempes à deux mains pour empêcher l'intensité de
la méditation de faire éclater son front de génie,
émit cette idée triomphante :

« Si le seigneur Andrès de Salcedo n'est pas
mort, il doit être vivant, car ce sont les deux manières d'être de l'homme; je n'en connais pas une
troisième. »

Argamasilla fit un signe de tête en manière
d'adhésion.

« S'il vit, ce dont j'ai la persuasion, il ne doit pas
aller sans vêtement, *more ferarum*. Il n'avait aucun
paquet en sortant de chez lui; et, comme voilà ses
habits, il doit en avoir acheté d'autres nécessaire-
rement, car il n'est pas supposable que dans cette
civilisation avancée un homme se contente du vêtement adamique. »

Les yeux d'Argamasilla lui sortaient des orbites, tant il écoutait, avec une attention profonde, le raisonnement de son ami Covachelo.

« Je ne pense pas que don Andrès eût fait préparer d'avance les habits dont il serait revêtu plus tard dans une maison du quartier où nous avons perdu ses traces ; il doit avoir acheté des nippes chez quelque fripier, après avoir renvoyé ses propres vêtements.

— Tu es un génie, un dieu, dit Argamasilla en serrant Covachuelo sur son cœur ; permets que je t'embrasse : à dater de ce jour, je ne suis plus ton ami, mais ton séide, ton chien, ton mameluk. Dispose de moi, grand homme, je te suivrai partout. Ah ! si le gouvernement était juste, au lieu d'être simple agent de police, tu serais chef politique dans les plus importantes villes du royaume. Mais les gouvernements ne sont jamais justes !

— Nous allons fouiller toutes les boutiques des fripiers et des marchands d'habits tout faits de la ville ; nous examinerons leurs registres de vente, et nous aurons, de cette manière, le nouveau signalement du seigneur Salcedo. Si le portier avait eu l'idée d'arrêter ou de faire arrêter le muchacho qui a remis le paquet, nous aurions su par lui qui l'envoyait, et d'où il venait. Mais les gens qui ne sont pas de la partie ne pensent à rien, et nul ne pouvait prévoir cet incident. Allons, en route,

Argamasilla : tu vas visiter les tailleurs de la Calle-Major; moi, je confesserai les fripiers du Rastro. »

Au bout de quelques heures, les deux amis faisaient leur rapport à l'alcade.

Argamasilla raconta minutieusement et compendieusement le résultat de ses recherches. Un individu revêtu du costume de *majo*, paraissant fort agité, avait acheté et payé, sans faire d'observation sur le prix (signe d'une grande préoccupation morale), un frac et un pantalon noirs, chez un des principaux maîtres tailleurs établis sous les piliers de la Calle-Major.

Covachuelo dit qu'un marchand du Rastro avait vendu une veste, un gilet et une ceinture de manolo à un homme en redingote noire et en pantalon blanc, qui, selon toute probabilité, n'était autre que don Andrès de Salcedo en personne.

Tous deux s'étaient déshabillés dans l'arrière-boutique et étaient sortis revêtus de leurs nouveaux costumes, qui, vu la classe de la société à laquelle ceux qui les portaient semblaient appartenir, étaient à coup sûr des déguisements. Dans quel but, le même jour, et presque à la même heure, un homme du monde avait-il pris la veste de *majo*, et un *majo* le frac d'un homme du monde? c'est ce que les faibles moyens d'agents subalternes comme les pauvres Argamasilla et Covachuelo ne sauraient décider, mais que devinerait infail-

liblement la haute perspicacité du magistrat devant lequel ils avaient l'honneur de parler.

Quant à eux, sauf meilleur avis, ils pensaient
que cette disparition mystérieuse, cette coïncidence
singulière de travestissements, ces habits renvoyés
par manière de défi, toutes ces choses d'une étran-
geté inexplicable, devaient se rattacher à quelque
grande conspiration ayant pour but de mettre sur
le trône Espartero ou le comte de Montemolin.
Sous ces habits d'emprunt, les coupables étaient
sans doute partis pour aller rejoindre, dans l'Aragon ou la Catalogne, quelque noyau carliste, quelque reste de guerilla cherchant à se réorganiser.
L'Espagne dansait sur un volcan ; mais, si l'on
voulait bien leur accorder une gratification, ils se
chargeaient, à eux deux, Argamasilla et Covachuelo,
d'éteindre ce volcan, d'empêcher les coupables de
rejoindre leurs complices, et promettaient, sous
huit jours, de livrer la liste des conjurés et les plans
du complot.

L'alcade écouta ce rapport remarquable avec
toute l'attention qu'il méritait, et dit aux deux
agents :

« Avez-vous quelques renseignements sur les
démarches faites par ces deux individus après leur
travestissement réciproque ?

— Le majo, habillé en homme du monde, est
allé se promener dans le salon du Prado, est entré

au théâtre del Circo, et a pris une glace au café de la Bourse, répondit Argamasilla.

— L'homme du monde, habillé en majo, a fait plusieurs tours sur la place de Lavapiès et dans les rues adjacentes, flânant, lorgnant les manolas aux fenêtres; ensuite il a bu une limonade à la neige, dans un *orchateria de chufas*, déposa Covachuelo.

— Chacun a pris le caractère de son costume, dissimulation profonde, infernale habileté, dit l'alcade; l'un voulait se populariser et sonder les sentiments de la classe basse; l'autre voulait assurer la haute de la sympathie et de la coopération populaires. Mais nous sommes là, nous veillons au grain! Nous vous prendrons la main dans le sac, messieurs les conspirateurs, carlistes ou ayacuchos, progressistes ou retardataires. Ha! ha! Argus avait cent yeux, mais la police en a mille qui ne dorment pas. »

Cette phrase était le refrain du digne homme, son dada, son Lilila Burello. Il trouvait avec raison qu'elle re nplaçait fort majestueusement une idée, quand l'idée lui manquait.

« Argamasilla et Covachuelo, vous aurez votre gratification. Mais ne savez-vous pas ce que sont devenus vos deux criminels (car ils le sont), après les allées et les venues exigées par leurs funestes projets?

— Nous l'ignorons ; car il faisait déjà sombre,
et, comme nous ne pouvons obtenir sur des démarches extérieures et passées que des témoignages oculaires et peu détaillés, nous avons perdu
leurs traces à dater de la nuit.

— Diable ! c'est fâcheux, reprit l'alcade.

— Oh! nous les retrouverons, » s'écrièrent les
deux amis avec enthousiasme.

Don Geronimo revint dans la journée pour savoir s'il y avait des nouvelles.

Le magistrat le reçut assez sèchement ; et, comme
don Geronimo Vasquez se confondait en excuses
et demandait pardon d'avoir été sans doute impor-
tun, il lui dit :

« Vous devriez bien ne pas vous intéresser si
ostensiblement à don Andrès de Salcedo ; il est
impliqué dans une vaste conspiration dont nous
sommes à la veille de saisir tous les fils.

— Andrès conspire ! s'écria don Geronimo ;
lui !

— Lui, répéta d'un ton péremptoire l'officier de
police.

— Un garçon si doux, si tranquille, si gai, si
inoffensif !

— Il feignait la douceur comme Brutus contre-
faisait la folie ; moyen de cacher son jeu et de détourner l'attention. Nous connaissons cela, nous
autres vieux renards. Ce qui pourrait lui arriver

de mieux, c'est qu'on ne le retrouvât pas. Souhai-
tez-le pour lui. »

Le pauvre Geronimo se retira très-penaud et
très-honteux de son peu de perspicacité. Lui qui
connaissait Andrès depuis l'enfance et l'avait fait
sauter tout petit sur ses genoux, il ne se doutait
pas le moins du monde qu'il avait recueilli dans
sa maison un conspirateur d'une espèce si dangereuse. Il admirait avec terreur la sagacité effrayante
de la police, qui, en si peu de temps, avait découvert un secret qu'il n'avait jamais soupçonné, lui qui
pourtant voyait tous les jours le criminel, et l'avait
méconnu au point de vouloir en faire son gendre.

L'étonnement de Feliciana fut au comble lorsqu'elle apprit qu'elle avait été courtisée avec tant
d'assiduité par le chef d'un complot carliste aux
immenses ramifications. Quelle force d'âme il fallait
qu'eût don Andrès pour ne rien laisser transpa-
raître de ces hautes préoccupations politiques, et
répéter avec tant de flegme des duos de Bellini!
Fiez-vous donc après, cela aux airs reposés, aux
mines tranquilles, aux yeux sereins, aux bou-
ches souriantes! Qui eût dit qu'Andrès, qui ne
prenait feu que pour les courses de taureaux
et ne paraissait avoir d'autre opinion que de
préférer Sevilla à Rodrigues, le Chiclanero à
Arjona, cachait de si vastes pensées sous cette fri-
volité apparente?

Les deux agents se livrèrent à de nouvelles recherches et découvrirent que le jeune homme
blessé et recueilli par Militona était le même qui
avait acheté des habits au Rastro. Le rapport du
sereno et celui du fripier concordaient parfaitement. Veste chocolat, gilet bleu, ceinture rouge,
il n'y avait pas à s'y tromper.

Cette circonstance dérangeait un peu les espérances d'Argamasilla et de Covachuelo relativement
à la conspiration. La disparition d'Andrès leur eût
été plus commode. La chose avait l'air de se ré-
duire à une simple intrigue amoureuse, à une
innocente querelle de rivaux, à un meurtre pur
et simple, ce qu'il y a au monde de plus insigni-
fiant. Les voisins avaient entendu la sérénade, tout
s'expliquait.

Covachuelo dit en soupirant :

« Je n'ai jamais eu de bonheur. »

Argamasilla répondit d'un ton larmoyant :

« Je suis né sous une étoile enragée. »

Pauvres amis! flairer une conspiration et mettre
la main sur une méchante petite rixe suivie seulement de blessures graves! C'était navrant.

Retournons à Juancho, que nous avons abandonné depuis son combat au couteau contre Andrès. Une heure après il était retourné, à pas de
loup, sur le théâtre de la lutte, et, à sa grande
surprise, il n'avait pas retrouvé le corps à la place

où il était certain de l'avoir vu tomber. Son adversaire s'était-il relevé et traîné plus loin dans les
convulsions de l'agonie? avait-il été ramassé par
les serenos? C'est ce qu'il ne pouvait savoir. Devait-
il, lui Juancho, rester ou s'enfuir? Sa fuite le dé-
noncerait, et d'ailleurs l'idée de s'éloigner de
Militona, de la laisser libre d'agir à son caprice,
était insupportable à sa jalousie. La nuit était
obscure, la rue déserte, personne ne l'avait vu.
Qui pourrait l'accuser?

Cependant le combat avait duré assez longtemps
pour que son adversaire le reconnût; car les toreros, comme les acteurs, ont des figures notoires,
et, s'il n'était pas mort sur le coup, comme l'on
pouvait le supposer, peut-être l'avait-il dénoncé.
Juancho, qui était en délicatesse avec la police pour
ses vivacités de couteau, courrait risque, s'il était
pris, d'aller passer quelques étés dans les possessions espagnoles en Afrique, à Ceuta ou à
Melilla.

Il s'en alla donc chez lui, fit sortir dans la cour
son cheval de Cordoue, lui jeta une couverture bariolée sur le dos et partit au galop.

Si un peintre eût vu passer dans les rues ce
robuste cavalier pressant des jambes ce grand cheval noir, à la crinière échevelée, à la queue flamboyante, qui arrachait des aigrettes d'étincelles
au pavé inégal, et filait le long des murailles blan-

châtres sur lesquelles son ombre avait de la peine
à le suivre, il eût fait une figure d'un effet puissant ; car ce galop bruyant à travers la ville silencieuse, cette hâte à travers la nuit paisible,
étaient tout un drame : mais les peintres étaient
couchés.

Il eut bientôt atteint la route de Caravanchel,
dépassé le pont de Ségovie, et s'élança à fond de
train dans la campagne sombre et morne.

Déjà il était à plus de quatre lieues de Madrid,
lorsque la pensée de Militona se présenta si vivement à son esprit qu'il se sentit incapable d'aller
plus loin. Il crut que son coup n'avait pas été bien
porté et que son rival n'avait peut-être qu'une légère blessure ; il se le figura guéri, aux genoux de
Militona souriante.

Une sueur froide lui baigna le front ; ses dents
s'engrenèrent les unes dans les autres sans qu'il
pût les desserrer ; ses genoux convulsifs serrèrent
si violemment les flancs de son cheval que la noble
bête, les côtés ployés, manquant de respiration,
s'arrêta court. Juancho souffrait comme si on lui
eût plongé dans le cœur des aiguilles rougies au
feu.

Il tourna bride et revint vers la ville comme un
ouragan. Quand il arriva, son cheval noir était
blanc d'écume. Trois heures du matin venaient de
sonner ; Juancho courut à la rue del Povar. La

lampe de Militona brillait encore, chaste et tremblante étoile, à l'angle d'un vieux mur. Le torero
essaya d'enfoncer la porte de l'allée ; mais, en dépit
de sa force prodigieuse, il ne put en venir à bout.
Militona avait soigneusement baissé les barres de fer
à l'intérieur. Juancho rentra chez lui, brisé, malheureux à faire pitié, et dans l'incertitude la plus horrible ; car il avait vu deux ombres sur le rideau de
Militona. S'était-il donc trompé de victime?

Quand il fit grand jour, le torero, embossé dans
sa cape et le chapeau sur les yeux, vint écouter
les différentes versions qui circulaient dans le voisinage sur l'événement de la nuit ; il apprit que le
jeune homme n'était pas mort, et que, déclaré non
transportable, il occupait la chambre de Militona
qui l'avait recueilli, action charitable dont les com-
mères du quartier la louaient fort. Malgré sa vigueur, il sentit ses genoux chanceler et fut forcé
de s'appuyer à la muraille ; son rival dans la
chambre et sur le lit de Militona! Le neuvième
cercle d'enfer n'aurait pu inventer pour lui une
torture plus horrible.

Prenant une résolution suprême, il entra dans la
maison et commença à gravir l'escalier d'un pas
lourd et plus sinistrement sonore que celui de la
statue du commandeur.

VII.

Arrivé au palier du premier étage, Juancho chancelant, éperdu, s'arrêta et demeura comme pétrifié ; il avait peur de lui-même et des choses terribles qui allaient se passer. Cent mille idées lui traversèrent la tête en une minute. Se contenterait-il de trépigner son rival et de lui faire rendre ce qui lui restait de son souffle abhorré ? Tuerait-il Militona ou mettrait-il le feu à la maison ? Il flottait dans un océan de projets horribles, insensés, tumultueux. Pendant un court éclair de raison, il fut sur le point de descendre, et avait même déjà fait une demi-conversion de corps ; mais la jalousie lui enfonça de nouveau son épine empoisonnée dans le cœur, et il recommença à gravir la rude échelle.

Certes, il eût été difficile de trouver une nature plus robuste que célle de Juancho : un col rond comme une colonne et fort comme une tour rattachait sa tête puissante à ses épaules athlétiques ; des nerfs d'acier s'entre-croisaient sur ses bras invincibles ; sa poitrine eût défié les pectoraux de marbre des gladiateurs antiques ; d'une main il aurait arraché la corne d'un taureau : et pourtant la violence de la douleur morale brisait toute cette force physique. La sueur baignait ses tempes, ses jambes se dérobaient sous lui, le sang montait à sa tête par folles vagues, et il lui passait des flammes dans les yeux. A plusieurs reprises, il fut obligé de s'accrocher à la rampe pour ne pas tomber et rouler comme un corps inerte à travers l'escalier, tant il souffrait atrocement de l'âme.

A chaque degré, il répétait en grinçant comme une bête fauve :

« Dans sa chambre!. . dans sa chambre!... » Et machinalement il ouvrait et il fermait son long couteau d'Albacète, qu'il avait tiré de sa ceinture.

Il arriva enfin devant la porte, et là, retenant sa respiration, il écouta.

Tout était tranquille dans l'intérieur de la chambre, et Juancho n'entendit plus que le sifflement de ses artères et les battements sourds de son cœur.

Que se passait-il dans cette chambre silencieuse, derrière cette porte, faible rempart qui le séparait de son ennemi? Militona, compatissante et tendrement inquiète, se penchait sans doute vers la couche du blessé pour épier son sommeil et calmer ses souffrances.

« Oh! se dit-il, si j'avais su qu'il ne fallait qu'un coup de couteau dans la poitrine pour te plaire et t'attendrir, ce n'est pas à lui, mais à moi, que je l'aurais donné; dans ce funeste combat, je me serais découvert exprès pour tomber mourant de-

vant ta maison. Mais tu m'aurais laissé me tordre
sur le pavé sans secourir mon agonie : car je ne
suis pas un joli monsieur à gants blancs et à redingote pincée, moi ! »

Cette idée réveillant sa fureur, il heurta violemment.

Andrès tressaillit sur sa couche de douleur ;
Militona, qui était assise près de son lit, se leva
droite et pâle comme poussée par un ressort ; la tia
Aldonza devint verte, et fit un signe de croix en
baisant son pouce.

Le coup était si bref, si fort, si impératif, qu'il
n'y avait pas moyen de ne pas ouvrir. Un autre
coup pareil à celui-là, et la porte tombait en
dedans.

C'est ainsi que frappent les convives de marbre,
les spectres qu'on ne peut chasser, tous les êtres
fatals qui surviennent aux dénoûments : la Vengeance avec son poignard, la Justice avec son
glaive.

La tia Aldonza ouvrit le judas d'une main tremblante, et par le trou carré aperçut la tête de
Juancho.

Le masque de Méduse, blafard au milieu de sa
chevelure vipérine et verdâtre, n'eût pas produit
un effet plus terrible sur la pauvre vieille ; elle voulut appeler, mais aucun son ne put s'exhaler de sa
gorge aride ; elle resta les doigts écartés, les pru-

nelles fixes, la bouche ouverte avec son cri figé,
comme si elle eût été changée en pierre.

Il est vrai que la tête du torero, ainsi encadrée,
n'avait rien de rassurant : une auréole rouge cernait
ses yeux ; il était livide, et ses pommettes, aban-
données par le sang, faisaient deux taches blanches dans sa pâleur ; ses narines dilatées palpitaient comme celles des bêtes féroces flairant une
proie ; ses dents mordaient sa lèvre toute gonflée
de leurs empreintes. La jalousie, la fureur et la
vengeance combattaient sur cette physiouomie
bouleversée.

« Notre-Dame d'Almudena, marmotta la vieille,
si vous nous sauvez de ce péril, je vous dirai une
neuvaine et vous donnerai un cierge à feston et à
poignée de velours. »

Tout courageux qu'il fût, Andrès éprouva ce
sentiment de malaise que les hommes les plus
braves ressentent en face d'un péril contre lequel
ils sont sans défense ; il étendit machinalement la
main comme pour chercher quelque arme.

Voyant qu'on n'ouvrait pas, Juancho appuya son
épaule et fit une pesée ; les ais crièrent et le plâtre
commença à se détacher autour des gonds et de la
serrure.

Militona, se posant devant Andrès, dit d'une voix
ferme et calme à la vieille, folle de terreur :

« Aldonza, ouvrez, je le veux. »

Aldonza tira le verrou, et, se rangeant contre le mur, elle renversa le battant de la porte sur elle pour se couvrir, comme le belluaire qui lâche un tigre dans l'arène, ou le garçon de toril donnant la liberté à une bête de Gaviria ou de Colmenar.

Juancho, qui s'attendait à plus de résistance, entra lentement, un peu déconcerté de n'avoir pas trouvé d'obstacles. Mais un regard jeté sur Andrès, couché sur le lit de Militona, lui rendit toute sa colère.

Il saisit le battant de la porte, auquel se cramponnait de toute sa force la tia Aldonza, qui croyait sa dernière heure arrivée, et la referma malgré tous les efforts de la pauvre femme; puis il s'appuya le dos à la porte et croisa les bras sur sa poitrine.

« Grand Dieu! murmura la vieille claquant des dents, il va nous massacrer ici tous les trois. Si j'appelais au secours par la fenêtre? »

Et elle fit un pas de ce côté. Mais Juancho, devinant son intention, la rattrapa par un pan de sa robe, et, d'un mouvement brusque, la replaqua au mur avec un morceau de jupe de moins.

« Sorcière, n'essaye pas de crier, ou je te tords le col comme à un poulet, et je te fais rendre ta vieille âme au diable! Ne te mets pas entre moi et l'objet de ma colère, ou je t'écraserai en allant à lui. »

Et en disant cela, il montrait Andrès faible et

pâle et tâchant de soulever un peu sa tête de dessus l'oreiller.

La situation était horrible; cette scène n'avait fait aucun bruit qui pût alarmer les voisins. Et d'ailleurs les voisins, retenus par la terreur qu'inspirait Juancho, se seraient plutôt enfermés chez eux qu'ils n'auraient eu l'idée d'intervenir dans un semblable débat; aller chercher la police ou la force armée demandait beaucoup de temps, et il aurait fallu que quelqu'un du dehors fût prévenu, car il n'y avait pas moyen de songer à s'échapper de la chambre fatale.

Aussi le pauvre Andrès, déjà frappé d'un coup de couteau, affaibli par la perte de son sang, n'ayant pas d'armes et hors d'état d'en faire usage quand il en aurait eu, embarrassé de linges et de couvertures, se trouvait à la merci d'un brutal ivre de jalousie et de rage, sans qu'aucun moyen humain pût le défendre : tout cela parce qu'il avait regardé le profil d'une jolie manola à la course de taureaux. Il est permis de croire qu'en ce moment il regrettait le piano, le thé et les mœurs prosaïques de la civilisation. Cependant il jeta un regard suppliant à Militona, comme pour la prier de ne pas essayer une lutte inutile, et il la trouva si radieusement belle dans la blancheur de son épouvante, qu'il ne fut pas fâché de l'avoir connue même à ce prix.

Elle était là debout, une main appuyée sur le bord du lit d'Andrès, qu'elle semblait vouloir défendre , et l'autre étendue vers la porte avec un geste de suprême majesté :

« Que venez-vous faire ici, meurtrier ? dit-elle à Juancho d'une voix vibrante; il n'y a qu'un blessé dans cette chambre où vous cherchez un amant! retirez-vous sur-le-champ. N'avez-vous pas peur que la plaie ne se mette à saigner en votre présence? N'est-ce pas assez de tuer? faut-il encore *assassiner? »*

La jeune fille accentua ce mot d'une façon singulière et l'accompagna d'un regard si profond, que Juancho se troubla, rougit, pâlit, et sa physionomie de féroce devint inquiète. Après un silence, il dit d'une voix entrecoupée :

« Jure-moi sur les reliques de Monte-Sagrado et sur l'image de Notre-Dame-del-Pilar, par ton père qui fut un héros, par ta mère qui fut une sainte, que tu n'aimes pas ce jeune homme, et je me retire aussitôt! »

Andrès attendit avec anxiété la réponse de Militona.

Elle ne répondit pas.

Ses longs cils noirs s'abaissèrent sur ses joues que colorait une imperceptible rougeur.

Bien que ce silence pût être un arrêt de mort pour lui, Andrès, qui avait attendu la réponse de

Militona avec anxiété, se sentit le cœur inondé
d'une satisfaction indicible.

« Si tu ne veux pas jurer, continua Juancho,
affirme-le-moi simplement. Je te croirai ; tu n'as
jamais menti ; mais tu gardes le silence, il faut que
je le tue.... Et il s'avança vers le lit, son couteau
ouvert.... Tu l'aimes !

— Eh bien ! oui, s'écria la jeune fille avec des
yeux étincelants et une voix tremblante d'une
colère sublime. S'il doit mourir à cause de moi,
qu'il sache du moins qu'il est aimé ; qu'il emporte
dans la tombe ce mot, qui sera sa récompense et
ton supplice. »

Juancho, d'un bond, fut à côté de Militona, dont
il saisit vivement le bras.

« Ne répète pas ce que tu viens de dire, ou je ne
réponds plus de moi, et je te jette, avec ma navaja
dans le cœur, sur le corps de ce mignon.

— Que m'importe ? dit la courageuse enfant.
Crois-tu que je vivrai, s'il meurt ? »

Andrès, par un effort suprême, essaya de se
relever sur son séant. Il voulut crier : une écume
rose monta à ses lèvres ; sa plaie s'était rouverte.
Il retomba évanoui sur son oreiller.

« Si tu ne sors pas d'ici, dit Militona en voyant
Andrès en cet état, je croirai que tu es vil, infâme
et lâche ; je croirai que tu aurais pu sauver Dominguez lorsque le taureau s'est agenouillé sur sa poi-

trine, et que tu ne l'as pas fait parce que tu étais bassement jaloux.

— Militona ! Militona ! vous avez le droit de me haïr, quoique jamais femme n'ait été aimée par un homme comme vous par moi ; mais vous n'avez pas le droit de me mépriser. Rien ne pouvait arracher Dominguez à la mort !

— Si vous ne voulez pas que je vous regarde comme un assassin, retirez-vous tout de suite.

— Oui, j'attendrai qu'il soit guéri, répondit Juancho d'un ton sombre ; soignez-le bien !... J'ai juré que, moi vivant, vous ne seriez à personne. »

Pendant ce débat, la vieille, entre-bâillant la porte, avait été sonner l'alarme dans le voisinage et requérir main-forte.

Cinq ou six hommes se précipitèrent sur Juancho, qui sortit de la chambre avec une grappe de *muchachos* suspendue après lui ; il les secoua et les jeta contre les murs comme le taureau fait des chiens, sans qu'aucun pût mordre et l'arrêter.

Puis il s'enfonça d'un pas tranquille dans le dédale des rues qui entourent la place de Lavapiès.

Cette scène aggrava l'état d'Andrès, qui fut pris d'une fièvre violente et délira toute la journée, toute la nuit et le jour suivant. Militona le veilla avec la plus délicate et la plus amoureuse sollicitude.

Pendant ce temps-là, Argamasilla et Covachuelo, comme nous l'avons raconté à nos lecteurs,

par leurs industrieuses démarches étaient parvenus
à découvrir que le manolo blessé, rue del Povar
n'était autre que M. de Salcedo, et l'alcade du
quartier avait écrit à don Geronimo que le jeune
homme auquel il s'intéressait avait été retrouvé
chez une manola de Lavapiès, qui l'avait recueilli
à moitié mort devant sa porte et couvert, on ne
savait pourquoi, d'un vêtement de *majo*.

Feliciana, à cette nouvelle, se posa cette ques-
tion, à savoir si une jeune fiancée peut aller voir,
en compagnie de son père ou d'une parente respec-
table, son fiancé dangereusement blessé. N'y a-t-il
pas quelque chose de choquant à ce qu'une demoiselle bien élevée voie prématurément un homme
dans un lit? Ce spectacle, quoique rendu chaste
par la sainteté de la maladie, n'est-il pas de ceux
que doit se refuser une vierge pudique! Mais cependant, si Andrès allait se croire abandonné et
mourait de chagrin! Ce serait bien triste.

« Mon père, dit Feliciana, il faudra que nous
allions voir ce pauvre Andrès.

— Volontiers, ma fille, répondit le bonhomme ;
j'allais te le proposer. »

VIII.

Grâce à la force de sa constitution et aux bons soins de Militona, Andrès fut bientôt en voie de guérison; il put parler et s'asseoir un peu sur son séant; le sentiment de sa situation lui revint : elle était assez embarrassante.

Il présumait bien que sa disparition devait avoir jeté Feliciana, don Geronimo et ses autres amis dans une inquiétude qu'il se reprochait de ne pas faire cesser ; et pourtant il ne se souciait guère de faire savoir à sa novia qu'il était dans la chambre d'une jolie fille, pour le compte de laquelle il avait reçu un coup de navaja. Cette confession était difficile, et cependant il était impossible de ne pas la faire.

L'aventure avait pris des proportions toutes différentes de celles qu'il avait voulu d'abord lui donner; il ne s'agissait plus d'une intrigue légère avec une fillette sans conséquence. Le dévouement et le courage de Militona la plaçaient sur une tout autre ligne. Que dirait-elle lorsqu'elle apprendrait qu'Andrès avait engagé sa foi ? L'idée du courroux de Feliciana touchait moins le jeune blessé que celle de la douleur de Militona. Pour l'une il s'agissait d'une *impropriété*, pour l'autre d'un désespoir.

Cet aveu d'amour si noblement jeté en face d'un danger suprême devait-il avoir une telle récompense ? Ne fallait-il pas qu'il protégeât désormais la jeune fille contre les fureurs de Juancho , qui pouvait revenir à la charge et recommencer ses violences ?

Andrès faisait tous ces raisonnements et bien d'autres ; tout en réfléchissant il regardait Militona, qui , assise près de la fenêtre , tenait en main quelque ouvrage : car, une fois le trouble des premiers moments passé, elle avait repris sa vie laborieuse.

Une lumière tiède et pure l'enveloppait comme d'une caresse et glissait avec des frisons bleuâtres sur les bandeaux de ses magnifiques chèveux roulés en natte derrière sa tête ; un œillet placé près de la tempe piquait cette ébène d'une étincelle rouge. Elle était charmante ainsi. Un coin de ciel bleu, sur lequel se dessinait le feuillage du pot de basilic, veuf de son pendant lancé à la rue le soir du billet, servait de fond à sa délicieuse figure.

Le grillon et la caille jetaient leur note alternée, et une vague brise, se parfumant sur la plante odorante , apportait dans la chambre un arome faible et doux.

Cet intérieur aux murailles blanches garni de quelques gravures populaires grossièrement coloriées, illuminé par la présence de Militona , avait un charme qui agissait sur Andrès. Cette chaste

indigence, cette nudité virginale plaisaient à l'âme;
la pauvreté innocente et fière a sa poésie. Il faut
donc réellement si peu de chose pour la vie d'un
être charmant!

En comparant cette chambre si simple à l'appartement prétentieux et de mauvais goût de dona
Feliciana, Andrès trouva la pendule, les rideaux,
les statuettes et les petits chiens de verre filé de sa
fiancée encore plus ridicules.

Un tintement argentin se fit entendre dans la
rue.

C'était le troupeau des chèvres laitières qui passaient en agitant leurs sonnettes.

« Voilà mon déjeuner qui arrive, dit gaiement
Militona en posant son ouvrage sur la table; il faut
que je descende pour l'arrêter au passage; je vais
aujourd'hui prendre un pot plus grand, puisque
nous sommes deux et que le médecin vous a permis de manger quelque chose.

— Vous n'aurez pas en moi un convive difficile
à nourrir, répondit Andrès en souriant.

— Bah! l'appétit vient en mangeant, lorsque le
pain est blanc et le lait pur; et mon fournisseur ne
me trompe pas. »

En disant ces mots, elle disparut en fredonnant
à mi-voix un couplet de vieille chanson. Au bout
de quelques minutes elle revint les joues roses, la
respiration haute d'avoir monté si vite les marches

du roide escalier, tenant sur la paume de sa main le vase plein d'un lait écumant.

« J'espère, monsieur, que je ne vous ai pas laissé longtemps seul. Quatre-vingts marches à descendre et surtout à monter !

— Vous êtes vive et preste comme un oiseau. Tout à l'heure ce noir escalier devait ressembler à l'échelle de Jacob.

— Pourquoi ? demanda Militona avec la plus parfaite naïveté, ne se doutant pas qu'on lui tendait un madrigal.

— Parce qu'il en descendait un ange, répondit Andrès en attirant à ses lèvres une des mains de Militona, qui venait de faire deux parts du lait.

— Allons, flatteur, mangez et buvez ce qui vous revient ; vous m'appelleriez archange que vous n'en auriez pas davantage. »

Elle lui tendit une tasse brune, à demi pleine, avec un petit quartier de ce délicieux pain mat et serré, d'une blancheur éblouissante, particulier à l'Espagne.

« Vous faites maigre chère, mon pauvre ami ; mais, puisque vous avez pris un habit d'enfant du peuple, il faut vous résoudre aussi au déjeuner qu'aurait fait celui dont vous avez revêtu le costume : cela vous apprendra à vous déguiser. »

En disant cela elle soufflait la mousse légère qui couronnait sa tasse, et buvait à petites gorgées.

Une jolie raie blanche marquait au-dessus de sa lèvre rouge la hauteur atteinte par le lait.

« A propos, dit-elle, vous allez m'expliquer, maintenant que vous pouvez parler, pourquoi vous, que j'ai rencontré à la place des Taureaux, pincé dans une jolie redingote, habillé à la dernière mode de Paris, je vous ai retrouvé devant ma porte vêtu en manolo. Quand étiez-vous déguisé? Ici ou là-bas? Bien que je n'aie pas grand usage du monde, je crois que la première forme sous laquelle je vous ai vu était la vraie. Vos petites mains blanches qui n'ont jamais travaillé le prouveraient.

— Vous avez raison, Militona; le désir de vous revoir et la crainte d'attirer sur vous quelque danger m'avaient fait prendre cette veste, cette ceinture et ce chapeau; mes vêtements habituels auraient trop vite appelé l'attention sur moi dans ce quartier. Avec les autres, je n'étais qu'une ombre dans la foule, où nul œil ne pouvait me reconnaître que l'œil de la jalousie.

— Et celui de l'amour, reprit Militona en rougissant. Votre travestissement ne m'a pas trompé une minute: j'aurais cru que la phrase que je vous avait dite au Cirque vous aurait arrêté; je le désirais, car je prévoyais ce qui n'a pas manqué d'arriver, et pourtant j'eusse été fâchée d'être trop bien obéie.

— Et ce terrible Juancho, me permettez-vous quelques questions sur son compte?

— Ne vous ai-je pas dit, sous la pointe de son couteau, que je vous aimais? N'ai-je pas ainsi répondu d'avance à tout? » répliqua la jeune fille en tournant vers Andrès ses yeux illuminés d'innocence, son front radieux de sincérité.

Tous les doutes qui avaient pu s'élever dans son esprit, à l'endroit de la liaison du torero et de la jeune fille, s'évanouirent comme une vaine fumée.

« Du reste, si cela peut vous faire plaisir, cher malade, je vous raconterai mon histoire et la sienne en quatre mots. Commençons par moi. Mon père, obscur soldat, a été tué pendant la guerre civile en combattant comme un héros pour la cause qu'il croyait la meilleure. Ses hauts-faits seraient chantés par les poëtes, si, au lieu d'avoir eu pour théâtre quelque gorge étroite de montagne dans une sierra de l'Aragon, ils avaient été accomplis sur quelque champ de bataille illustre. Ma digne mère ne put survivre à la perte d'un époux adoré, et je restai orpheline à treize ans, sans autres parents au monde qu'Aldouza, pauvre elle-même, et qui ne pouvait m'être d'un grand secours.

« Cependant, comme il me faut bien peu, j'ai vécu du travail de mes mains sous ce ciel indulgent de l'Espagne, qui nourrit ses enfants de soleil et de lumière; ma plus grande dépense,

c'était d'aller voir les lundis la course de taureaux ;
car nous autres, qui n'avons pas, comme les de-
moiselles du monde, la lecture, le piano, le théâtre
et les soirées, nous aimons ces spectacles simples et
grandioses où le courage de l'homme l'emporte sur
l'impétuosité aveugle de la brute. Là Juancho me
vit et conçut pour moi un amour insensé, une passion frénétique. Malgré sa mâle beauté, ses costumes
brillants, ses exploits surhumains, il ne m'inspira
jamais rien.... Tout ce qu'il faisait, et qui aurait
dû me toucher, augmentait mon aversion pour lui.

« Cependant il avait une telle adoration pour
moi que souvent je me trouvais ingrate de ne pas
y répondre ; mais l'amour est indépendant de notre
volonté : Dieu nous l'envoie quand il lui plaît.
Voyant que je ne l'aimais pas, Juancho tomba dans
la méfiance et dans la jalousie, il m'entoura de ses
obsessions, il me surveilla, m'épia et chercha partout des rivaux imaginaires. Il me fallut veiller sur
mes yeux et sur mes lèvres ; un regard, une parole,
devenaient pour Juancho le prétexte de quelque
affreuse querelle ; il faisait la solitude autour de
moi et m'entourait d'un cercle d'épouvante que
bientôt nul n'eût osé franchir.

— Et que j'ai rompu à jamais, je l'espère ; car je
ne pense pas que Juancho revienne à présent.

— Pas de si tôt du moins ; car il doit se cacher
pour éviter les poursuites jusqu'à ce que vous soyez

guéri. Mais vous, qui êtes-vous? Il est bien temps de le demander, n'est-ce pas?

— Andrès de Salcedo est mon nom. J'ai assez de fortune pour ne faire que ce qui me paraît honorable, et je ne dépends de personne au monde.

— Et vous n'avez pas quelque novia bien belle, bien parée, bien riche? » dit Militona avec une curiosité inquiète.

Andrès aurait bien voulu ne pas mentir, mais la vérité n'était pas aisée à dire. Il fit une réponse vague.

Militona n'insista pas, mais elle pâlit un peu et devint rêveuse.

« Pourriez-vous me faire donner un bout de plume et un carré de papier? je voudrais écrire à quelques amis qui doivent être inquiets de ma disparition, et les rassurer sur mon sort. »

La jeune fille finit par trouver au fond de son tiroir une vieille feuille de papier à lettre, une plume tordue, une écritoire où l'encre desséchée formait comme un enduit de laque.

Quelques gouttes d'eau rendirent à la noire bourbe sa fluidité primitive, et Andrès put griffonner sur ses genoux le billet suivant, adressé à don Geronimo Vasquez de los Rios :

« Mon futur beau-père,

« Ne soyez pas inquiet de ma disparition ; un accident qui n'aura pas de suites graves me retient

pour quelque temps dans la maison où l'on m'a
recueilli. J'espère, dans quelques jours, pouvoir
aller mettre mes hommages aux pieds de doña
Feliciana.

« ANDRÈS DE SALCEDO. »

Cette lettre, passablement machiavélique, n'indi-
quait pas l'adresse de la maison, ne précisait rien,
et laissait à celui qui l'avait écrite la latitude de
colorer plus tard les circonstances de la teinte nécessaire ; elle devait suffire pour calmer les craintes
du bonhomme et de Feliciana et faire gagner du
temps à Andrès, qui ne savait pas Geronimo si bien
instruit, grâce à la sagacité d'Argamasilla et de
Covachuelo.

La tia Aldonza porta la missive à la poste, et
Andrès, tranquille de ce côté-là, s'abandonna sans
réserve aux sensations poétiques et douces que lui
inspirait cette pauvre chambre rendue si riche par
la présence de Militona.

Il éprouvait cette joie immense et pure de l'amour
vrai qui ne résulte d'aucune convention sociale, où
n'entrent pour rien les flatteries de l'amour-propre,
l'orgueil de la conquête et les chimères de l'imagination, de cet amour qui naît de l'accord heureux de la jeunesse, de la beauté et de l'innocence :
sublime trinité !

Le brusque aveu de Militona, au dire des raffinés

qui dégustent l'amour comme une glace par petites cuillerées, et attendent pour le mieux savourer... qu'il soit fondu, aurait dû enlever à Andrès bien des nuances, bien des gradations charmantes par sa soudaineté sauvage. Une femme du monde eût préparé six mois l'effet de ce mot; mais Militona n'était pas du monde.

Don Geronimo, ayant reçu la lettre d'Andrès, la porta à sa fille, et lui dit d'un air de jubilation :

« Tiens, Feliciana, une lettre de ton fiancé. »

IX.

Feliciana prit d'un air assez dédaigneux le papier que lui tendait son père, fit la remarque qu'il n'était nullement glacé, et dit :

« Une lettre sans enveloppe et fermée avec un pain à cacheter! Quelle faute de savoir-vivre! mais il faut pardonner quelque chose à la rigueur de la situation. Pauvre Andrès! quoi! pas même un cahier de papier à lettres Victoria! pas même un bâton de cire d'Alcroft Regents'-quadrant! Qu'il doit être malheureux! A-t-on idée d'une feuille de chou pareille, sir Edwards? ajouta-t-elle en passant, après l'avoir lue, la lettre au jeune gentleman du Prado, fort assidu dans la maison depuis l'absence d'Andrès.

— Ho! gloussa péniblement l'aimable insulaire,
les sauvages en Australie font mieux que cela! c'est
l'enfance de l'industrie; à Londres, on ne voudrait
pas de ce chiffon pour envelopper les bougies de
suif.

— Parlez anglais, sir Edwards, dit Feliciana
vous savez que j'entends cette langue.

— No! je aime mieux perfectionner moi dans
l'espagnol, langage qui est le vôtre. »

Cette galanterie fit sourire Feliciana. Sir Edwards
lui plaisait assez. Il réalisait bien mieux qu'Andrès
son idéal d'élégance et de confortable. C'était,
sinon le plus civil, du moins le plus civilisé des
hommes. Tout ce qu'il portait était fait d'après les
procédés les plus nouveaux et les plus perfectionnés.
Chaque pièce de ses vêtements relevait d'un brevet
d'invention et était taillée dans une étoffe patentée
imperméable à l'eau et au feu. Il avait des canifs
qui étaient en même temps des rasoirs, des tire-
bouchons, des cuillers, des fourchettes et des
gobelets; des briquets se compliquant de bougies,
d'encriers, de cachets et de bâtons de cire; des
cannes dont on pouvait faire une chaise, un parasol, un pieu pour une tente et même une pirogue
en cas de besoin, et mille autres inventions de ce
genre, enfermées dans une quantité innombrable de
ces boîtes à compartiments que charrient avec eux
du pôle arctique à l'équateur les fils de la perfide

Albion, les hommes du monde à qui il faut le plus d'outils pour vivre.

Si Feliciana avait pu voir la table-toilette du jeune lord, elle eût été subjuguée tout à fait. Les trousses réunies du chirurgien, du dentiste et du pédicure ne comptent pas plus d'aciers de formes alarmantes et singulières. Andrès, malgré ses essais de *high life*, avait toujours été bien loin de cette sublimité.

« Mon père, si nous allions faire une visite à notre cher Andrès, sir Edwards nous accompagnerait; cela serait moins formel : car, j'ai beau être sa fiancée, l'action d'aller voir un jeune homme blesse toujours les convenances ou tout au moins les froisse.

—Puisque je serai là avec sir Edwards, quel mal peut-il y avoir? répondit Geronimo, qui ne pouvait s'empêcher de trouver sa fille un peu bégueule. Si d'ailleurs tu penses qu'il ne soit pas régulier d'aller voir toi-même don Andrès, j'irai seul, et te rapporterai fidèlement de ses nouvelles.

—Il faut bien faire quelque sacrifice à ceux qu'on aime, » reprit Feliciana, qui n'était pas fâchée de voir les choses par ses propres yeux.

Mlle Vasquez, quelque bien élevée qu'elle fût, n'en était pas moins femme, et l'idée de savoir son fiancé, pour lequel elle n'avait du reste qu'une passion très-modérée, chez une manola qu'on disait jolie, l'inquiétait plus qu'elle n'aurait voulu en convenir vis-à-vis d'elle-même. L'âme féminine la plus sèche a toujours quelque fibre qui palpite, pincée par l'amour-propre et la jalousie.

Sans trop savoir pourquoi, Feliciana fit une toilette exorbitante et tout à fait déplacée pour la circonstance : pressentant une lutte, elle se revêtit de pied en cap de la plus solide armure qu'elle put trouver dans l'arsenal de sa garde-robe, non que, dans son dédain de bourgeoise riche, elle crût pouvoir être battue par une simple manola, mais instinctivement elle voulait l'écraser par l'étalage de ses splendeurs, et frapper Andrès d'une amoureuse admiration. Elle choisit un chapeau de gros de Naples couleur paille, qui faisait paraître encore plus mornes ses cheveux blonds et sa figure fade ; un mantelet vert-pomme garni de dentelles blanches sur une robe bleu de ciel ; des bottines lilas et des gants de filet noir brodés de bleu. Une ombrelle rose entourée de dentelles et un sac alourdi de perles d'acier complétaient l'équipement.

Toutes les couturières et toutes les femmes de chambre du monde lui eussent dit : « Mademoiselle, vous êtes mise à ravir ! »

Aussi, lorsqu'elle donna un dernier coup d'œil à la glace de sa psyché, sourit-elle d'un air fort satisfait ; jamais elle n'avait ressemblé davantage à la poupée d'un journal de modes sans abonnés.

Sir Edwards, qui donnait le bras à Feliciana, n'était pas ajusté dans un style moins précieux : son chapeau presque sans bord, son habit aux basques rognées, son gilet quadrillé bizarrement, son col de chemise triangulaire, sa cravate de satin *improved Moreen foundation*, faisaient un digne pendant aux magnificences étalées par la fille de don Geronimo.

Jamais couple mieux assorti n'avait cheminé côte à côte ; ils étaient faits l'un pour l'autre et s'admiraient réciproquement.

On arriva à la rue del Povar, non sans de nombreuses plaintes de Feliciana sur le mauvais état des pavés, sur l'étroitesse des rues, l'aspect maussade des bâtisses, lamentations auxquelles le jeune Anglais faisait chorus en vantant les larges trottoirs de dalles ou de bitume, les immenses rues et les constructions correctes de sa ville natale.

« Quoi ! c'est devant cette masure que l'on a ramassé M. de Salcedo déguisé et blessé ? Que pouvait-il venir faire dans cet affreux quartier ? dit Feliciana d'un air de dégoût.

—Étudier philosophiquement les mœurs du peuple ou essayer sa force au couteau, comme à Londres je me fais, pour placer des coups de poing nouveaux, des querelles dans le Temple et dans Cheapside, répondit le jeune lord dans son jargon hispano-britannique.

— Nous allons bientôt savoir ce qui en est, »
ajouta don Geronimo.

Les trois personnages s'engouffrèrent dans l'allée
de la pauvre maison si fort méprisée par la superbe
Feliciana, et qui pourtant renfermait un trésor qu'on
chercherait souvent en vain dans des hôtels magnifiques.

Feliciana, pour franchir l'allée, tenait sa jupe
précieusement ramassée dans sa main. Si elle eût
connu l'agrafe-Page, elle eût en ce moment appré-
cié tout le mérite de cette invention.

Arrivée à la rampe, elle frémit à l'idée de poser
sur cette corde huileuse son gant d'une fraîcheur
idéale, et pria sir Edwards de lui prêter de nouveau
l'appui de son bras.

Une voisine officieuse ouvrait la marche. La pé-
rilleuse ascension commença.

Lorsque don Geromino eut répondu : *Gente de
paz* (gens tranquilles) au qui-vive effrayé de la tia
Aldonza, toujours en transes depuis l'algarade de
Juancho, la porte s'ouvrit, et Andrès, déjà troublé
par l'accent de cette voix connue, vit entrer d'abord
sir Edwards, qui formait l'avant-garde, puis don
Geronimo, et enfin Feliciana, dans l'éclat fabuleux
de sa toilette supercoquentieuse.

Elle s'était réservée pour le bouquet de ce feu
d'artifice de surprise, soit par instinct de la gradation des effets, soit qu'elle craignît d'inonder trop

subitement l'âme d'Andrès d'un bonheur au-dessus
de ses forces, ou bien encore parce qu'il n'eût pas
été convenable d'entrer la première dans une
chambre où se trouvait un jeune homme couché.

Son entrée ne produisit pas le coup de théâtre
qu'elle en attendait. Non-seulement Andrès ne fut
pas ébloui, il n'eut pas l'air inondé de la félicité la
plus pure, il ne versa pas de larmes d'attendrisse-
ment à l'idée du sacrifice surhumain de monter
trois étages, que venait de faire en sa faveur une
jeune personne si habillée; mais encore un sentiment assez visible de contrariété se peignit sur
sa figure.

L'effet avait été raté aussi complétement que
possible.

A l'aspect de ces trois personnes, Militona s'était
levée, avait offert une de ses chaises à don Geronimo, avec la déférence respectueuse qu'une jeune
fille modeste a toujours pour un vieillard, et fait
signe à la tia Aldonza de présenter l'autre à Mlle
Vasquez.

Celle-ci, après avoir écarté la jupe de sa mirifi-
que robe bleu de ciel, comme si elle eût craint de
la salir, se laissa tomber sur le siége de joncs en
poussant un soupir d'essoufflement et en s'éventant
avec son mouchoir.

« Comme c'est haut! j'ai cru que je n'aurais
jamais assez de respiration pour arriver.

— La señora était sans doute trop serrée, » dit Militona d'un air de naïveté parfaite.

Feliciana, qui, bien que maigre, se laçait au cabestan, répondit de ce ton aigre-doux, que les femmes savent prendre en pareille circonstance :

« Je ne me serre jamais. »

Décidément, l'affaire s'engageait mal. La jeune fille du monde n'avait pas l'avantage.

Militona, avec sa robe de soie noire à la mode espagnole, ses jolis bras découverts, sa fleur posée sur l'oreille, faisait paraître encore plus ridicules la recherche et le luxe de mauvais goût de la toilette de Feliciana.

La señora Feliciana Vasquez de los Rios avait l'air d'une femme de chambre anglaise endimanchée ; Militona, d'une duchesse qui veut garder l'incognito.

Pour réparer son échec, la fille de Geronimo essaya de déconcerter la manola en faisant peser sur elle un regard suprêmement dédaigneux ; mais elle en fut pour ses peines, et finit par baisser les yeux devant le regard clair et modeste de l'ouvrière.

« Quelle est cette femme ? se dit Militona : la sœur d'Andrès ? oh ! non ; elle lui ressemblerait ; elle n'aurait pas cet air insolent.

—Eh bien ! Andrès, dit Geronimo d'une voix affectueuse, en s'approchant du lit, vous l'avez échappé belle! Comment vous trouvez-vous main-tenant?

— Assez bien, répondit Andrès, grâce aux bons soins de mademoiselle.

— Que nous récompenserons convenablement de ses peines, interrompit Feliciana, par quelque cadeau, une montre d'or, une bague ou tout autre bijou à son choix. »

Cette phrase bénigne avait pour but de faire descendre la charmante créature du piédestal où la posait sa beauté.

Militona ainsi attaquée prit un air si naturellement royal et eut une telle fulguration de majesté, que Mlle Vasquez demeura tout interdite.

Edwards ne put s'empêcher de murmurer :

« *It is a very pretty girl*[1], » oubliant que Feliciana comprenait l'anglais.

Andrès répondit d'un ton sec :

« De pareils services ne se payent pas.

— Oh! sans doute, reprit Geronimo. Qui parle de payer? c'est un simple témoignage de gratitude, un souvenir de reconnaissance, voilà tout.

— Vous devez être bien mal ici, cher Andrès, continua Mlle Vasquez en détaillant de l'œil tout ce qui manquait au pauvre logis.

— Monsieur a eu la bonté de ne pas se plaindre, »

1. C'est une très-jolie fille. (*Note de l'éditeur.*)

dit Militona en se retirant du côté de la fenêtre,
comme pour laisser le champ libre à l'impertinence
de Feliciana et lui dire tacitement : « Vous êtes
chez moi, je ne vous chasse pas, je ne le puis ;
mais je trace une ligne de démarcation entre vos
insultes et ma patience d'hôtesse. »

Commençant à être assez embarrassée de sa
contenance, Feliciana fouettait la pointe de sa bot-
tine avec le bout d'ivoire de son ombrelle.

Il se fit un moment de silence.

Don Geronimo rechercha à l'angle de sa taba-
tière une pincée de *polvo sevillano* (tabac jaune)
qu'il porta à son nez vénérable avec un geste d'aisance qui sentait le bon vieux temps.

Sir Edwards, pour ne pas se compromettre, prit
un air bête si parfaitement imité, qu'on aurait pu
le croire véritable.

La tia Aldonza, les yeux écarquillés, la lèvre
tombante, admirait dévotement la vertigineuse
toilette de Feliciana : ce tapage de bleu de ciel, de
jaune, de rose, de vert-pomme, de lilas, la faisait
tomber dans un ébahissement naïf. Jamais elle
ne s'était trouvée face à face avec de pareilles
splendeurs.

Quant à Andrès, il enveloppait d'un long regard
de protection et d'amour Militona, qui, placée à
l'autre bout de la chambre, rayonnait de beauté, et
il s'étonnait d'avoir jamais eu l'idée d'épouser Fe-

liciana, qu'il trouvait ce qu'elle était réellement :
le produit artificiel d'une maîtresse de pension et
d'une marchande de modes.

Militona se disait à elle-même :

« C'est singulier! moi qui n'ai jamais haï personne, dès le premier pas que cette femme a fait
dans cette chambre, j'ai senti un tressaillement
comme à l'approche d'un ennemi inconnu. Qu'ai-je
à craindre? Andrès ne l'aime pas, j'en suis sûre ; je
l'ai bien vu à ses yeux. Elle n'est pas jolie, et c'est
une sotte ; autrement serait-elle venue ainsi attifée
voir un malade dans une pauvre maison? Une robe
bleu de ciel et un mantelet vert-pomme , quel
manque de sensibilité! Je la déteste, cette grande
perche.... Que vient-elle faire ici? Repêcher son
novio ; car c'est sans doute quelque fiancée. Andrès
ne m'avait pas parlé de cela.... Oh! s'il l'épousait,
je serais bien malheureuse ! Mais il ne l'épousera
pas ; c'est impossible. Elle a de vilains cheveux
blonds et des taches de rousseur, et Andrès m'a dit
qu'il n'aimait que les cheveux noirs et les teints
d'une pâleur unie. »

Pendant ce monologue, Feliciana en faisait un
autre de son côté. Elle analysait la beauté de Militona avec le violent désir de la trouver en défaut
sur quelque point. A son grand regret, elle n'y
trouva rien à redire. Les femmes, comme les
poëtes, s'apprécient à leur juste valeur et connais-

sent leur force véritable, sauf à n'en convenir
jamais. Sa mauvaise humeur s'en augmenta, et elle
dit d'un ton assez aigre au pauvre Andrès :

« Si votre médecin ne vous a pas défendu de
parler, racontez-nous donc un peu votre aventure;
car c'est une aventure que nous ne savons que
d'une manière fort embrouillée.

— Ho! tâchez de raconter l'histoire romanesque,
ajouta l'Anglais.

— Tu veux le faire bavarder et tu vois bien qu'il
est encore très-faible, interrompit Geronimo avec
une bonhomie paternelle.

— Cela ne le fatiguera pas beaucoup, et, au besoin, mademoiselle pourra venir à son aide; elle
doit savoir toutes les circonstances. »

Ainsi interpellée, Militona se rapprocha du
groupe.

« J'avais eu la fantaisie, dit Andrès, de me déguiser en manolo pour courir dans les anciens quartiers et jouir de l'aspect animé des cabarets et des
bals populaires; car, vous le savez, Feliciana,
j'aime, tout en admirant la civilisation, les vieilles
coutumes espagnoles. En passant par cette rue, j'ai
rencontré un farouche donneur de sérénades, qui
m'a cherché querelle et m'a blessé dans un combat
au couteau, loyalement et dans toutes les règles. Je
suis tombé, et mademoiselle m'a recueilli demi-
mort sur le seuil de sa maison.

— Mais savez-vous bien, Andrès, que cela est
fort romantique et ferait un sujet de complainte
admirable, en poétisant un peu les choses ? Deux
farouches rivaux se rencontrent sous le balcon
d'une beauté.... Et en disant cela elle regardait
Militona et riait d'un méchant sourire forcé.... Ils se
cassent leur guitare sur la tête et se tracent des
croix sur la figure. Cette scène, gravée sur bois et
placée en tête de la romance, produirait le plus bel
effet ; ce serait à faire la fortune d'un aveugle.

— Mademoiselle, dit gravement Militona, deux
lignes plus bas et la lame entrait dans le cœur.

— Certainement ; mais, comme toujours, elle a
glissé de manière à ne faire qu'une blessure intéressante....

— Qui ne vous intéresse guère, en tous les cas,
répliqua la jeune fille.

— Elle n'a pas été reçue en mon honneur, et je
ne puis y prendre un si vif intérêt que vous ; cependant, vous voyez que je viens rendre visite à
votre blessé. Si vous voulez, nous veillerons chacune notre tour : ce sera charmant.

— Jusqu'à présent je l'ai veillé seule, et je conti-
nuerai, répondit Militona.

— Je sens qu'à côté de vous je puis paraître
froide ; mais il n'est pas dans mes mœurs de recueillir des jeunes gens chez moi, même pour une
légère égratignure à la poitrine.

— Vous l'auriez laissé mourir dans la rue de peur de vous compromettre?

— Tout le monde n'est pas libre comme vous ; on a des ménagements à garder ; celles qui ont une réputation ne sont pas bien aise de la perdre.

— Allons, Feliciana, tu dis des choses qui n'ont pas le sens commun ; tu t'emportes à propos de rien, dit le conciliant Geronimo. Tout cela est purement fortuit ; Andrès n'avait jamais vu mademoiselle avant l'accident ; ne va pas prendre de la jalousie et te mettre martel en tête sans le moindre motif.

— Une fiancée n'est pas une maîtresse, » continua majestueusement Feliciana sans prendre garde à l'interruption de son père.

Militona pâlit sous cette dernière insulte. Un lustre humide illumina ses yeux, son sein gonfla, ses lèvres gonflèrent, un sanglot fut près de jaillir de sa gorge ; mais elle se contint, et ne répondit que par un regard chargé d'un mépris écrasant.

« Allons-nous-en, mon père, ma place n'est pas ici ; je ne puis m'arrêter plus longtemps chez une fille perdue.

— Si ce n'est que cela qui vous fait sortir, restez, mademoiselle, dit Andrès en prenant Militona par la main. Doña Feliciana Vasquez de los Rios peut prolonger sa visite à Mme Andrès de Salcedo

que je vous présente; je serais désolé de vous av...
fait commettre une inconvenance.

— Comment! s'écria Geronimo ; que dis-tu, Andrès? Un mariage arrangé depuis dix ans! es-tu fou?

— Au contraire, je suis raisonnable, répondit le
jeune homme ; je sais que je n'aurais pu faire le
bonheur de votre fille.

— Chimères, fantaisies d'écervelé. Tu es malade,
tu as la fièvre, continua Geronimo, qui s'était habitué à l'idée d'avoir Andrès pour gendre.

— Ho! ne vous inquiétez pas, dit l'Anglais en
tirant Geronimo par la manche. Vous ne manquerez
pas de gendres : votre fille est si belle et s'habille
d'une façon si superbe!

— Vos fortunes se convenaient si bien, poursuivit Geronimo....

— Mieux que nos cœurs, répondit Andrès. Je ne
pense pas que ma perte soit bien vivement sentie
par Mlle Vasquez.

— Vous êtes modeste, répliqua Feliciana ; mais,
pour vous ôter tout remords, je veux vous laisser
cette persuasion. Adieu, soyez heureux en ménage.
Madame, je vous salue. »

Militona répondit par une révérence pleine de
dignité à l'inclination de tête ironique de Feliciana.

« Venez, mon père ; Sir Edwards, donnez-moi
le bras. »

L'Anglais, interpellé, arrondit gracieusement

son bras en anse d'amphore, et ils sortirent très-majestueusement.

Le jeune insulaire rayonnait. Cette scène avait fait naître dans son esprit des espérances qui jusqu'alors n'avaient pu ouvrir leurs ailes. Feliciana, pour laquelle il brûlait d'une flamme discrète, était libre ! Ce mariage projeté depuis si longtemps venait de se rompre : « Oh ! se disait-il en sentant sur sa manche le gant étroit de la jeune fille, épouser une Espagnole, c'était mon rêve ! une Espagnole à l'âme passionnée, au cœur de flamme et qui fasse le thé dans mes idées.... Je suis de l'avis de lord Byron : arrière les pâles beautés du Nord ; j'ai juré à moi-même de ne me marier qu'avec une Indienne, une Italienne ou une Espagnole. J'aime mieux l'Espagnole à cause du romancero et de la guerre de l'indépendance ; j'en ai vu beaucoup qui étaient passionnées, mais elles ne faisaient pas le thé selon mes principes, commettaient des impropriétés vraiment choquantes ; au lieu que Feliciana est si bien élevée ! Quel effet elle fera à Londres, aux bals d'Almack et dans les raouts fashionables ! Personne ne voudra croire qu'elle est de Madrid. Oh ! que je serai heureux ! Nous irons passer les étés avec notre petite famille à Calcutta ou au cap de Bonne-Espérance, où j'ai un cottage. Quelle félicité ! »

Tels étaient les songes d'or que faisait tout

éveillé sir Edwards en reconduisant Mlle Vasquez chez elle.

. De son côté, Feliciana se livrait à des rêveries analogues ; sans doute elle éprouvait un assez vif dépit de la scène qui venait de se passer, non qu'elle regrettât beaucoup Andrès, mais elle était piquée d'avoir été prévenue. Il y a toujours quelque chose de désagréable à être quittée même par un homme à qui l'on ne tient pas, et, depuis qu'elle connaissait sir Edwards, Feliciana avait envisagé sous un jour beaucoup moins favorable l'engagement qui la liait à Andrès.

La rencontre de son idéal personnifié dans sir Edwards lui avait fait comprendre qu'elle n'avait jamais aimé don Andrès !

Sir Edwards était si bien l'Anglais de ses rêves ! l'Anglais rasé de frais, vermeil, luisant, brossé, peigné, poncé, en cravate blanche dès l'aurore, l'Anglais waterproof et mackintosh ! l'expression suprême de la civilisation !

Et puis, il était si ponctuel ! si précis, si mathématiquement exact au rendez-vous ! Il en aurait remontré aux plus fidèles chronomètres ! « Quelle vie heureuse une femme mènerait avec un être pareil ! se disait tout bas Mlle Feliciana Vasquez de los Rios. J'aurais de l'argenterie anglaise, des porcelaines de Wegwood, des tapis dans toute la maison, des domestiques poudrés ; j'irais me promener à Hyde-Park , à côté de mon mari conduisant son *four in hand*. Le soir, au théâtre de la Reine, j'entendrais de la musique italienne dans ma loge tendue de damas bouton d'or. Des daims familiers joueraient sur la pelouse verte de mon château, et peut-être aussi quelques enfants blonds et roses : des enfants font si bien sur le devant d'une calèche , à côté d'un King's-Charles authentique ! »

Laissons ces deux êtres si bien faits pour s'entendre continuer leur route , et revenons rue del Povar retrouver Andrès et Militona.

La jeune fille , après le départ de Feliciana , de don Geronimo et de sir Edwards, s'était jetée au cou d'Andrès avec une effusion de sanglots et de larmes; mais c'étaient des larmes de joie et de bonheur qui ruisselaient doucement en perles transparentes sur le duvet de ses belles joues sans rougir ses divines paupières.

Le jour baissait, les jolis nuages roses du couchant pommelaient le ciel. Dans le lointain l'on entendait bourdonner les guitares, ronfler les panderos sous les pouces des danseuses, frissonner les plaques de cuivre des tambours de basque, et babiller les castagnettes. Les aïe ! et les hola ! des couplets de fandango jaillissaient par bouffées harmonieuses du coin des rues et des carrefours , et tous ces bruits joyeux et nationaux formaient

comme un vague épithalame au bonheur des deux
amants. La nuit était venue tout à fait, et la tête
de Militona reposait toujours sur l'épaule d'Andrès.

X.

Nous avons un peu perdu de vue notre ami
Juancho. Il serait convenable d'aller à sa recherche,
car il était sorti de la chambre de Militona dans un
état d'exaspération qui touchait à la démence. En
grommelant des malédictions et en faisant des gestes
insensés, il avait gagné, sans savoir où il allait, la
porte de Hierro, et ses pieds l'avaient mené au
hasard à travers la campagne.

Les environs de Madrid sont arides et désolés,
une couleur terreuse revêt les murailles des misérables constructions clair-semées le long des routes,
et qui servent à ces industries suspectes et malsaines
que les grandes villes rejettent hors de leur sein.
Ces terrains décharnés sont constellés de pierres
bleuâtres qui grossissent à mesure qu'on approche
du pied de la Sierra de Guadarrama, dont les cimes,
neigeuses encore au commencement de l'été, appa-
raissent à l'horizon comme de petits nuages blancs
pelotonnés. A peine voit-on çà et là quelque trace
de végétation. Les torrents desséchés rayent le sol
d'affreuses cicatrices ; les pentes et les collines n'of-

frent aucune verdure et forment un paysage en harmonie avec tous les sentiments tristes. La gaieté s'y éteindrait, mais au moins le désespoir ne s'y sent raillé par rien.

Au bout d'une heure ou deux de marche, Juancho, ployant sous le poids de sa pensée, lui que n'eussent pas courbé les portes de Gaza, enlevées par Samson, se laissa tomber à plat ventre sur le revers d'un fossé, s'appuya sur les coudes en se tenant le menton et les joues avec les mains, et demeura ainsi immobile, dans un état de prostration complète.

Il regardait défiler, sans les voir, les chariots, dont les bœufs, effrayés de voir ce corps couché sur le bord de la route, faisaient, en passant près de lui, un écart qui leur attirait un coup d'aiguillon de la part de leurs conducteurs ; les ânes chargés de paille hachée et retenue par des cordelettes de jonc ; le paysan à physionomie de bandit fièrement campé sur son cheval, la main sur la cuisse et la carabine à l'arçon de la selle ; la paysanne à l'air farouche, traînant après soi un marmot en pleurs ; le vieux Castillan, coiffé de son casque de peau de loup ; le Manchègue, avec sa culotte noire et ses bas drapés, et toute cette population errante qui apporte de dix lieues au marché trois pommes vertes ou une botte de piment.

Il souffrait atrocement, et des larmes, les pr

mières qu'il eût versées, tombaient de ses joues
brunes sur la terre indifférente, qui les buvait
comme de simples gouttes de pluie. Sa robuste
poitrine, gonflée par des soupirs profonds, soulevait son corps. Jamais il n'avait été si malheureux;
le monde lui semblait près de finir; il ne voyait
plus de but à la création et à la vie. Qu'allait-il
faire désormais?

« Elle ne m'aime pas, elle en aime un autre, se
répétait Juancho, pour se démontrer cette vérité
fatale que son cœur refusait d'admettre. Est-ce possible? est-ce croyable? Elle si fière, si sauvage,
avoir pris tout à coup une passion pour un inconnu,
tandis que moi, qui ne vivais que pour elle, qui la
suivais depuis deux ans comme son ombre, je n'ai
pu obtenir un mot de pitié, un sourire indulgent!
Je me trouvais à plaindre alors; mais c'était le paradis à côté de ce que je souffre aujourd'hui. Si
elle ne m'aimait pas, au moins elle n'aimait personne.

« Je pouvais la voir; elle me disait de m'en aller,
de ne plus revenir, que je l'ennuyais, que je la fa-
tiguais, que je l'obsédais, qu'elle ne pouvait souffrir plus longtemps ma tyrannie; mais au moins,
quand je m'en allais, elle restait seule; la nuit,
j'errais sous sa fenêtre, fou d'amour, ivre de désirs; je savais qu'elle reposait chastement sur son
petit lit virginal; je n'avais pas la crainte de voir

deux ombres sur son rideau ; malheureux, je savou-
rais cette douceur amère, que nul n'était mieux
partagé que moi. Je ne possédais pas le trésor,
mais aucun autre n'en avait la clef.

« Et maintenant, c'est fini, plus d'espoir ! Si elle
me repoussait quand elle n'aimait personne, que
sera-ce à présent que sa répulsion contre moi s'aug-
mente de toute sa sympathie pour un autre ? Oh !
je le sentais bien ! Aussi, comme j'écartais tous ceux
qu'attirait sa beauté ! comme je faisais bonne garde
autour d'elle ! Ce pauvre Luca et ce pauvre Ginès,
comme je vous les ai arrangés, et cela pour rien !
et j'ai laissé passer l'autre, le vrai, le dangereux,
celui qu'il fallait tuer ! Main maladroite, esclave
imbécile qui n'as pas su faire ton devoir, sois pu-
nie ! »

En disant cela, Juancho mordit sa main droite si
cruellement que le sang fut près de jaillir.

« Quand il sera guéri, je le provoquerai une seconde fois, et je ne le manquerai plus. Mais si je
le tue, jamais Militona ne voudra me revoir ; de
toute façon elle est perdue pour moi. C'est à en devenir fou ; il n'y a aucun moyen. S'il pouvait mourir naturellement par quelque catastrophe soudaine,
un incendie, un écroulement de maison, un trem-
blement de terre, une peste. Oh ! je n'aurai pas ce
bonheur-là. Démons et furies ! Quand je pense que
cette âme charmante, ce corps si parfait, ces beaux

yeux, ce divin sourire, ce cou rond et souple,
cette taille si mince, ce pied d'enfant, tout cela c'e.
à lui! Il peut lui prendre la main, et elle ne la retire pas; faire pencher vers lui sa tête adorée, qu'elle
ne détourne pas avec dédain. Quel crime ai-je
commis pour être puni de la sorte? Il y a tant de
belles filles en Espagne qui ne demanderaient pas
mieux que de me voir à leurs genoux! Quand je
parais dans l'arène, plus d'un cœur palpite sous
une jolie gorge; plus d'une main blanche me salue
d'un signe amical. Que de Sévillanes, de Madrilègnes et de Grenadines m'ont jeté leur éventail, leur
mouchoir, la fleur de leurs cheveux, la chaîne d'or
de leur cou, transportées d'admiration par mon
courage et ma bonne mine! Eh bien! je les ai dé-
daignées; je n'ai voulu que celle qui ne voulait pas
de moi; entre ces mille amours j'ai choisi une
haine! Entraînement invincible! destin fatal! Pauvre Rosaura, toi qui avais pour moi une si naïve
tendresse à laquelle je n'ai pas répondu, insensé
que j'étais, comme tu as dû souffrir! Sans doute je
porte aujourd'hui la peine du chagrin que je t'ai
fait. Le monde est mal arrangé : il faudrait que
tout amour fît naître son pareil; alors on n'éprou-
verait pas de pareils désespoirs. Dieu est méchant!
C'est peut-être parce que je n'ai pas fait brûler de
cierges devant l'image de Notre-Dame, que j'ai
éprouvé de telles disgrâces. Ah! mon Dieu! mon

Dieu! que faire? Jamais je ne pourrai vivre une
minute tranquille sur cette terre! Dominguez est
bien heureux que le taureau l'ait tué, lui qui aimait aussi Militona! J'ai pourtant fait ce que j'ai pu
pour le sauver! Et elle qui m'accusait de l'avoir
abandonné dans le péril! car non-seulement elle
me hait, mais encore elle me méprise. O ciel! c'est
à devenir fou de rage! »

Et en disant ces mots, il se releva d'un bond et
reprit sa course à travers les champs.

Il erra ainsi tout le jour, la tête perdue, l'œil ha-
gard, les poings contractés; des hallucinations
cruelles lui représentaient Andrès et Militona se
promenant ensemble, se tenant la main, s'embrassant, se regardant d'un air de langueur, sous les
aspects les plus poignants pour un cœur jaloux!
Toutes ces scènes se peignaient de couleurs si vives,
s'empreignaient d'une réalité si frappante, qu'il
s'élança plus d'une fois en avant comme pour percer Andrès; mais il n'atteignait que l'air et se réveillait tout surpris de sa vision.

Les formes des objets commençaient à se confondre à sa vue; il se sentait les tempes serrées;
un cercle de fer lui pressait la tête, ses yeux brû-
laient, et, malgré la sueur qui ruisselait sur sa
figure et les rayons d'un soleil de juin, il avait
froid.

Un bouvier dont la charrette avait versé, la roue

ayant passé sur une grosse pierre, vint lui taper sur l'épaule et lui dit :

« Homme, vous me paraissez avoir des bras robustes ; voulez-vous m'aider à relever ma charrette? Mes pauvres bêtes s'épuisent en vain. »

Juancho s'approcha, et sans mot dire se mit en devoir de relever la charrette ; mais les mains lui tremblaient, ses jambes flageolaient, ses muscles invaincus ne répondaient plus à l'appel. Il la soulevait un peu et la laissait retomber, épuisé, haletant.

« Au juger, je vous aurais cru la poigne plus solide que cela, » dit le bouvier, étonné du peu de succès des efforts de Juancho.

Il n'avait plus de forces, il était malade.

Cependant, piqué d'honneur par la remarque du bouvier, et orgueilleux de ses muscles comme un gladiateur qu'il était, il réunit, par une projection de volonté effrayante, tout ce qui lui restait de vigueur et donna un élan furieux.

La charrette se retrouva sur ses roues comme par enchantement, sans que le bouvier y eût mis la main. La secousse avait été si violente que la voiture avait failli verser de l'autre côté.

« Comme vous y allez, mon maître! s'écria le bouvier émerveillé ; depuis l'hercule d'Ocaña, qui emportait les grilles des fenêtres, et Bernard de Carpio, qui arrêtait les meules de moulin avec le doigt, on n'a pas vu un gaillard pareil. »

Mais Juancho ne répondit pas, et tomba évanoui tout de son long sur le chemin, comme tombe un corps mort, pour nous servir de la formule dantesque.

« Est-ce qu'il se serait brisé quelque vaisseau dans le corps? dit le bouvier tout effrayé. N'importe, puisque c'est en me rendant service que l'accident lui est arrivé, je vais le charger sur ma charrette et je le déposerai à San-Agostin, ou bien à Alcobendas, dans quelque auberge. »

L'évanouissement de Juancho dura peu, bien qu'on n'eût employé pour le faire cesser ni sels ni esprits, choses dont les bouviers sont généralement dépourvus; mais le torero n'était pas une petite-maîtresse.

Le bouvier le couvrit de sa mante. Juancho avait la fièvre, et il éprouvait une sensation inconnue jusqu'alors à son corps de fer, la maladie!

Arrivé à la posada de San-Agostin, il demanda un lit et se coucha.

Il dormit d'un sommeil de plomb, de ce sommeil invincible qui s'empare des prisonniers indiens au milieu des tortures que leur inflige l'ingénieuse cruauté des vainqueurs, et dont s'endorment les condamnés à mort le matin du jour de leur exécution.

Les organes brisés refusent à l'âme de lui donner les moyens de souffrir.

Ce néant de douze heures sauva Juancho de la
folie; il se leva sans fièvre, sans mal de tête, mais
faible comme dans la convalescence d'une maladie
de six mois. Le sol se dérobait à ses pieds, la lumière étonnait ses yeux, le moindre bruit l'étour-
dissait; il se sentait l'esprit creux et l'âme vide. Un
grand écroulement s'était fait en lui. A la place où
s'élevait autrefois son amour, il y avait un gouffre
que rien désormais ne pouvait remplir.

Il resta un jour dans cette auberge, et se trouvant
mieux, car son énergique nature reprenait le dessus, il se fit donner un cheval et se dirigea vers
Madrid, rappelé par cet instinct étrange qui ramène
aux spectacles douloureux : il éprouvait le besoin
d'inonder ses blessures de poison, d'élargir ses
plaies et de se retourner lui-même le couteau dans
le cœur; il était trop loin de son malheur, il voulait
s'en rapprocher, pousser son martyre jusqu'au
bout, s'enivrer de son absinthe, se faire oublier la
cause du mal par-l'excès de la souffrance.

Pendant que Juancho promenait sa douleur,
des alguazils le cherchaient de tous côtés, car la
voix publique le désignait comme étant celui qui
avait donné le coup de couteau au seigneur Andrès de Salcedo. Celui-ci, comme vous le pen-
sez bien, n'avait pas porté plainte ; c'était bien
assez d'avoir pris au pauvre Juancho celle qu'il

aimait, sans encore lui prendre la liberté ; Andrès

ignorait même les poursuites dirigées contre le torero.

Argamasilla et Covachuelo, cet Oreste et ce Pylade de l'arrestation, s'étaient mis en campagne pour découvrir et arrêter Juancho; mais ils procédaient avec beaucoup de délicatesse, vu les mœurs notoirement farouches du compagnon : on pouvait même croire, et des envieux qui jalousaient la position des deux amis l'affirmaient hautement, que Covachuelo et Argamasilla prenaient des informations pour ne pas se rencontrer avec celui qu'ils étaient chargés de prendre ; mais un espion maladroit vint dire qu'on avait vu entrer le coupable dans la place des Taureaux, d'un air aussi calme que s'il n'avait rien sur la conscience.

Il fallut donc s'exécuter. Tout en marchant à l'endroit désigné, Argamasilla disait à son ami :

« Je t'en prie en grâce, Covachuelo, ne fais pas d'imprudence ; modère ton héroïsme ; tu sais que le gaillard a la main leste ; n'expose pas la peau du plus grand homme de police qui ait jamais existé à la furie d'un brutal.

— Sois tranquille, répondit Covachuelo, je ferai tous mes efforts pour te conserver ton ami. Je ne serai brave qu'à la dernière extrémité, lorsque j'aurai épuisé tous les moyens parlementaires. »

Juancho, en effet, était entré dans le cirque, afin de voir les taureaux qu'on venait d'enfermer

pour la course du lendemain, plutôt par la force
de l'habitude que par un dessein bien arrêté.

Il y était encore et traversait l'arène, lorsque Argamasilla et Covachuelo arrivèrent suivis de leur
petite escouade.

Covachuelo, avec la plus grande politesse et les
formules les plus cérémonieuses, notifia à Juancho
qu'il eût à le suivre en prison.

Juancho haussa dédaigneusement les épaules et
poursuivit son chemin.

Sur un signe de l'alguazil, deux agents se jetèrent sur le torero, qui les secoua comme un grain
de poussière qu'on fait tomber de sa manche.

Toute la bande se rua alors sur Juancho, qui
en envoya trois ou quatre rouler à quinze pas les
quatre fers en l'air; mais, comme le nombre finit
toujours par l'emporter sur la force personnelle
et que cent pygmées ont raison d'un géant, Juancho, tout en rugissant, s'était peu à peu rapproché
du toril, et là, se débarrassant par une brusque
secousse des mains qui s'accrochaient à ses habits,
il en ouvrit la porte, se précipita dans ce dangereux asile et s'y enferma, à peu près comme ce
belluaire qui, poursuivi par des gardes du commerce, se réfugia dans la cage de ses tigres.

Les assaillants essayèrent de le forcer dans cette
retraite; mais la porte qu'ils tâchaient d'enfoncer
se renversa tout à coup, et un taureau, chassé de

son compartiment par Juancho, s'élança tête basse sur la troupe effrayée.

Les pauvres diables n'eurent que le temps bien juste de sauter par-dessus les barrières ; l'un d'eux ne put éviter un large accroc à ses chausses.

« Diable! dirent Argamasilla et Covachuelo, cela va devenir un siége dans les règles.

— Tentons un nouvel assaut. »

Cette fois, deux taureaux sortirent ensemble et fondirent sur les assaillants ; mais, comme ceux-ci se dispersèrent avec la légèreté que donne la peur, les bêtes farouches, ne voyant plus d'ennemis humains, se tournèrent l'une contre l'autre, croisèrent leurs cornes, et, le mufle dans le sable, firent de prodigieux efforts pour se renverser.

Covachuelo cria à Juancho, en tenant avec précaution le battant de la porte :

« Camarade, vous avez encore cinq taureaux à lâcher : nous connaissons vos munitions. Après cela, il faudra vous rendre, et vous rendre sans capitulation. Sortez de votre propre mouvement, et je vous accompagnerai à la prison avec tous les égards possibles, sans menottes ni poucettes, dans un calesin à vos frais, et je ne ferai aucune mention sur le rapport de la résistance que vous avez faite aux agents de l'autorité, ce qui aggraverait votre peine ; suis-je gentil? »

Juancho, ne voulant pas disputer plus longtemp

une liberté qui lui était indifférente, se remit aux mains d'Argamasilla et de Covachuelo, qui le conduisirent à la prison de la ville avec tous les honneurs de la guerre.

Lorsque les clefs eurent fini de grincer dans les serrures, il s'étendit sur son grabat et se dit: « Si je la tuais! ne songeant plus qu'il était au cachot. Oui, c'est ce que j'aurais dû faire le jour où j'ai trouvé Andrès chez elle. Ma vengeance eût été complète; oh! quelle atroce angoisse il eût soufferte en voyant sa maîtresse poignardée sous ses yeux; faible, cloué au lit, ne pouvant la défendre; car je ne l'aurais pas tué, lui! je n'aurais pas commis cette faute! Je me serais sauvé dans la montagne ou livré à la justice. Je serais tranquille, maintenant, d'une façon ou d'une autre. Pour que je puisse vivre, il faut qu'elle soit morte; pour qu'elle puisse vivre, il faut que je meure; j'avais ma navaja à la main, un coup et tout était fini; mais elle avait dans les yeux une lueur si flamboyante, elle était si désespérément belle que je n'ai plus eu ni force, ni volonté, ni courage, moi qui fais baisser la paupière aux lions quand je les regarde dans leurs cages, et ramper les taureaux sur le ventre comme des chiens battus.

« Eh quoi! j'aurais déchiré son sein charmant, fait sentir à son cœur le froid de l'acier, et ruisseler sur sa blancheur son beau sang vermeil! Oh!

non, je ne commettrai pas cette barbarie. Il vau-
drait mieux l'étouffer avec son oreiller, comme fait
le nègre à la jeune dame de Venise dans la pièce
que j'ai vue au théâtre del Circo. Mais pourtant,
elle ne m'a trompé, elle ne m'a pas fait de faux
serment; elle a toujours été vis-à-vis de moi d'une
froideur désespérante. C'est égal, je l'aime assez
pour avoir droit de mort sur elle ! »

Telles étaient, à quelques variantes près, les
idées qui occupaient Juancho dans sa prison.

Andrès revenait à la santé à vue d'œil ; il s'était
levé, et, appuyé sur le bras de Militona, avait pu
faire le tour de la chambre et aller respirer l'air
à la fenêtre ; bientôt ses forces lui avaient permis
de descendre dans la rue et d'aller chez lui faire
les dispositions nécessaires pour son prochain
mariage.

Sir Edwards, de son côté, s'était déclaré ; il
avait demandé dans les règles la main de Feliciana
Vasquez de los Rios à don Geronimo, qui la lui
avait accordée avec empressement. Il s'occupait
de la corbeille et faisait venir de Londres des
robes et des parures d'une richesse fabuleuse et
d'un goût exorbitant. Les cachemires, choisis dans
la gamme jonquille, écarlate et vert-pomme, eussent défié les investigations de M. Biétry. Ils
avaient été rapportés de Lahore, cette métropole
des châles, par sir Edwards lui-même, qui pos-

sédait une ou deux fermes dans les environs; ils
étaient faits avec le duvet de ses propres chèvres :
l'âme de Feliciana nageait dans la joie la plus
pure.

Militona, quoique bien heureuse aussi, n'était
pas sans quelques appréhensions; elle avait peur
d'être déplacée dans le monde où son union avec
Andrès allait la faire entrer. Chez elle une maîtresse de pension n'avait pas détruit l'ouvrage de
Dieu, et l'éducation remplacé l'instinct; elle avait
le sentiment du bien, du beau, de toutes les poé-
sies de l'art et de la nature, mais rien que le sentiment. Ses belles mains n'avaient jamais pétri
l'ivoire du clavier; elle ne lisait pas la musique ,
quoiqu'elle chantât d'une voix pure et juste ; ses
connaissances littéraires se bornaient à quelques
romances, et, si elle ne faisait pas de fautes en
écrivant, il fallait en remercier la simplicité de l'or-
thographe espagnole.

« Oh! se disait-elle, je ne veux pas qu'Andrès
rougisse de moi. J'étudierai, j'apprendrai, je me
rendrai digne de lui. Pour belle, il faut bien croire
que je le suis, ses yeux me le disent; et quant aux
robes, j'en ai assez fait pour les savoir porter aussi
bien que les grandes dames. Nous irons dans quelques villes où nous resterons jusqu'à ce que la
pauvre chrysalide ait eu le temps de déployer
ses ailes et de se changer en papillon. Pourvu

qu'il ne m'arrive pas quelque malheur! ce ciel trop bleu m'effraye. Et Juancho, qu'est-il devenu ? Ne fera-t-il pas encore quelque tentative insensée ?

— Oh! pour cela, non, répondit la tia Aldonza à cette réflexion de Militona achevée à haute voix. Juancho est en prison, comme accusé de meurtre sur la personne de M. de Salcedo, et, vu les antécédents du gaillard, son affaire pourrait prendre mauvaise tournure.

— Pauvre Juancho ! je le plains maintenant. Si Andrès ne m'aimait pas, je serais si malheureuse ! »

Le procès de Juancho prenait une mauvaise tournure. Le fiscal présentait le combat nocturne sous forme de guet-apens et d'homicide n'ayant pas donné la mort par cause indépendante de la volonté de Juancho. La chose, ainsi considérée, devenait grave.

Heureusement Andrès, par les explications et le mouvement qu'il se donna, réduisit l'assassinat à un simple duel, à une arme autre, il est vrai, que celle employée par les gens du monde, mais qu'il pouvait accepter, puisqu'il en connaissait le maniement. La blessure, d'ailleurs, n'avait rien eu de grave, il en était parfaitement rétabli, et, dans cette querelle, il avait eu, en quelque sorte, les premiers torts. Les résultats en avaient été trop

heureux pour croire les avoir payés trop cher
d'une égratignure.

Une accusation d'assassinat dont la victime se
porte bien et plaide pour le meurtrier ne peut pas
être soutenue longtemps, même par le fiscal le
plus altéré de vindicte publique.

Aussi Juancho fut-il relâché au bout de quelque
temps, avec le regret de devoir sa liberté à l'homme
qu'il haïssait le plus sur terre, et dont à aucun
prix il n'eût voulu recevoir un service.

En sortant de la prison, il dit d'un air sombre :
« Maintenant, me voilà misérablement lié par
ce bienfait. Je suis un lâche et un infâme, ou désormais cet homme est sacré pour moi. Oh! j'aurais préféré aller aux galères; dans dix ans je
serais revenu et je me serais vengé. »

A dater de ce jour, Juancho disparut. Quelques
personnes prétendirent l'avoir vu galoper du côté
de l'Andalousie sur son cheval noir. Le fait est
qu'on ne le rencontra plus dans Madrid.

Militona respira plus à l'aise ; elle connaissait
assez Juancho pour ne plus rien craindre de sa
part.

Les deux mariages se firent en même temps et à
la même église. Militona avait voulu faire elle-
même sa robe de mariée: c'était son chef-d'œuvre ;
on l'aurait dite taillée dans les feuilles d'un lis; elle
était si bien faite, que personne ne la remarqua.

Feliciana avait une toilette extravagante de richesse.

En sortant de l'église, tout le monde disait de
Feliciana : « Quelle belle robe ! » et de Militona :
« Quelle charmante personne ! »

XI.

Non loin de l'ancien couvent de Santo-Domingo,
dans le quartier de l'Antequerula de Grenade, sur
le penchant de la colline, s'élevait une maison
d'une blancheur étincelante, qui brillait comme un
bloc d'argent entre le vert foncé des arbres qui
l'entouraient.

Par-dessus les murailles du jardin débordaient,
comme d'une urne trop pleine, de folles guirlandes
de vigne et de plantes grimpantes qui retombaient
en larges nappes du côté de la rue.

A travers la grille de la porte on apercevait
d'abord une espèce de péristyle, orné d'une mo-
saïque de cailloux de différentes couleurs, ensuite
une cour intérieure, un *patio*, pour nous servir de
l'expression propre, d'une architecture évidemment
moresque.

Ce patio était entouré de sveltes colonnes de
marbre blanc d'un seul morceau, de la plus gracieuse proportion, dont les chapiteaux, d'un

corinthien capricieux, portaient, entremêlées à
leurs volutes, des inscriptions en lettres arabes
fleuries, où brillaient encore quelques restes de
dorure.

Sur ces chapiteaux retombaient des arcs évidés
en cœur, pareils à ceux de l'Alhambra, qui formaient sur les quatre faces de la cour une galerie
couverte.

Au milieu, dans un bassin bordé de vases de
fleurs et de caisses d'arbustes, grésillait un mince
jet d'eau qui couvrait de perles les feuilles lustrées
et semblait chuchoter, de sa voix de cristal, quelque amoureux secret à l'oreille des myrtes et des
lauriers-roses.

Un tendido de toile plafonnait la cour et en faisait
comme un salon extérieur où régnaient une ombre
transparente et une fraîcheur délicieuse.

Au mur était accrochée une guitare, et sur un
canapé de crin traînait un large chapeau de paille,
orné de rubans verts.

Tout homme, en passant par cette rue et en jetant
l'œil dans cet intérieur, quelque mauvais observateur qu'il fût, n'eût pu manquer de dire : « Là vivent
des gens heureux. » Le bonheur illumine les maisons et leur donne une physionomie que n'ont pas
les autres. Les murailles savent sourire et pleurer;
elles s'amusent ou elles s'ennuient; elles sont re-
vêches ou hospitalières, selon le caractère de l'ha-

bitant qui leur sert d'âme : celles-ci ne pouvaient
être animées que par de jeunes amants ou de nouveaux époux.

Puisque la grille n'est pas fermée , poussons-la
et pénétrons dans l'intérieur.

Au fond du *patio*, une autre porte, ouverte
aussi, nous donnera entrée dans un jardin qui n'est
ni français ni anglais, et dont le type n'existe qu'à
Grenade ; une vraie forêt vierge de myrtes, d'orangers, de grenadiers, de lauriers-roses, de jasmins
d'Espagne, de pistachiers, de sycomores, de téré-
binthes, dominée par quelque cyprès séculaire s'é-
levant silencieusement dans le bleu du ciel, comme
une pensée de mélancolie au milieu de la joie.

A travers ces fouillis de fleurs et de parfums
·s'élançaient en fusées d'argent les eaux du Darro,
amenées du sommet de la montagne par les merveilleux travaux hydrauliques des Arabes.

Des plantes rares s'épanouissaient en gerbe dans
de vieux vases moresques, aux ailes découpées à
jour, au galbe plein de sveltesse, constellés de ver-
sets du Coran.

Mais ce qu'il y avait de plus remarquable était
une allée de lauriers aux troncs polis, aux feuilles
métalliques, le long de laquelle régnaient deux
bancs à dossiers et à siéges de marbre, et cou-
raient deux ruisseaux d'une eau diamantée dans
une rigole d'albâtre.

Au bout de cette allée, sur le pavé de laquelle le prodigue soleil de l'Andalousie pouvait à peine jeter quelques ducats d'or à travers le réseau serré des feuilles, s'élevait un petit bâtiment de forme élégante, une espèce de pavillon de ceux qu'on appelle à Grenade *tocador* ou *mirador*, et d'où l'on jouit d'une vue étendue et pittoresque.

L'intérieur du *mirador* était un bijou de ciselure moresque. La voûte, de celles que les Espagnols désignent sous le nom de *media-naranja* (demi-orange), offrait une si prodigieuse complication d'arabesques et d'ornements, qu'elle semblait plutôt un madrépore ou un gâteau d'abeilles que l'œuvre de la patience humaine; les grottes à cristallisations offrent seules cette abondance de stalactites sculptés.

Au fond, dans le cadre de marbre de la fenêtre, qui s'ouvrait sur un abîme, étincelait le plus splendide tableau qu'il soit donné à l'œil humain de contempler.

Sur les premiers plans, à travers un bois de lauriers énormes, parmi des rochers de marbre et de porphyre, le Genil accourt, par sauts et par bonds, de la Sierra, et se dépêche d'aller retrouver Grenade et le Darro; plus loin s'étend la riche Vega avec sa végétation opulente, et tout au fond, mais si près qu'il semble qu'on puisse les toucher, s'élèvent les montagnes de la Sierra-Nevada.

Dans ce moment, le soleil se couchait et teignait les cimes neigeuses d'un rose à qui rien ne peut se comparer : un rose tendre et frais, lumineux et vivant, un rose idéal, divin, d'une nuance introuvable ailleurs qu'au paradis ou à Grenade ; un rose de vierge écoutant pour la première fois un aveu d'amour.

Un jeune homme et une jeune femme, appuyés l'un près de l'autre au balcon, admiraient ensemble ce sublime spectacle : le bras du jeune homme reposait sur la taille de la jeune femme, avec le chaste abandon de l'amour partagé.

Après quelques minutes de contemplation silencieuse, la jeune femme se releva et fit voir un visage charmant, qui n'était autre, comme nos lecteurs l'ont sans doute deviné, que celui de Mme Andrès de Salcedo, ou Militona, si ce nom, sous lequel ils l'ont connue plus longtemps, leur plaît davantage.

Il n'est pas besoin de dire que ce jeune homme était Andrès.

Aussitôt le mariage conclu, Andrès et sa femme étaient partis pour Grenade, où il possédait une maison venant d'héritage d'un de ses oncles. Feliciana avait suivi sir Edwards à Londres. Chaque couple cédait ainsi à son instinct : le premier cherchait le soleil et la poésie, le second la civilisation et le brouillard.

Ainsi qu'elle l'avait dit, Militona n'avait pas
voulu entrer tout de suite dans le monde, où son
union avec Andrès lui donnait droit de tenir un
rang ; elle aurait craint de faire rougir Andrès par
quelque charmante ignorance, et dans cette heureuse retraite elle était venue oublier les étonne-
ments naïfs de la pauvreté.

Elle avait gagné singulièrement au physique et
au moral. Sa beauté, qu'on aurait pu croire parfaite, avait augmenté. Quelquefois, dans l'atelier
d'un grand sculpteur, on voit une statue admirable
qui vous semble finie, mais l'artiste trouve encore
moyen d'ajouter de nouvelles perfections à ce que
l'on croyait achevé.

Il en était ainsi de la beauté de Militona : le bonheur lui avait donné le suprême poli ; mille détails
charmants étaient devenus d'une délicatesse exquise
par les recherches et les soins que permet la fortune. Ses mains, d'une forme si pure, avaient blan-
chi ; les quelques maigreurs causées par le travail
et le souci du lendemain s'étaient comblées. Les
lignes de son beau corps ondulaient plus moel-
leuses, avec la sécurité de la femme et de la
femme riche. Son heureuse nature s'épanouissait
en toute liberté et jetait ses fleurs, ses parfums et
ses fruits ; son esprit vierge recevait toutes les

notions et se les assimilait avec une facilité extrême. Andrès jouissait du plaisir de voir naître,

pour ainsi dire, dans la femme qu'il aimait, une femme supérieure à la première.

Au lieu du désenchantement de la possession, il trouvait chaque jour à Mme de Salcedo une qualité nouvelle, un charme inconnu, et s'applaudissait d'avoir eu le courage de faire ce que le monde appelle une sottise, c'est-à-dire d'épouser, étant riche, une jeune fille sage, admirablement belle et passionnément amoureuse de lui.

Ne devrait-ce pas être pour les gens qui ont de la fortune une espèce de devoir de retirer de l'ombre et de la misère les belles filles vertueuses, les reines de beauté sans royaume, et de les faire monter sur le trône d'or qui leur est dû?

Rien ne manquait à la félicité d'Andrès et de Militona. Seulement elle pensait quelquefois au pauvre Juancho, dont personne n'avait plus entendu parler; elle aurait bien voulu que son bonheur ne fît le désespoir de personne, et l'idée des souffrances éprouvées par ce malheureux la troublait au milieu de sa joie : « Il m'aura sans doute oubliée, se disait-elle comme pour s'étourdir; il sera allé dans quelque pays étranger, loin, bien loin. »

Juancho avait-il, en effet, oublié Militona? La chose est douteuse. Il n'était pas si loin que le pensait la jeune femme; car, au moment où elle s'abandonnait à cette pensée, si elle eût regardé à la crête du mur, du côté du précipice, elle eût v"

à travers le feuillage, scintiller une prunelle fixe,
phosphorescente comme celle d'un tigre, qu'elle
eût reconnue à son éclat.

« Veux-tu venir faire notre promenade au Généralife? dit Andrès à Mme de Salcedo, respirer les parfums amers des lauriers-roses et entendre miauler les paons sur les cyprès de Zoraïde
et de Chaîne-des-Cœurs ?

— Il fait encore bien chaud, mon ami, et je ne
suis pas habillée, répondit la jeune femme.

— Comment! tu es charmante avec ta robe
blanche, ton bracelet de corail, et la fleur de grenade qui éclate à ton oreille. Jette une mantille
là-dessus, et les rois maures seront capables de
ressusciter, quand tu traverseras l'Alhambra. »

Militona sourit, ajusta les plis de sa mantille,
prit son éventail, cet inséparable compagnon de
la femme espagnole, et les deux époux se dirigè-
rent du côté du Généralife, situé, comme chacun
sait, sur une éminence reliée à celle que couron-
nent les tours rouges de l'Alhambra par un ravin,
le plus pittoresque qui soit au monde, et où ser-
pente un sentier bordé d'une végétation luxuriante
dans lequel nous devancerons de quelques pas
M. et Mme de Salcedo, qui s'avancent lentement
sous la voûte de feuillage en se tenant par le
ᵇut de la main et en balançant leurs bras comme
ᵉs enfants joueurs.

Derrière le tronc de ce figuier, dont les feuilles vertes et sombres font comme une nuit sur le sentier qui s'étrangle, est-ce une erreur? il nous semble avoir vu luire comme le canon d'une arme à feu, comme l'éclair de cuivre d'un tromblon qui s'abaisse.

Un homme est couché à plat ventre dans les lentisques et les azeroliers, comme un jaguar à l'affût de sa proie et qui mesure en pensée le saut qu'il doit faire pour lui tomber sur les épaules : c'est Juancho, qui vit depuis deux mois à Grenade, caché dans les tanières de troglodytes des Gitanos, creusées le long des escarpements de Monte-Sagrado, où sont les caves des martyrs. Ces deux mois l'ont vieilli de dix ans; il a le teint noir, les joues creuses, les yeux ardents, comme un homme que dévore une pensée unique : cette pensée est celle de tuer Militona !

Vingt fois déjà, car il rôde sans cesse autour d'elle, invisible et méconnaissable, épiant l'occasion, il aurait pu mettre à exécution son projet ; mais toujours au moment le cœur lui avait manqué.

En venant à son embuscade, car il avait remarqué que tous les jours, à peu près à la même heure, Andrès et Militona passaient par ce chemin, il s'était juré par les serments les plus formidables d'accomplir sa funeste résolution et d'en finir une fois pour toutes.

Il était donc là, son arme chargée à côté de lui, épiant, écoutant les bruits de pas dans le lointain, se disant pour raison suprême et dernier encouragement au meurtre :

« Elle a tué mon âme, je puis bien tuer son corps ! »

Un son de voix rieuses et claires se fit entendre au bout du sentier.

Juancho tressaillit et devint livide ; puis il arma le chien du tromblon.

« N'est-ce pas, disait Militona à son mari, on dirait le sentier qui mène au paradis terrestre ; ce ne sont que fleurs et parfums, chants d'oiseaux et rayons.... Avec un chemin pareil, on serait fâché même d'arriver au plus bel endroit ! »

Elle était, en disant ces mots, parvenue près du figuier fatal.

« Qu'il fait bon, qu'il fait frais ici ! Je me sens toute légère, toute heureuse. »

La gueule du tromblon invisible était orientée parfaitement dans la direction de sa tête, qui n'avait jamais été plus rose et plus souriante.

« Allons, pas de faiblesse, murmura Juancho en mettant le doigt sur la gachette de la détente. Elle est heureuse, elle vient de le dire, jamais moment ne fut plus favorable. Qu'elle meure sur cette phrase ! »

C'en était fait de Militona : la bouche du tromblon, caché par le feuillage, touchait presque à son oreille ; une seconde de plus, et cette tête charmante allait voler en éclats, et toute cette beauté ne former qu'un mélange de sang, de chair et d'os broyés.

Au moment de briser son idole, le cœur de Juancho se gonfla ; un nuage passa sur ses yeux ; cette hésitation ne dura que l'espace d'un éclair, mais elle sauva Mme de Salcedo, qui ne sut jamais quel péril elle avait couru et qui acheva sa promenade au Généralife avec la' plus parfaite tranquillité d'esprit.

« Allons, décidément, je suis un lâche, dit Juancho en s'enfuyant à travers les broussailles ; je n'ai de courage que contre les taureaux et les hommes. »

Quelque temps après, la renommée se répandit d'un torero qui faisait des prodiges d'adresse et de valeur ; jamais on n'avait vu témérité pareille : il disait venir d'Amérique, de Lima, et en ce moment donnait des représentations à Puerto-de-Santa-Maria.

Andrès, qui se trouvait avec sa femme à Cadix, où il avait été dire adieu à un ami en partance pour Manille, eut le désir, bien naturel pour un aficionado comme lui, d'aller voir ce héros tauromachique ; Militona, quoique douce et sensible, n'était pas femme à refuser une semblable proposition, et tous deux descendirent sur la jetée, afin de prendre le bateau à vapeur qui fait la traversée de Cadix à Puerto, ou, à son défaut, une de ces petites barques qui ont un œil ouvert, peint de chaque côté de leur taille-mer, ce qui donne à leur proue une apparence de visage humain des plus singulières.

Il régnait sur le port une activité et un mouvement extraordinaires; les patrons des barques s'arrachaient les pratiques et passaient alternativement des flatteries aux menaces; les cris, les jurons, les quolibets croisaient leurs feux roulants, et, de minute en minute, un esquif, livrant au vent sa voile latine, était emporté comme une plume de cygne sur le bleu cristal de la rade.

Andrès et Militona prirent place à la poupe de l'une d'elles, dont le patron fredonnait gaiement, en tendant le coude à la jeune femme pour la faire monter à son bord, le vers de la chanson des taureaux de Puerto :

Levez un peu ce petit pied!

Cadix présente un aspect admirable du côté de la mer, et mérite tout à fait les éloges que Byron lui adresse dans ses strophes. On dirait une ville d'argent posée entre deux coupoles de saphir : c'est la patrie des belles femmes, et ce n'est pas faire un médiocre éloge de Militona que de dire

qu'elle y était regardée et suivie sur l'Alameda de
plusieurs attentifs.

Aussi, c'est qu'elle était adorable avec sa mantille de dentelles blanches, sa rose dans les cheveux, son mouchoir de col assujetti aux épaulettes
par deux camées, son corsage garni de passementeries et de franges aux poignets et aux entour-
nures, sa jupe aux larges volants, ses bas à jour
plus minces que des toiles d'araignées, enfermant
une jambe faite au tour, ses jolis souliers de satin
chaussant le pied le plus mignon du monde et dont
on eût pu dire, comme dans la chanson espagnole : « Si la jambe est une réalité, le pied est
une illusion. »

En changeant de fortune, Militona avait conservé
son amour pour les modes et les usages espagnols;
elle ne s'était faite ni française ni anglaise, et,
quoiqu'elle pût avoir des chapeaux aussi jaune-
soufre que qui que ce soit dans la Péninsule, elle
n'abusait pas de cette facilité. Le costume que
nous venons de décrire montre qu'elle s'inquiétait
assez peu des modes de Paris.

Cette population vêtue de couleurs brillantes,
car le noir n'a pas encore envahi tout à fait l'Andalousie, qui fourmillait sur la place ou s'attablait
à l'auberge de Vista-Alegre et dans les cabarets
voisins en attendant la course, formait un spectacle des plus gais et des plus animés.

Aux mantilles se mêlaient ces beaux châles
écarlates et posés sur la tête, qui encadrent si
bien les visages d'une pâleur mate des femmes de
Puerto-de-Santa-Maria et de Xérès-de-la-Frontera.
Les majos, laissant pendre un mouchoir de chacune des poches de devant de leur veste, se dan-
dinaient et prenaient des poses en s'appuyant sur
leur vara, espèce de canne bifurquée, ou s'adres-
saient des andaluçades dans leur patois désossé et
presque entièrement composé de voyelles.

L'heure de la course approchait, et chacun se
dirigeait du côté de la place en racontant des merveilles du torero, qui, s'il continuait et n'était pas
embroché subitement tout vif, ne tarderait pas à
dépasser Montès lui-même, car il avait certainement tous les diables au corps.

Andrès et Militona s'assirent dans leur loge et la
course commença.

Ce fameux torero était vêtu de noir; sa veste,
toute garnie de jais et d'ornements de soie, avait
une richesse sombre en harmonie avec la physionomie farouche et presque sinistre de celui qui la
portait; une ceinture jaune tournait autour de ses
flancs maigres; dans cette charpente, il n'y avait
que des muscles et des os.

Sa figure brune était coupée de deux ou trois
rides tracées plutôt par l'ongle tranchant d'un
ici que par le soc des années; car, bien que la

jeunesse eût disparu de ce masque, l'âge mûr n'y
avait pas mis son empreinte.

Ce visage, cette tournure ne semblaient pas inconnus à Andrès ; mais cependant il ne pouvait démêler ses souvenirs.

Militona n'avait pas hésité un seul instant. Malgré
son peu de ressemblance avec lui-même, elle
avait tout de suite reconnu Juancho !

Ce profond changement opéré en si peu de
temps l'effraya, en lui montrant quelle passion
terrible était celle qui avait ravagé à ce point cet
homme de bronze et d'acier.

Elle ouvrit précipitamment son éventail pour cacher sa figure et se rejeter en arrière en disant
à Andrès d'une voix brève : « C'est Juancho. »

Mais elle s'était reculée trop tard ; le torero l'avait
vue ; il lui fit de la main comme une espèce de salut.

« Tiens, c'est Juancho, reprit Andrès ; le pauvre
diable est bien changé, il a vieilli de dix ans. Ah !
c'est lui qui est la nouvelle épée dont on parle tant :
il a repris le métier.

— Mon ami, allons-nous-en, dit Militona à son
mari ; je ne sais pourquoi je me sens toute trou-
blée ; il me semble qu'il va se passer quelque
chose de terrible.

— Que veux-tu qu'il arrive, répondit Andrès, si
ce n'est les chutes de picadores et les éventrements
de chevaux obligatoires ?

— Je crains que Juancho ne fasse quelque extravagance, ne se laisse aller à quelque acte de fureur.

— Tu as toujours ce méchant coup de navaja sur
le cœur. Si tu savais le latin, et heureusement tu
l'ignores, je te dirais que cela ne peut arriver,
d'après la loi, *non bis in idem*. D'ailleurs, ce brave
garçon a dû avoir le temps de se calmer. »

Juancho fit des prodiges; il agissait comme s'il
eût été invulnérable à la façon d'Achille ou de Ro-
land; il prenait les taureaux par la queue et les
faisait valser; il leur posait le pied entre les cornes
et les franchissait d'un saut; il leur arrachait les
devises, se plantait droit devant eux, et se livrait
avec une audace sans exemple aux plus dangereux
manéges de cape.

Le peuple enthousiasmé applaudissait avec frénésie et disait qu'on n'avait jamais vu course pareille depuis le Cid Campeador.

La quadrille des toreros, électrisée par l'exemple, semblait ne plus connaître aucun péril. Les
picadores s'avançaient jusqu'au milieu de la place;
les banderilleros posaient leurs flèches entourées de
découpures de papier, sans en manquer une.
Juancho secondait tout le monde à temps, savait
distraire la bête farouche et l'attirer sur lui. Le
pied avait glissé à un chulo, et le taureau allait lui
ouvrir le ventre, si Juancho ne l'avait fait reculer
au péril de sa vie.

Toutes les estocades qu'il donnait étaient por-
tées de haut en bas entre les épaules de la bête,
entrées jusqu'à la garde, et les taureaux tombaient
foudroyés à ses pieds, sans que le cachetero ait eu
besoin de venir terminer leur agonie avec son
poignard.

« Tudieu, disait Andrès, Montès, le Chiclanero, Arjona, Labi et les autres n'ont qu'à se bien
tenir; Juancho les dépassera tous, si ce n'est déjà
fait. »

Mais une semblable fête ne devait pas se renou-
veler; Juancho atteignit cette fois aux plus hautes
sublimités de l'art; il fit des prodiges qu'on ne
reverra plus. Militona elle-même ne put s'empêcher
de l'applaudir; Andrès trépignait; le délire était au
comble; des exclamations frénétiques saluaient
chaque mouvement de Juancho.

On lâcha le sixième taureau.

Alors il se passa une chose extraordinaire, inouïe :
Juancho, après avoir manégé supérieurement le
taureau et fait des passes de muleta inimitables,
prit son épée, et, au lieu de l'enfoncer dans le col
de l'animal, comme on s'y attendait, la jeta en
l'air avec tant de force qu'elle fut se planter dans
la terre en pirouettant à vingt pas de lui.

« Que va-t-il faire? s'écria-t-on de toutes parts.
Ce n'est plus du courage, c'est de la folie ! quelle
nouvelle invention est-ce là? Va-t-il tuer le tau-.

reau en lui donnant une croquignole sur le nez?... »

Juancho lança sur la loge où se trouvait Militona un regard ineffable où se fondaient tout son amour et toutes ses souffrances, et resta immobile devant le taureau.

L'animal baissa la tête. La corne entra tout entière dans la poitrine de l'homme et ressortit rouge jusqu'à la racine.

Un colossal cri d'horreur, composé de dix mille voix, monta vers le ciel.

Militona se renversa sur sa chaise, pâle comme une morte. Pendant cette minute suprême elle avait aimé Juancho.

FIN.

BIBLIOTHÈQUE

DES CHEMINS DE FER

———

TROISIÈME SÉRIE

LITTÉRATURE FRANÇAISE

Imprimerie de Ch. Labure (ancienne maison Crapelet)
rue de Vaugirard, 9, près de l'Odéon.

PALOMBE

ou

LA FEMME HONORABLE.

PAR

JEAN-PIERRE CAMUS
évêque de Belley

PRÉCÉDÉE D'UNE ÉTUDE LITTÉRAIRE
SUR CAMUS ET LE ROMAN CHRÉTIEN AU XVII° SIÈCLE

PAR H. RIGAULT

PARIS

LIBRAIRIE DE L. HACHETTE ET Cⁱᵉ
RUE PIERRE-SARRAZIN, N° 14

1853

SUR CAMUS

ÉVÊQUE DE BELLEY

ET SUR LE ROMAN CHRÉTIEN

AU XVIIᵉ SIÈCLE.

On a curieusement étudié de nos jours le roman profane du XVIIᵉ siècle; mais on a laissé dans l'oubli le roman chrétien, qui fleurit en même temps et obtint un égal succès. Laharpe, qui parle de Gomberville et de La Calprenède, ne dit pas un mot de Camus leur contemporain, l'auteur de tant de romans religieux, célèbres alors autant que *Polexandre* et que la *Cléopatre*. La curiosité de la critique moderne n'a guère daigné s'occuper de l'évêque de Belley. M. Saint-Marc-Girardin qui, dans sa chaire de Sorbonne, touche d'une main si sûre et si délicate à tous les points intéressants de la littérature morale, et M. Sainte-Beuve, sont à peu près les seuls qui ne l'aient pas oublié. M. Sainte-Beuve, en quelques pages, a esquissé la physionomie de l'évêque de Belley avec cette rare souplesse qui lui permet de revêtir le carac-

tère, l'esprit, les mœurs, et au besoin même, la religion de l'écrivain qu'il étudie. Mais la partie du cours
où M. Saint-Marc-Girardin s'est occupé de Camus
n'est pas encore imprimée, et dans l'*Histoire de Port-
Royal* le romancier chrétien n'est introduit qu'à la
faveur d'une de ces digressions littéraires qui donnent un attrait un peu mondain aux récits du cloître.
Aussi, le roman chrétien du xvii° siècle nous est-il à
peu près inconnu. Cependant il a toutes les bonnes
raisons qu'un genre littéraire peut avoir pour ne pas
l'être : la fécondité : Camus a plus écrit que le plus
fertile de nos romanciers ; le succès : ses livres étaient
dans toutes les mains, les témoignages du temps nous
l'attestent ; enfin l'intérêt : c'est un sujet attachant
d'étude que cette entreprise de mêler la religion et
l'art, l'imagination et la foi, et de combattre les passions par le tableau des passions. Outre des leçons
morales, on recueille dans de semblables lectures des
renseignements instructifs sur les idées, les mœurs,
le style, et, ce qui est plus intéressant encore, sur
l'esprit religieux d'un grand siècle.

La vie de l'évêque de Belley est bien simple, plus
simple que ses romans. Jean-Pierre Camus, né à Paris
le 3 novembre 1582, se fit remarquer de bonne heure
par sa science et par son esprit, et se créa de puis-
sants appuis à la cour, sous Henri IV comme sous
Louis XIII. Il fut protégé par Richelieu. Nommé évêque de Belley en 1608, et content de son évêché, il
répondait gaiement, quand on lui offrait des postes
plus importants : « Non ; la petite femme que j'ai épousée

est assez belle pour un Camus ; » et il restait à Belley.
Il s'occupait à réformer les couvents déréglés, à combattre les moines, qu'il regardait comme de mauvais
directeurs spirituels, et à qui il voulait enlever la direction, à prêcher, à écrire des livres de polémique
religieuse et des romans pieux. Il vivait dans une
douce intimité de voisinage avec son ami, l'évêque de
Genève, saint François de Sales. Après vingt ans de
travaux dans son évêché, il s'en démit avec l'agré-
ment du roi, et accepta l'abbaye d'Aulnay, en Norman-
die, où il se retira. « L'archevêque de Rouen, de
Harlay, qui connaissait le zèle apostolique de Camus,
le détermina à quitter sa solitude pour prendre la direction du diocèse avec le titre de vicaire général. Il
recommença la vie laborieuse qu'il avait menée à
Belley, visitant les pauvres, consolant les malades,
tenant des conférences, établissant des missions, et
prêchant lui-même très-souvent. Enfin, sentant re-
naître en lui le goût de la retraite, il vint établir sa
demeure à l'Hôpital des Incurables de Paris, dans le
dessein d'y consacrer le reste de ses jours au service
des pauvres. Mais le roi l'ayant nommé à l'évêché
d'Arras, il se soumit à cet ordre, et se disposait à se
rendre dans son nouveau diocèse, lorsqu'il mourut, le
26 avril 1652, à l'âge de 70 ans. Il fut inhumé dans
l'église des Incurables, comme il l'avait demandé [1]. »

Voilà ce qu'on sait de la vie de Camus, vie laborieuse, remplie d'œuvres de charité et de zèle chrétien.

---

[1]. *Biographie universelle*, d'après Niceron.

Quant au caractère et au tour d'esprit de l'homme,
quelques anecdotes le feront connaître : il était vif,
spirituel, et ne savait pas contenir ses saillies. On gardait de son temps la mémoire d'une foule de ses mots
heureux et hardis, qui n'épargnaient pas plus les
grands seigneurs que les moines, pas plus les princes
que les grands seigneurs. C'est lui qui, prêchant un
sermon de charité à Notre-Dame, a dit, avant La
Bruyère [1] : « Messieurs, on recommande à votre charité
une jeune demoiselle qui n'a pas assez de bien pour
faire vœu de pauvreté [2]. » C'est lui qui, s'apercevant à
l'église que M. le duc d'Orléans Gaston était placé
entre M. d'Émery et M. de Bullion, tous deux inten-
dants des finances, laissa échapper tout à coup cette
exclamation équivoque, comme s'il s'adressait à Jésus-
Christ : « Ah ! Monseigneur, quand je vous vois entre
ces deux larrons.... » L'assemblée se mit à rire. Monsieur qui dormait, se réveillant en sursaut, demanda
ce que c'était : « Ne vous inquiétez pas, lui dit M. de
Bullion, en lui montrant M. d'Émery, c'est de nous
deux qu'on parle [3]. » C'est lui qui fit à Richelieu cette
réponse spirituelle et hardie : le cardinal lui demandait ce qu'il pensait du *Prince* de Balzac et du *Ministre*
de Silhon, deux livres nouveaux qui paraissaient alors :
« Le prince ne vaut guère, lui répondit Camus, et le
ministre ne vaut rien [4]. » Une autre fois, un jour de

1. La Bruyère, *Caractères : De quelques usages.*
2. *Menagiana*, t. I, p. 182.
3. *Ibid.*, t. IV, p. 155.
4. *Ibid.*, t. III, p. 75.

Pâques, devant Gaston d'Orléans qui était venu l'entendre aux Incurables, avec M. Tubeuf, intendant des
finances, il disait : « Monseigneur, je vous ai vu triomphant dans cette ville avec la reine Marie de Médicis
votre mère; je vous ai vu mort par des arrêts sous un
ministre; je vous ai vu ressuscité par la bonté du roi
votre frère, et je vous vois aujourd'hui en pèlerinage.
D'où vient, Monseigneur, que les grands princes se
trouvent sujets à ces changements? Ah! Monseigneur,
c'est qu'ils n'écoutent que les flatteurs, et que la vérité
n'entre ordinairement dans leurs oreilles que comme
l'argent entre dans les coffres du roi : un pour cent[1]. »
Il ne gardait pas toujours la mesure : dans un sermon
qu'il faisait aux Cordeliers, le jour de saint François :
« Mes frères, leur disait-il, admirez la grandeur de
votre saint. Ses miracles passent ceux du Fils de Dieu.
Jésus-Christ, avec cinq pains et deux poissons, ne
nourrit que cinq mille hommes une fois en sa vie, et
saint François, avec une aune de toile, nourrit tous
les jours par un miracle perpétuel quarante mille fai-
néants[2]. »

Mais il n'ignorait pas ses défauts et les avouait
avec une naïveté charmante. Un jour, saint François de
Sales se plaignait à lui de son peu de mémoire. « Vous
n'avez pas, lui dit Camus, à vous plaindre de votre
partage, puisque vous avez la très-bonne part, qui est
le jugement. Plût à Dieu que je pusse vous donner

1. *Chevræana*, p. 297.
2. *Menagiana*, t. IV, p. 454.

de la mémoire, qui m'afflige souvent de sa facilité (car
elle me remplit de tant d'idées, que j'en suis suffoqué
en prêchant et même en écrivant), et que j'eusse un
peu de votre jugement! car de celui-ci, je vous avoue
que j'en suis fort court. » A ce mot, saint François de
Sales se mit à rire, et l'embrassant tendrement, lui
dit : « En vérité, je connais maintenant que vous y
allez tout à la bonne foi. Je n'ai jamais trouvé qu'un
homme avec vous qui m'ait dit n'avoir pas de jugement; car c'est une pièce de laquelle ceux qui en
manquent davantage pensent être le mieux fournis[1]. »

Le saint juge bien son ami : c'est un homme *tout à
la bonne foi*. Nous le connaissons maintenant : beaucoup de science et d'esprit, une mémoire immense,
une modestie parfaite, un mélange de naïveté et de
finesse, une piété solide, de la gaieté, de l'à-propos,
mais pas de mesure, pas de goût : il ne lui manquait
que le jugement.

Si quelque chose peut inspirer des réflexions mé-
lancoliques sur la vanité de la gloire littéraire, c'est
la lecture des pages où Niceron donne le catalogue des
ouvrages de Camus. Il en compte cent quatre-vingt-six,
dont quelques-uns, comme *Alexis* et les *Diversités*,
ont six et onze volumes. Dans cette interminable énumération, on compte des ouvrages de théologie, de
dévotion, de polémique et d'éloquence religieuse, et
un très-grand nombre de romans : *Agathonphile*,
Élise, *Dorothée*, *Parthénice*, *Alexis*, *Spiridion*,

—————

1. Niceron, t. XXXVI, p. 94.

Alcime, Palombe, Damaris, histoire allemande; Hya-cinthe, histoire catalane; Régule, histoire belgique, et d'autres titres bien plus séduisants : l'*Amphithéâtre sanglant*, les *Spectacles d'horreur*, la *Tour des miroirs*, et le *Pentagone historique, montrant en cinq façons autant d'accidents signalés*, etc. Ces ouvrages étaient rapidement écrits ; ce que nous appellerions aujourd'hui les nouvelles, comme les *Divertissements historiques*, les *Relations morales*, etc., étaient, au rapport de Tallemant, composés en une nuit. Quant aux romans proprement dits, aux beaux romans de M. de Belley, comme dit Naudé, il y mettait quinze jours. Le succès était aussi rapide que la composition. Beaucoup de ces ouvrages ont eu plusieurs éditions. D'ailleurs les témoignages contemporains abondent [1] : le plus important de tous est celui de Perrault, l'auteur des *Hommes illustres.*

« Dans ce temps, dit-il, les romans vinrent fort à la mode, ce qui commença par celui de l'*Astrée*, dont la beauté fit les délices et la folie de toute la France, et même des pays étrangers les plus éloignés. L'évêque de Belley ayant considéré que cette lecture était un obstacle au progrès de l'amour de Dieu dans les âmes, mais ayant considéré en même temps qu'il était comme impossible de détourner les jeunes gens d'un

---

[1]. Gui Patin vante Camus en plusieurs passages. Il dit, avec son irrévérence habituelle : « Ce digne et savant prélat, cet excellent écrivain méritait bien un plus grand évêché. Aussi l'a-t-il refusé, et bien des fois. Il était trop homme de bien pour être pape. » (Gui Patin, *Lettres*, 20 février 1665.)

amusement si agréable et si conforme aux inclinations de leur âge, il chercha les moyens de faire diversion en composant des histoires où il y eût de l'amour,
et qui par là se fissent lire ; mais qui élevassent insensiblement le cœur à Dieu par les sentiments de piété
qu'il y insérait adroitement, et par les catastrophes
chrétiennes de toutes leurs aventures : car toujours
l'un ou l'autre des amants, ou tous les deux ensemble,
ayant considéré le néant des choses du monde, la malice des hommes, le péril que l'on court sans cesse de
son salut en marchant dans les voies du siècle, prenaient la résolution de se donner entièrement à Dieu,
en renonçant à toutes choses et en embrassant la vie
religieuse. Ce fut un heureux artifice que son ardente
charité, qui le rendait tout à tous, lui fit inventer et
mettre heureusement en œuvre ; car ses livres passè-
rent dans les mains de tout le monde, et comme ils
étaient pleins non-seulement d'incidents fort agréables, mais de bonnes maximes très-utiles pour la
conduite de la vie, ils firent un fruit très-considérable,
et furent comme une espèce de contre-poison à la lecture des romans. »

Ce passage est curieux. Il n'atteste pas seulement le
succès universel de l'écrivain, il indique le but qu'il
se propose. Camus lutte contre l'influence dangereuse
des livres profanes; il veut battre le roman avec ses
propres armes, et, comme l'a dit M. Sainte-Beuve,
devenir un d'Urfé chrétien. Mais Perrault est incom-
plet; ce but n'est pas le but unique de l'évêque. Le
roman chrétien est aussi entre ses mains un instru-

ment de direction spirituelle. Il est intéressant de voir comment il a été amené à écrire cette multitude d'ouvrages , et comment ils lui servaient au gouvernement des âmes.

C'est une arme puissante que le roman. Il n'est pas seulement le compagnon des heures de loisir et la distraction des désœuvrés; il peut devenir une influence. Que les esprits sérieux se raillent de cet ascendant des héros et des aventures imaginaires sur la société, c'est mal connaître l'humanité, et, sous prétexte de gravité philosophique, se montrer peu clairvoyant. Notre siècle , qui s'accuse si volontiers d'être positif, se laisse prendre aux fictions comme un enfant. Si *Peau d'âne* lui était conté, il ferait comme La Fontaine. Il est sceptique , il ne croit à rien , mais il a cru longtemps à *Indiana*. Il n'a plus d'émotion , mais il s'est passionné vingt ans pour René et pour Werther. Il est comme les vieillards qui sont à la fois désabusés et crédules. Cela est naturel. Il faut que l'imagination ait sa part dans la vie; c'est le roman qui la lui fait.

L'histoire ne suffit pas à l'homme. Tout le monde peut y trouver des leçons utiles et une expérience salutaire. Mais il n'y a que les hommes qui jouent un rôle dans le monde, qui puissent se reconnaître dans les personnages qu'elle met sous leurs yeux. Or, l'homme se cherche, comme dit l'*Imitation : Homo quærit se.* C'est nous que nous voulons retrouver partout ; c'est notre vie, ce sont nos affections , nos sentiments, nos vertus et nos vices ; l'histoire ne s'occupe que des hommes et des passions qui ont contribué aux événements qu'elle raconte. Le roman s'occupe de toutes les passions et de tout le monde ; il ne s'arrête pas à la vie publique, il descend dans la vie privée. Il n'est pas nécessaire, pour qu'il nous mette en scène, que nous ayons rempli des fonctions, joué un rôle, conquis une renommée ; il suffit que nous ayons vécu. L'histoire, avec ses limites et ses erreurs, n'est souvent que le roman de quelques-uns ; le roman, c'est l'histoire de tout le monde.

Un des hommes les plus fins et les plus habiles du xvii° siècle, saint François de Sales, avait bien compris cette influence du roman, dont il avait d'ailleurs sous les yeux un exemple si éclatant. Il était, ainsi que Camus, l'ami d'Honoré d'Urfé. « J'ai fait, en écrivant l'*Astrée*, le bréviaire des courtisans, » disait celui-ci à M. de Genève ; et en effet l'*Astrée* régnait à la cour. Les Frondeurs prenaient les noms de ses héros, comme plus tard, en 1671, un ambassadeur de France à la cour de Suède, M. de Pomponne, signait ses lettres du nom de *Célidamant*. Saint François de Sales lisait d'Urfé, comme Mascaron faisait de la *Clélie* l'occupation de son automne. L'idée d'employer le roman au service de la religion a été approuvée, et suggérée peut-être par saint François. Il paraît étrange qu'un si habile directeur, dont les lettres spirituelles attestent une si profonde connaissance du gouvernement des âmes, ait cru à l'excellence d'un pareil moyen. Le grand succès des romans profanes et le désir qu'il avait de les voir combattus par des armes d'égale puissance, lui rendit sans

doute l'illusion plus facile. Huet, dans ses lettres à
Mlle de Scudéri sur Honoré d'Urfé, lui écrit :

« M. d'Urfé se trouvait le diocésain de M. de Belley par la situation de son marquisat, éloigné seulement de trois lieues de la ville de Belley, où il allait
de temps en temps visiter son évêque. Il s'y rencontra
un jour avec saint François de Sales, dont il était ami
depuis longtemps, aussi bien que du savant Antoine
Fabre, premier président de Chambéry, qui s'y trouva aussi. M. de Belley rapporte une réflexion que fit
alors M. d'Urfé sur la *Philothée* du saint, sur le *Code
fabrien* du président, et sur son *Astrée*, disant que
chacun d'eux avait travaillé pour l'éternité, par des
ouvrages qui ne périraient point; que la *Philothée*
était le livre des dévots, le *Code fabrien* était le livre
des barreaux, et l'*Astrée* était le bréviaire des courtisans. » Il est difficile, après ce passage, de regarder
saint François de Sales comme l'adversaire des romans. Dans le livre où Camus cherche à reproduire
les idées du maître, dans le *Grand traité de l'esprit
du bienheureux saint François de Sales*, Camus fait,
dit Huet, « un si grand éloge de l'*Astrée*, qu'il paraît
bien que son estime allait au delà de ses paroles, »
et il parle au nom de l'évêque de Genève. D'ailleurs il
soumettait ses livres au jugement de saint François. En
plusieurs passages, notamment dans son instruction
aux lecteurs de *Parthénice*, il fait allusion à ce grand et
saint personnage de ses amis qui l'excite à poursuivre
son entreprise [1]. Il avait un culte si profond pour lui,

1. P. 734.

qu'il eût renoncé à écrire, s'il avait été condamné par celui qu'il appelle son père.

Quand ils se promenaient tous deux en bateau « sur ce beau lac qui lave les murailles d'Annecy, ou dans les jardins qui sont sur ces agréables rivages [1], » quand l'évêque de Genève venait visiter Belley, Camus lui communiquait quelques-unes de ses pages, qu'il lisait ensuite si naïvement aux religieuses de Port-Royal ; et, si l'on croit voir sourire le saint à certains passages trop osés du roman, on comprend néanmoins qu'il ait goûté dans le style de son ami l'exagération de ses propres qualités et de ses propres défauts. Quant à l'intention de Camus, de travailler, à l'aide du roman, à la direction des âmes en même temps qu'à l'amélioration des esprits, elle n'est pas plus douteuse. Dans son livre si curieux, *le Directeur désintéressé*, il recommande aux directeurs de surveiller de près les communications d'esprit, les conversations, et surtout les lectures de leurs pénitents. « Prescrivez de bonnes lectures, dit-il, et préservez des mauvaises, comme on préserve des mauvaises amitiés, ainsi qu'a fait le bienheureux François de Sales en sa *Philothée* ; » et sans cesse il revient sur la nécessité des bonnes lectures dans l'intérêt de la direction spirituelle.

La direction a été véritablement la grande affaire de l'évêque de Belley. A l'époque où il fut envoyé dans son diocèse, elle appartenait presque partout aux or-

1. Camus, *Esprit de saint François de Sales*, partie IVe, chap. xxvi.

dres religieux, qui en abusaient. Il fit une guerre
acharnée aux moines de tous ordres pour la leur enlever et la placer en de meilleures mains. En cela encore
il était d'accord avec saint François de Sales, qui disait : « Les religieux directeurs ont continué d'ôter la
sainte liberté de l'esprit [1]. » Camus ajoute :

« Le divin auteur de *Philothée* trouve que les directeurs séculiers ont un grand avantage sur les cénobites. Les cénobites se plaignent toujours de leur
pauvreté, et cherchent un moyen d'enrichir la com-
munauté.... Ils louent l'aumône pour qu'on leur donne
de l'argent. O la belle pensée de saint Augustin, disent-
ils, sur ce passage du Psalmiste : Dans les cèdres
du Liban que le juste a plantés, les passereaux
feront leurs nids. « Ceux qui plantent les cèdres, » dit
saint Augustin, « ce sont les grands et les riches du
« siècle; ils les donnent aux serviteurs de Dieu; ils y
« recueillent les *moineaux* qui s'y nichent.... » (On reconnaît la gaieté et le goût équivoque du bon évêque.)
Aussi n'ont-ils rien à refuser pour qu'on ne leur refuse
rien. Ils sont complaisants, parce que de leur complaisance ils tirent influence et profit; ils sont doux pour
les femmes, parce qu'ils emploient jusqu'à des femmes pour faire des sollicitations; ils se servent d'elles
et de leurs impertinentes recommandations pour obtenir des grands et des princesses des bénéfices, des
dignités, des prélatures.... Ils vous conduisent par les
vallées de l'humilité, par où eux-mêmes ne vont pas,

1. *OEuvres*, t. XI, p. 120.

cheminant sur les faîtes des montagnes et sur les ailes
des vents[1]. »

Voilà le véritable motif de la guerre entreprise par
Camus contre les moines. Ils dirigent trop et ils dirigent mal. Ce n'est pas seulement à cause des désor-
dres des couvents qu'il entreprend sa croisade ; ce
n'est pas parce qu'il avait pu voir l'abbesse de Mau-
buisson, Mme d'Estrées, mère de douze enfants
qu'elle traitait selon la qualité des pères[2], ou, comme
le raconte Bayle, parce qu'en arrivant dans son diocèse de Belley, il trouva une abbaye dont l'abbé
était un capitaine huguenot marié, qui avait fait
de son couvent un haras, de son église un grenier
à foin, et qui sortait à cheval, l'épée au poing, les
pistolets au côté! C'est aussi parce que cet abbé et
ces moines avaient la direction d'un couvent de religieuses situé au pied même de leur citadelle[3]. C'est
parce que, comme il le dit formellement dans le Directeur désintéressé, on aimait mieux alors pour directeurs les cénobites que les simples prêtres. Aux premières attaques de M. de Belley, les moines s'émurent;
ils intercédèrent auprès du cardinal de Richelieu pour
qu'il imposât silence à Camus. Niceron raconte que,
dans une conversation avec lui, Richelieu, insistant
pour qu'il laissât les moines en paix, lui dit : « Je ne
trouve d'autre défaut en vous que cet acharnement que
vous avez contre eux. Sans cela, je vous canoniserais.

1. *Le Directeur désintéressé*, p. 158 et suiv.
2. Sainte-Beuve, *Port-Royal*, t. I, p. 205.
3. Camus, cité par Bayle, art. *Belley*, t. III, p. 290.

— Plût à Dieu, repartit humblio M. de Selve, que cela
pût arriver! mais aurions l'un et l'autre ce que nous
souhaitons : vous seriez pape et je serais saint [1]. »

L'intervention de Richelieu fut inutile. Camus continua la guerre. Le plus vif, le plus sanglant portrait
du directeur est sorti de sa plume.

« Le directeur désintéressé ne s'embarrasse pas
dans ces toiles d'araignée des affaires du monde que
l'on appelle selon le temps présent des intrigues.
Comme ces tissus empêchent l'économie des abeilles,
de même les tracas séculiers troublent celle de la
grâce, à raison de quoi l'apôtre défend tout court à
celui qui est dédié à Dieu de s'en mêler.... Que si saint
Ambroise, cette grande lumière de l'Église, ne voulut
jamais donner son avis touchant le mariage, la guerre
et les négociations, à quel propos un directeur,
comme une Marthe empressée, s'ira-t-il embrouillant
dans des conseils de ménage, de rentes, d'offices, d'a-
chats et de ventes, s'entremettant de tout cela sous le
manteau de la charité, et souvent y engluant les ailes
de ses désirs, comme parle saint Augustin. Je ne dis
pas que sur tout cela on ne puisse résoudre les consciences, quand il arrive des cas douteux et qui troublent le repos des âmes scrupuleuses; le soleil passant
sur la boue n'infecte pas pourtant ses rayons. Je parle
seulement de ceux qui s'ingèrent dans les affaires
temporelles de ceux qui les consultent sur les spirituelles, appelés par saint Paul renverseurs de mai-

1. Niceron, t. XXXVI, p. 93.

sons et remueurs de familles. Ils sont toujours sur les enquêtes curieuses et inutiles des biens et des revenus d'une maison ; ils veulent savoir quelle dépense s'y fait, quelle épargne, quels sont les titres, les seigneuries, les possessions, quel train, quelle table, quelle chère, quelles aumônes on distribue, qui l'on fréquente, quelles sont les inclinations, quels desseins, quels bénéfices. Au reste, ces interrogations se font avec tant d'artifice et de subtilité que l'on ne s'en aperçoit pas, et tel ne pense avoir rien dit, qui a découvert tout ce que l'on prétend. Si le maître est plus réservé, la femme aura plus de langue ; si le père et la mère ne disent rien, les enfants parleront, sinon les serviteurs ou servantes ; enfin, il n'y a rien de si caché que ces maîtres des enquêtes ne découvrent ; et, comme ils chassent de haut vent et sans prendre le change, avec le temps, l'adresse et la patience, il n'y a point de gibier qui ne vient au point où bat leur intérêt [1]. »

Ce portrait est d'une singulière énergie. Si l'on trouve que Camus, en quelques parties, manque de mesure et de goût, il faut se souvenir que la langue de la polémique religieuse et du sermon même était loin d'être formée ; que les règles les plus simples de la bienséance paraissaient inconnues ; enfin que l'objet même de la lutte, la direction, était chose assez grave pour emporter tous les esprits au delà des bornes. Camus est le contemporain du fameux petit père An-

1. *Le Directeur désintéressé*, p. 317.

dré, né comme lui en 1582, et mort en 1657, cinq ans après lui. Le père André, en parlant de la direction, tenait un langage bien moins respectueux encore[1].

Il faut voir maintenant l'esprit de la direction par laquelle l'évêque de Belley veut remplacer la direction coupable qu'il attaque, et comment s'y approprie le roman chrétien.

Il y a trois sortes de directions : l'une qui, pour mieux maîtriser les passions, les détruit, et, sous prétexte de régler l'âme, la tue : *Ubi solitudinem faciunt, pacem appellant* ; celle qui, selon Bossuet[2], « ne peut supporter aucune faiblesse, qui traîne toujours l'enfer après elle, qui entretient un chagrin superbe et un esprit de fastueuse singularité, fait paraître la vertu trop pesante, l'Évangile excessif, le christianisme impossible ; » celle des jansénistes outrés, en un mot.

Il y en a une autre qui entreprend de conduire les passions en se servant d'elles et en y cédant, comme

---

1. Voici ce que disait dans un sermon ce prédicateur si étrange et si goûté cependant :

« Le christianisme est comme une grande salade. Les nations en sont les herbes ; le sel, les docteurs, *vos estis sal terræ;* le vinaigre, les macérations ; et l'huile, les bons pères jésuites. Y a-t-il rien de plus doux qu'un bon père jésuite ? Allez à confesse à un autre, il vous dira : Vous êtes damné si vous continuez. Un jésuite adoucira tout. Puis l'huile, pour peu qu'il en tombe sur un habit, s'y étend et fait insensiblement une grande tache. Mettez un bon père jésuite dans une province, et elle en sera enfin toute pleine. » (Tallemant, t. VI, p. 52.)

2. *Oraison funèbre de Nicolas Cornet.*

l'aveugle qui semble conduire le chien parce qu'il le
tient en laisse, mais que le chien conduit. De là la douceur, la tolérance, la connivence secrète, « cette inhu-
maine complaisance et cette piété meurtrière pour le
pécheur, » comme dit encore admirablement Bossuet,
ces capitulations de conscience dont on a si souvent
accusé les jésuites, et que Pascal a si éloquemment
flétries sous le nom de dévotion aisée.

Enfin la vraie, je veux dire la direction sage, mo-
dérée, qui se borne à régler les passions sans tuer
l'âme, inflexible pour le mal, indulgente pour les
faiblesses, qui, sévère et bienveillante, fait au monde
sa part sans rien dérober à Dieu, en un mot la direction de Bossuet.

Il faut le dire, celle de saint François de Sales s'é-
carte quelquefois de celle-ci pour approcher de la seconde. Il ne va pas jusqu'à la connivence, jusqu'à la
capitulation : il reste sur la pente ; mais il faut un esprit aussi souple que le sien et une conscience aussi
honnête pour ne pas glisser. Il est droit et adroit ;
c'est chose rare. Ce n'est pas l'extrême complaisance
des jésuites, ce n'est pas l'intègre sévérité de Bossuet.
Avec lui on prévoit de loin le Dieu des bonnes gens.
Dans un style ravissant, souriant et aimable, comme
le visage même du saint, il accorde des indulgences
aux affections du monde. Pour lui l'Évangile est surtout l'esprit de miséricorde infinie, et Jésus, c'est l'a-
gneau. L'*Introduction à la vie dévote* pose les règles
générales de conduite. Les *Lettres spirituelles* résolvent
les cas particuliers. Or, on sait combien la conscience

la plus sévère peut, sans cesser d'être sainte, se montrer flexible dans l'application des règles posées par
elle, et combien se trouvent de degrés imperceptibles
dans l'intervalle qui sépare le particulier du général.
Deux passages charmants marquent l'esprit de cette
direction aimable, qui va sans peine jusqu'à la man-
suétude et tâche d'accorder pacifiquement les affaires
du monde avec les devoirs de la foi. Il dit à Philothée :
« Ne négligez pas vos affaires du monde ; faites comme
les petits enfants, qui de l'une des mains se tiennent
à leur père, et de l'autre cueillent des fraises ou des
mûres le long des haies. De même, amassant et ma-
niant les biens de ce monde de l'une de vos mains, te-
nez toujours de l'autre la main du Père céleste, vous
retournant de temps en temps à lui pour voir s'il a
agréable votre ménage [1]. »

Dans ses *Lettres spirituelles*, il écrit : «Quand nous
étions petits enfants, avec quel empressement assem-
blions-nous des morceaux de toiles et de bois, et de la
boue, pour faire des maisons et des petits bâtiments?
Et, si quelqu'un nous les ruinait, nous en étions bien
marris et pleurions; mais maintenant nous connaissons bien que cela importait fort peu. Un jour nous ferons de même au ciel, où nous verrons que nos affections du monde n'étaient que de vraies enfances. Je
ne veux pas ôter le soin que nous devons avoir de ces
petites tricheries et bagatelles; car Dieu nous les a
commises en ce monde pour exercice; mais je voudrais

1. *Introduction à la vie dévote*, III° partie, chap. x.

bien ôter l'ardeur et la chaleur de ce soin. Faisons
nos enfances, puisque nous sommes enfants ; mais
aussi ne nous morfondons pas à les faire, et, si quelqu'un ruine nos maisonnettes et petits desseins, ne
nous en tourmentons pas beaucoup; car aussi, quand
ce viendra le soir auquel il faudra se mettre à couvert,
je veux dire la mort, toutes ces maisonnettes ne seront
pas à propos[1]. »

  Ainsi, cueillez d'une main des fraises dans les bois,
pourvu que de l'autre vous teniez celle du Père céleste ;
bâtissez vos maisonnettes, pourvu que, le soir venu,
vous soyez prêts à les quitter.... Une pareille direction, par sa douceur même, n'embrasse que plus sû-
rement l'âme chrétienne tout entière. On comprend le
mot de Camus, en parlant de son ami : « C'est un
grand pêcheur d'âmes ! Combien il en a pris dans ses
aimables filets ! »

  A cette direction, si tolérante pour les choses du
monde, c'était une arme bien appropriée que le roman.
Il faut faire nos enfances, comme dit le saint, puisque nous sommes enfants. Peut-être pensera-t-on
qu'avec sa gaieté, sa mémoire sans choix, sa franchise poussée jusqu'à la crudité, et sa rondeur voisine
du mauvais ton, Camus n'était pas l'écrivain qui convenait à saint François de Sales. On se trompe : « Il
ne faut pas, écrit ce dernier à une dame, pointiller en
l'exercice des vertus; mais il y faut aller rondement,
franchement, naïvement, à la vieille française, avec

---

1. *Lettres spirituelles*, t. 1, p. 420.

liberté, à la bonne foi, *grosso modo*. C'est que je hais l'esprit de contrainte et de mélancolie. Non, ma chère fille, je désire que vous ayez un cœur large et grand au chemin de Notre-Seigneur[1]. » Pour aller à la bonne foi, *grosso modo*, à la vieille française, qui convenait mieux que l'évêque de Belley ? Sa rondeur et sa gaieté étaient un moyen de succès général : il était, comme le remarque justement M. Sainte-Beuve, de ceux qui plaisent aussi bien aux gens du peuple qu'aux philosophes. Il eut pour lui le cercle caustique de Naudé et de Gui Patin, aussi bien que le public populaire. « M. d'Urfé, disait-il en variant le mot cité plus haut, a fait le bréviaire des courtisans, et M. de Sales celui des gens de bien ; pour moi, j'ai fait plusieurs ouvrages qui sont, si vous voulez, le *bréviaire des halles*, mais qui ne laissent pas de plaire au public et qui se vendent bien[2]. »

Maintenant nous connaissons l'homme ; nous savons son but. Essayons de juger son œuvre.

Le roman au XVIIᵉ siècle, « c'est le récit d'histoires feintes, d'aventures amoureuses, écrites en prose pour le plaisir et l'instruction du lecteur. » C'est une définition incomplète, sans doute ; elle ne s'appliquerait, comme le fait observer M. Villemain, dans son excellent *Essai sur les romans grecs*, ni à *Don Quichotte*, ni à *Gil Blas*, ni aux *Puritains d'Écosse ;* mais par cela même elle exprime nettement l'idée que le XVIIᵉ siè-

1. *Lettres spirituelles :* à une dame veuve.
2. Cizeron–Rival, *Récréations littéraires*, cité par Sainte-Beuve, t. I, p. 245.

cle se faisait du roman. C'est la définition de Huet, évêque d'Avranches. Le sujet principal et presque unique du roman au xviiᵉ siècle, c'est l'amour. L'évêque de Belley n'avait pas à craindre que l'opinion ne s'alarmât du contraste que semblait offrir la nature de ses récits avec son caractère épiscopal. De pareils scrupules ne sont pas d'un temps où un cardinal écrit pour le théâtre. Plus tard encore, Huet faisait une préface pour les romans de Mme de La Fayette. Enfin Camus avait en même temps sous les yeux une excuse et des modèles. Les romans grecs étaient très-répandus. Amyot avait traduit Longus; d'Urfé avait inséré dans l'*Astrée* des imitations d'Héliodore, que Huet relève avec éloge. Camus lisait beaucoup l'auteur de *Théagène et Chariclée*, si aimé de Racine; il le cite, il le vante[1], et, comme on le sait, Héliodore, ainsi qu'Eustathe, était son prédécesseur dans l'épiscopat comme dans le roman. Camus a donc trouvé tout créé le roman chrétien; il est inutile de lui chercher pour devanciers le moyen âge et Gautier de Coincy. Il a été en contact direct avec les écrivains grecs; il leur a emprunté le genre; il l'a renouvelé. C'est là qu'est la racine véritable du roman chrétien; c'est là le modèle primitif.

De ce modèle, il reste malheureusement bien des traits dans la copie. En renouvelant le roman grec, Camus n'a pas su fuir ces infortunes triviales, ces vaines descriptions que M. Villemain y a signalées.

---

1. Préface de *Dorothée*.

Les brigands et les pirates ont été remplacés par des
cavaliers italiens et espagnols ; on y trouve également
des enfants enlevés, des reconnaissances imprévues,
des parentés impossibles; mais, au milieu d'épisodes
sans nombre, de digressions sans fin, éclatent quelquefois des sentiment vrais, des caractères remarquables, enfin un langage éloquent dans la passion, et intéressant, même quand il est faux, parce qu'il est
d'accord avec l'esprit du siècle.

Nous avons distingué les *romans* proprement dits
et les *nouvelles* de M. de Belley. Les nouvelles l'*Amphithéâtre sanglant*, les *Spectacles d'horreur*, etc., sont
en général aussi sombres que leurs titres. Le bon évêque de Belley, par une de ces contradictions communes entre les goûts et le caractère, ne se réjouit que
de coups de poignard, de meurtres, de viols, d'adul-
tères et de coupes où l'on verse « de la poison. » (*Poison* était alors du féminin.) Il n'y a pas une seule de
ces histoires où ne se trouve au grand complet l'appareil du drame et du roman modernes. Cette noirceur
est d'ailleurs conforme à sa théorie littéraire et à ses
vues morales. « Parmi les exemples qui frappent davantage l'esprit, il faut avouer que les mortels et lugu-
bres ont un merveilleux avantage, et les pires actions
ne sont-elles pas les plus salutaires exemples[1]? » Cette
théorie pourrait mener loin. Évidemment Camus est
ici le chef de l'école du romantisme.

L'intrigue et les personnages de ces nouvelles sont

---

1. Préface des *Rencontres funestes ou Fortunes infortunées de notre
temps*.

d'une grande uniformité. Ses héros habituels, ce sont un jeune homme et une jeune fille qui s'aiment, un père barbare qui leur refuse son consentement, un ami qui les trompe et qui est tué en duel pour prix de sa perfidie; la jeune fille se retire dans un couvent, son amant expire de douleur, et le père meurt de chagrin en regrettant son entêtement qui est la cause de tout le mal. On trouve à chaque page des balcons, des échelles de soie, des espions, des couteaux, des poignards et des poisons bien supérieurs au fameux poison des Borgia. Le théâtre naturel de ces belles histoires, c'est l'Espagne, c'est l'Italie; une Espagne et une Italie comme celles de M. de Musset, où il n'y a ni gouvernement ni police; pays commodes pour les romanciers et les poëtes, où les personnages n'ont pas d'état civil et peuvent disparaître sans que la municipalité en sache rien, où l'on tue en plein jour, au grand soleil, sans que personne en dise mot. Les hommes s'y appellent Amilcar, Eumolpe, Odoric, Licogène; les femmes, Solvage, Arzille, Serpille, Armille, Périnte. Les titres font peur : c'est l'*Amante désespérée*, le *Désespoir paternel*, la *Mort d'un libertin*, le *Juge incontinent*, les *Affections incestueuses*, le *Malheureux concubinage*, car l'évêque de Belley parle quelquefois comme M. Gorgibus.

Ces titres suffisent peut-être pour rendre déjà suspecte la moralité des nouvelles. La sensibilité même de Camus l'empêche d'être aussi moral qu'il voudrait : pour peu que ses héros soient malheureux, il s'attendrit, et leurs infortunes lui font oublier leurs

fautes. Mainfroy, l'amant de Solvage, se bat avec
Galdéon, son rival, le blesse, est condamné à mort.
Solvage paye un soldat, fait tuer Galdéon, avoue son
crime et meurt avec Mainfroy. Cela n'a rien de bien
édifiant. Camus pleure sur leur sort. « Ce spectacle
tragique, dit-il, donna de la pitié à tous ceux qui le
virent, car on ne saurait exprimer avec combien de
résolution et de constance ces deux généreux amants
finirent leurs jours. Le bourreau lui-même, cet homme
qui ne vit que de la mort des autres, et sans qui la
justice n'aurait point d'épée, le bourreau pleura[1]. »
Cependant Camus songe qu'il faut une morale, et il
ajoute en guise de réflexion : « Quand ces deux chevaux furieux, l'amour et le désespoir, sont attelés
au chariot d'un cœur, où le peuvent-ils traîner que
dans les précipices? »

Une autre fois la morale tombe à faux. Ciriac se
marie contre le consentement de sa mère Armille;
celle-ci, en l'absence de Ciriac, étrangle dans son lit
sa bru et ses petits-enfants, puis elle soutient un siége
dans son château contre la maréchaussée, saute par
la fenêtre et se tue. « Horrible événement, dit Camus,
qui montre combien il est dangereux aux enfants de
se marier contre le gré de leurs parents! » Camus
n'est pas toujours aussi terrible; il vise quelquefois à
la tendresse, et se tire de la galanterie comme s'il
avait hanté les ruelles. Il ne recule pas non plus devant la vieille mythologie. On rencontre à chaque in-

---

1. *Rencontres funestes*, p. 25.

stant dans ses nouvelles Mars et Vénus, et par suite
Lucine, comme il dit gaiement. Il se laisse aller à des
descriptions que les esprits très-chastes peuvent seuls
se permettre par excès de candeur, et il a des passages, évidemment innocents, qui devaient faire baisser les yeux.

« C'était durant les ardeurs de la canicule, qui
invite chacun à chercher dans l'eau le frais qui ne se
trouve plus dans l'air, qu'Ermelline, demoiselle des
rivages de la Loire, en la compagnie de quelques
autres jeunes filles du voisinage, fut en un lieu écarté
de la ville disputer de la beauté avec les Naïades.
Le génie de ce fleuve, pour en rendre un jugement
équitable, la voulut voir en la même forme que les
trois déesses qui contestèrent la pomme d'or furent
vues par le royal berger qui portait le nom de la capitale du royaume.

« Lambert, jeune citadin de la même ville, depuis
un long temps serviteur passionné d'Ermelline, ayant
su cette partie, se résolut de se déguiser en fille et
de se couler sur le rivage derrière des arbres et
des haies pour repaître ses yeux curieux de ce spectacle... [1]. »

Je m'arrête. Voilà un singulier exemple de ce que
pouvait écrire au XVII° siècle le prélat le plus honnête,
sans faire douter de sa vertu. Au reste, la tragédie
succède vite à la pastorale. Ermelline, qui a découvert la fraude, manque de se noyer. Lambert se noie
tout à fait en voulant la sauver. La jeune fille qui,

---

[1]. *Rencontres funestes*, p. 50.

ajoute Camus avec cette naïveté charmante, regrettait
bien plus sa mort que son indiscrétion, « entre dans
un couvent, se fait moniale, et de ce fleuve mortel elle
se relance dans le fleuve de grâce qui réjouit la cité
du Seigneur. — Ce qui prouve qu'il ne faut pas être
trop curieux. »

Les romans présentent un plus grand intérêt; ils
sont fort longs : c'est un inconvénient; mais du moins
les caractères ont le temps de se développer. Le procédé de composition est uniforme. Camus choisit pour
sujet une vertu, l'amour conjugal, la virginité, l'amour
pur, et la met aux prises avec toutes les épreuves.
C'est un plan logique et conforme à l'idée chrétienne
que la vie est un combat. Ces épreuves ne manquent
pas de tourner à la gloire de la vertu éprouvée et à la
confusion du démon, car les obstacles humains ne
suffisent pas à Camus pour donner plus de relief au
mérite, il l'expose aux tentations du diable. Parthénice, la vierge invincible, lutte pendant deux heures
contre un ours et un chat sauvage, qui sont tout simplement deux amants transformés par le démon. C'est
le merveilleux d'une époque dévote et superstitieuse.
Mais, au milieu du danger, le héros n'est jamais abandonné à lui-même. Un des personnages inamovibles
d'un roman si utile à la direction, c'est le directeur,
qui, sous les traits d'un ermite, se trouve toujours là
pour exorciser Satan et venir en aide aux défaillances
de la vertu. C'est le père Ludovic, c'est le frère Onu-
phre, c'est Palmélio. Quelquefois, sous ces noms d'emprunt, Camus peint son ami saint François de Sales

lui-même [1], et, il faut l'avouer, l'honnêteté de ces
saints personnages est singulièrement exposée au milieu des épreuves où les jette le pieux écrivain. Parthénice est une jeune fille qui a refusé un grand nombre de mariages pour devenir l'épouse de Jésus-Christ.
Des obstacles sans nombre s'opposent à son entrée au
couvent. Une foule de prétendants la poursuivent,
malgré ses refus, et sa chasteté court à chaque instant
les plus grands périls. Enfin, pour les mieux fuir,
elle se déguise en homme; mais, comme elle est admirablement belle, les femmes la menacent des mêmes
dangers qu'elle courait avant d'être déguisée. Une nuit,
dans une auberge, Parthénice appelle à grands cris
son frère. Pendant son sommeil, une courtisane, qui
ne savait rien du déguisement, s'était glissée dans
son lit. La femme, riant de l'effroi de Parthénice : « Le
niais, dit-elle, qui pense que les femmes peuvent
prendre les hommes de force!... » Voilà où le désir de
montrer la vertu dans son plus beau jour conduit
l'évêque de Belley. Mais admirez sa naïveté; à quelques pages de là il écrit : « Il faut éviter les images
déshonnêtes et glisser vivement sur les vices, de peur
que, voulant insister sur leur blâme, il n'arrive tout
au rebours de ce dessein, et que la description qu'il
en faut faire pour en dépeindre la laideur ne laisse

---

1. « Palmélio, dit-il, nous mène au royaume de Dieu avec une verge
toute florissante et pleine de doux fruits d'honneur et de suavité,
comme celle d'Aaron. Sa conversation est angélique, sa pureté céleste. »
A ces doux fruits d'honneur et de suavité qui ne reconnaît le saint'
'Parthénice, p. 333.)

des impressions aux âmes faibles, plus attrayantes au péché que retirantes du mal[1]. » Excellente leçon, mais singulière logique !

Ce qui devait rendre ces éternelles digressions et ces épisodes infinis plus tolérables pour les contemporains, c'est qu'au lieu d'être des fictions, ce sont souvent des histoires vraies, arrivées au temps même de Camus, et où il n'a changé que les noms. Il nous en avertit dans plusieurs de ses préfaces. « Il y a quatre ou cinq accidents insérés en ces rencontres qui ont assailli la pudicité de Parthénice.» Laissons le bon évêque se féliciter de son industrie, elle rassure sa conscience qu'alarmerait une indiscrétion; mais, malgré toute son adresse, on retrouve quelquefois l'histoire vraie sous la fiction, et c'est alors que l'intérêt commence. Sait-on, par exemple, où, parmi les accidents qui ont assailli la pudicité de Parthénice, Camus a pris l'idée de l'aventure de l'auberge et de la courtisane? C'est une histoire vraie et, ce qui est le plus piquant, une histoire de la jeunesse de saint François de Sales. Sans doute il l'avait racontée à Camus, un beau jour, dans l'intimité des promenades d'Annecy. Dans sa curieuse Vie du saint, le père La Rivière raconte qu'à l'âge de vingt ans le jeune François était d'une grande beauté. « Il avait un port majestatif, un maintien merveilleusement attrayant et un parler le plus gracieux du monde; mais aussi il n'y avait rien d'aussi révérend que lui, de si chaste, de si pudique; vous

----

1. Il a répété ce précepte dans *Palombe*, et dans les mêmes termes

ne lui eussiez pas ouï dire une seule parole, ni vu faire un seul geste qui eût été tant soit peu contre les bonnes mœurs. »

Satan suggéra à quelques jeunes gentilshommes, écoliers ainsi que lui à Padoue, d'éprouver sa chasteté comme fut éprouvée celle de Parthénice, et à son insu ils le renfermèrent dans la chambre d'une de ces « détestables créatures qu'on appelle à faux titre *filles de joie*. » Celle-ci eut beau dire et beau faire, il lui cracha au visage et sortit triomphant. La femme criait qu'elle ne voulait pas lui faire violence et lui disait des injures; mais Satan fut décontenancé, et les jeunes gens qui étaient aux écoutes « restèrent éblouis de l'éclat d'une si rare vertu. »

Saint François de Sales mis en scène dans une pareille situation sous le pseudonyme de Parthénice, c'est une aventure très-propre, comme dit Camus, « à servir d'ornement ! » Si, grâce aux biographies et aux mémoires, l'industrie du romancier était toujours aussi transparente, ses épisodes auraient pour nous le genre d'intérêt qu'ils devaient offrir aux contemporains. Il est regrettable que Patru n'ait pas donné sur les romans de l'évêque de Belley des éclaircissements, comme, à la demande de Huet, il en a donné sur l'*Astrée :* ils seraient pour nous un trésor d'anecdotes historiques et une chronique allégorique du temps.

A défaut de cet intérêt anecdotique, ils nous en offrent un autre plus sérieux, celui qui s'attache à la peinture des passions et des caractères. A ce point de vue, ce sont de curieux monuments du tour d'esprit,

de l'imagination et des mœurs du siècle. La passion
qui fait le fond de tous ces ouvrages, c'est l'amour,
c'est-à-dire la passion la plus intéressante, parce
qu'elle est la plus générale et celle qui convient le
mieux au roman, parce qu'elle prête le plus aux émotions et aux aventures ; en même temps, c'est celle
qui tient le plus de place dans la vie des femmes, et
qui par conséquent intéresse le plus la direction.
Aussi presque tous les romans de Camus sont des
histoires de femmé et des histoires d'amour, de toutes les sortes d'amour, l'amour de Dieu et l'amour
de la créature, l'amour sensuel et l'amour pur. Ces
différentes espèces d'affection sont combinées de manière que l'amour sensuel soit vaincu d'abord par l'a-
mour pur, puis l'amour pur par l'amour divin. C'est
une gradation de victoires qui mène, comme dit Perrault, les héros jusque dans le cloître. Cet amour
pur, c'est l'amour platonique tel qu'on l'exprimait dès
le commencement du xviiᵉ siècle. D'Urfé déjà l'avait
admirablement défini dans l'*Astrée*, et c'est là qu'est
la vraie origine de cet idéalisme dans l'expression de
l'amour qui, au delà du xviiᵉ siècle, s'est perpétué
jusqu'à nous.

Camus, le contemporain, l'ami de d'Urfé, ne pouvait échapper à cette influence du platonisme. Il a,
lui aussi, tracé d'interminables portraits de l'amour
pur. Seulement, moins élégant, moins délicat que
d'Urfé, il lui arrive d'être à la fois spiritualiste dans
le sentiment et grossier dans l'expression. On retrouve
ce contraste piquant chez certains écrivains du temps.

C'est la faute de la langue qui n'est pas faite, c'est la faute du goût qui n'est pas formé ; ce n'est pas celle de la corruption d'esprit. N'oublions pas non plus qu'en matière de décence dans le langage, il n'y a de bons juges que les contemporains : quand ils ne se sentent pas blessés, c'est qu'il n'y a pas de blessure. La langue ne peut être soumise à une sorte de chasteté rétrospective, qui condamne dans le passé ce qui ne serait pas excusable dans le présent. Nous ne pouvons exiger que nos pères aient été aussi raffinés que nous. Camus viole souvent la décence, mais ce n'est pas celle de son temps, c'est la nôtre ; et lui reprocher trop sévèrement de pareilles fautes, ce n'est pas seulement une injustice, c'est un anachronisme.

Une autre manière de gâter l'amour pur, c'est d'exagérer la pureté, et Camus n'y manque jamais. Ses héros sont d'une susceptibilité si virginale que, lorsqu'ils vont se promener à cheval, ils font le grand tour et prennent par la campagne pour ne pas rencontrer les femmes dans les rues [1]; ses héroïnes ont une si grande horreur de ce qu'il appelle le « vilain péché, » que, pour n'en inspirer le désir à personne, elles veulent se défigurer. Il résulte de cet excès de spiritualité que la vertu, malgré ses bonnes intentions, s'expose au ridicule, et que les caractères tendus à outrance deviennent faux. Pourtant Camus a sur l'auteur de l'*Astrée* un avantage : il n'a pas étudié les passions seulement dans le monde et dans les livres ; il

---

1. *Alcime*, livre Ier.

les a entendues se révéler elles-mêmes dans les instants où elles ne sauraient mentir. Il a dirigé les consciences, et de ces confidences secrètes, murmurées dans le silence du confessionnal, il a recueilli une connaissance de l'âme humaine que nulle expérience mondaine ne saurait égaler. Aussi arrive-t-il quelquefois, malgré ses défauts, à une vérité dans les sentiments et dans les caractères que d'Urfé n'a jamais atteinte.

L'un de ses plus remarquables romans, c'est *Palombe ou la Femme honorable*[1]. Tracer l'image de l'honnête femme, exposer ses devoirs, prescrire sa conduite au milieu des difficultés de la vie, ce n'est pas seulement l'œuvre d'un romancier, c'est l'œuvre d'un directeur. Avec beaucoup de bon sens, Camus a pris la femme, non pas dans un couvent, mais au milieu du monde, au foyer domestique, et la vertu dont il fait l'histoire, c'est la plus belle des vertus de l'honnête femme, celle qui est le fond même de son honnêteté : l'amour conjugal. Suivant son procédé accoutumé, il expose successivement à un grand nombre d'épreuves la vertu de Palombe. Voici le sujet du roman. Le comte Fulgent, violemment épris d'une jeune fille nommée Palombe, l'épouse. A peine marié, il aime une autre femme, Glaphire, et trouve le moyen de la faire venir avec sa mère et son frère dans sa maison. Longtemps il dissimule sa passion ; enfin elle éclate. Palombe ne désespère pas un seul instant

1. *Palombe ou la femme honorable.* Paris, 1624.

de ramener son mari ; elle n'oppose à son indifférence, à ses outrages, que la patience, la résignation,
la dignité; elle lui écrit, il ne lit pas ses lettres, et, fa-
tigué de les recevoir, il les prend un jour pour les lui
renvoyer. Sa curiosité s'éveille soudain; il en ouvre
une, puis deux, puis il les lit toutes, et, touché de la
tendresse, de l'éloquence de sa femme, il a honte de
lui-même : il marie Glaphire et revient à Palombe pour
toujours.

C'est cet ouvrage de Camus, plus intéressant, plus
vraiment moral que tous les autres, que nous offrons
au public, pour lui faire connaître le roman chrétien
du XVIIe siècle. Nous avons élagué dans cette édition
beaucoup d'épisodes, de paraphrases de l'Écriture, de
réflexions, de comparaisons inutiles et même de jeux
de mots. Camus prêche en même temps qu'il raconte; et ses digressions, mêlées de souvenirs my-
thologiques, eussent refroidi l'attention ou blessé le
goût du lecteur. On n'eût pas lu le livre, si nous
l'avions laissé tel qu'il est. Dans le reste, nous avons
respecté avec scrupule le texte de l'écrivain. Nous
avons retranché beaucoup; nous n'avons rien ajouté,
rien changé, pas même pour déguiser les défauts de
l'ouvrage. Le bon évêque n'est pas toujours très-ha-
bile à conduire son intrigue : dans les cas difficiles
où il place Palombe, elle se tire trop souvent d'affaire par un évanouissement. Camus révèle avec
trop de complaisance les intentions de ses personnes; il montre la conformité de leurs actions et de
leurs caractères avec la satisfaction d'un auteur qui

fait les honneurs de sa propre habileté. Et, cependant, il a quelquefois une manière fine et discrète d'indiquer les situations délicates qu'on prendrait facilement pour du goût : par exemple, dans la scène de la déclaration de Fulgent à Glaphire. Le lecteur curieux l'attend avec impatience, pour savoir comment un évêque traitera ce sujet glissant d'une déclaration d'amour : l'évêque s'y prend avec une candeur qui, sans qu'il le veuille, sans qu'il le sache, devient une habileté ; ce n'est pas le goût de l'écrivain qui l'a sauvé du péril, Camus a peu de goût, c'est la réserve du prêtre, c'est la piété du chrétien.

On trouve de temps en temps dans *Palombe* des tableaux naïfs, pleins de grâce, qui rappellent certaines peintures charmantes de saint François de Sales ; par exemple, en parlant de deux novices nouvellement amenées au couvent : « Pareilles à ces perdrix des Alpes, dit Camus, qui changent leur couleur grise en blanc à force de voir et de fouler la neige, ainsi petit à petit, Jésus-Christ, l'amour de la croix, et le désir de le servir en une vie plus parfaite, s'allaient formant et gravant dans l'esprit de ces filles, par l'exemple de la bonne vie des saintes religieuses. » C'est là une de ces comparaisons familières et riantes comme on en trouve à chacune des pages fleuries de l'*Introduction à la vie dévote*.

Mais le mérite principal de *Palombe* est dans les caractères. Il y en a deux singulièrement remarquables : celui du mari et celui de la femme. L'ennui de la passion satisfaite, l'inquiétude d'un cœur

qui se fatigue non-seulement d'aimer, mais d'être
aimé, et qui soupire après l'indépendance ; enfin
cette lassitude du bonheur qu'on a peinte si souvent
de nos jours, Camus l'a décrite déjà avec un grand
talent. On trouve dans le livre de l'évêque du xviii° siècle les paradoxes contre le mariage qu'on a pu, dans
certains romans de nos jours, prendre pour d'élo-
quentes nouveautés. Les sophismes répétés depuis
vingt ans y sont devinés avec une rare finesse. Fulgent
n'a rien à reprocher à sa femme, mais il a d'avance
inventé le mot qu'on a dit sur la Clarisse de Richard-
son : « C'est un monstre de perfection. » Rien de plus
curieux que sa conversation avec Cléobule, son ami.
Elle commence par un dialogue sur l'amour en général, à la façon de Platon. Fulgent fait l'éloge de l'a-
mour, comme un personnage du *Banquet*, et il ajoute :
« Si vous avez aimé, Cléobule, vous comprenez ce que
je dis ; sinon je parle à un homme qui n'entend pas
le sens de mes paroles. — J'ai aimé, dit Cléobule,
mais, par la grâce du ciel, ce n'a pas été avec tant d'a-
veuglement ; je suis dans l'âge auquel ce doux mal
semble inévitable et presque nécessaire ; mais je n'ai
pas été jusqu'à la folie. Je crois qu'il faut tâter de cette
passion comme du miel, médiocrement. Prise modérément, elle éveille l'âme, lui donne une chaleur
agréable qui n'est pas sans lumière ; c'est elle, disait
Platon, qui est mère de l'honnêteté, de la gentillesse,
de la politesse et de toute vertu ; mais, quand l'excès
y est, c'est une frénésie ; la discrétion, la courtoisie,
la civilité, la bienséance se perdent ; ce n'est plus que

brutalité, violence, injustice. J'ai aimé, non selon le
cauteleux conseil de cet ancien, comme ayant à haïr
un jour, car cet avis répugne à la franchise et sincérité, âme de la vraie amour, mais discrètement et honorablement, sans perdre le respect et la révérence
qu'on doit à la chose aimée. — A ce que je vois, reprit
le comte, vous aimez philosophiquement, et semble
que vous soumettant aux lois et au service d'une dame,
vous voulez être possesseur de vous-même, ce qui est
vouloir être ensemble maître et valet, choses incom-
patibles : ceux qui aiment avec tant de modération sont
bien voisins de n'aimer pas du tout. Aimer sagement,
c'est comme qui dirait se chauffer froidement, ou se
geler chaudement, et mettre les contraires en un même
sujet. — L'amour honnête, répondit Cléobule, n'a pas
la vue bandée comme le déshonnête, encore qu'il ait
aussi bien que l'autre son brandon, son arc, ses flèches et son carquois; il a la vue fort pénétrante, il
prévoit la fin dès le commencement, il consulte, considère avant que s'engager, et ne fait durer son affection qu'autant que la cire de la vertu donne vie à son
flambeau, flambeau dont la pure et céleste flamme ne
fait ni noirceur ni fumée. Les mauvaises amours n'ont
que soupirs, larmes, sanglots, mélancolies, désespoirs; mais les bonnes sont douces, égales, gracieuses, aimables, patientes, courtoises; les grâces
sont leurs associées, les ris, la vraie joie, sans honte,
sans crainte d'infamie et sans remords de conscience. » Après ces définitions générales, Fulgent
arrive aux confidences. Cléobule lui demande la

cause de son refroidissement pour Palombe. « J'avoue, dit le comte, que ma femme est extrêmement ver- tueuse, qu'elle m'aime éperdument, qu'elle a un grand soin de moi et de ma maison, qu'en un âge fort tendre elle a déjà un esprit fort mûr, qu'elle est riche, noble, belle, désirable, douce, chaste, et telle qu'on la pourrait prendre pour le patron d'une femme honorable ; mais, après tout, elle est ma femme.... » Et il ajoute : « Je l'aime, parce que le devoir m'y oblige ; mais y a-t-il rien qui se fasse plus mal par devoir que l'amour?.... Le mariage est un si grave marché, que l'amour semble banni d'un si sérieux commerce.... Le seul nom de joug est une gêne pour un cœur généreux.... Quand je pense au lien qui m'at- tache, je ne puis aimer ma prison, quoique dorée : un bien si grand qu'est la liberté ne se connaît que par sa perte. » Cléobule lui répond avec beaucoup de bon sens : « Oh! qu'il y a de gens au monde qui vou- draient être prisonniers de la sorte, et avoir changé leur importune liberté pour votre heureux esclavage ! » Mais Fulgent n'est pas battu ; il tient à sa disposition les arguments de tous les amants blasés et de tous les mauvais maris de l'école moderne. Qui croirait que Camus avait prévu la théorie des âmes dépareillées, qui se cherchent dans le monde et qui meurent de lan- gueur tant qu'elles ne se sont pas rencontrées, si bien que le jour où elles se rencontrent il n'y a pas de barrière possible entre elles, pas même le sacre- ment ?

Un autre caractère aussi bien conçu et encore plus

intéressant, c'est celui de Palombe. Au milieu des
épisodes quelquefois vulgaires qui interrompent le
récit, il ressort avec un éclat de dignité et de pureté
morale qui attache singulièrement le lecteur. C'est
vraiment le caractère d'une honnête femme, invinci-
blement attachée au devoir, fidèle à son affection pour
son mari, malgré toutes ses fautes; c'est l'élévation,
le dévouement inaltérable portés jusqu'à l'héroïsme.
Palombe parle de sa rivale sans amertume. Avec une
délicatesse infinie, elle cherche dans sa beauté même
une excuse pour la passion coupable de son mari.
Camus, dans quelques parties de son roman, a de-
vancé Corneille et rassemblé dans *Palombe* quelques
traits de l'héroïsme idéal de Pauline et de Polyeucte.
Le martyr, près de mourir, veut léguer Pauline à Sévère; il sait leur amour et leur vertu. Palombe voudrait quelquefois mourir et léguer à son mari la
femme qu'il aime. Ses lettres, si l'on en retranche les
images inutiles, le mauvais goût et l'érudition déplacée, atteignent à l'accent le plus vrai et à la simplicité
la plus éloquente. Palombe a surpris le secret de
l'amour adultère de son mari, et, l'entendant parler
dans un bosquet : « Dieu s'est servi, lui écrit-elle, de
la solitude et du silence pour vous accuser, et de votre
propre bouche pour vous trahir. Ce que j'entendis ne
fût jamais sorti de mes lèvres, si votre conduite n'eût
déclaré votre passion, dont vous fîtes un trophée au
triomphe que vous remportiez de mon respect et de
ma patience. Si j'eusse témoigné des ressentiments,
ma faute n'eût-elle pas été digne, non-seulement de

pardon, mais de louange ? Il faudrait sortir de l'enceinte du monde pour trouver une femme qui endurât
un pareil affront avec tant de retenue, et peut-être
que le ciel me punit de la connivence que j'ai apportée
à votre crime. Un tel outrage, qui ne peut être fait
avec justice, ne peut être enduré avec honneur. » Et,
plus loin : « Au fond, ma faute est de vous aimer trop.
Bien que je susse qu'une autre me dérobait le cœur
qui m'était dû, lui ai-je jamais montré mauvais visage
ou dit aucune fâcheuse parole ? Je considérerais que
j'eusse été déraisonnable de m'irriter contre elle pour
votre crime. Comment eussé-je pu haïr son innocence,
puisque je n'avais aucune aversion de vous qui m'offensiez ? Voyez jusqu'où allait l'indulgence de mon
amour : je cherchais en ses beautés des excuses pour
votre faute. Rappelez-vous donc à votre raison, cher
Fulgent, et après vous reviendrez facilement à moi. Il
y a encore de secrètes et invisibles liaisons qui unissent nos âmes ; mais vous ne les apercevez pas, parce
que vous n'êtes ni à vous ni en vous-même. Si une fois
vous pouvez reconquérir votre jugement, je ne perds
point l'espérance de rentrer en votre affection ; et alors
ce beau printemps me fera oublier le rude hiver que
j'expérimente, et l'excès de mes joies surmontera de
bien loin la grandeur de mes souhaits. O mon Dieu,
rendez-moi mon Fulgent ! ou plutôt, en me rendant à
lui, rendez-moi à moi-même ! »

Rarement le XVIIe siècle, même après que la langue
s'est formée, même quand le goût public est devenu
plus pur, a prêté aux affections tendres un langage

plus simple, plus ferme et plus vrai. Ce désaccord
qu'on trouve au commencement du siècle entre la pureté du sentiment et la grossièreté de l'expression
s'effacera peu à peu; le sentiment et l'expression
trouveront leur harmonie dans Racine et dans Mme de
La Fayette ; mais il y reste toujours, même alors, un
accent de spiritualisme idéal qui va jusqu'à l'immaté-
rialité éthérée et de délicatesse excessive qui touche à
la fadeur. Camus, en quelques pages, a trouvé le ton
vrai, et cela avant tous les grands écrivains du siècle.
Je ne m'en étonne pas. Confesseur zélé, directeur habile, il dut entendre souvent le vrai langage du cœur,
et il fut éloquent quand il voulut se souvenir au lieu
d'inventer. Ce sont de grands moralistes, de grands
peintres du cœur, que Bossuet, Fénelon, Bourdaloue.
C'est qu'ils ont entendu parler le cœur dans les instants où il ne déclame pas, et qu'ils ont dit tout haut
des hommes ce que les hommes leur avaient dit d'eux-
mêmes tout bas.

On comprend maintenant les causes du succès de
M. de Belley : une complication d'événements qui intéressait alors dans le roman comme au théâtre, des
épisodes allégoriques où l'on retrouvait des histoires
de personnages connus, des peintures exaltées d'a-
mour platonique, des aventures romanesques, un
mélange de dévotion et de galanterie, de sensualisme
et de spiritualité, voilà ce qui plaisait à cette époque
pleine de contradictions. Enfin, dans le style, on
aimait jusqu'à ce mélange bizarre de prose et de vers,
cette profusion d'images incohérentes qui, selon Per-

rault, paraissait instructive [1], et ce débordement d'érudition que Huet regarde comme l'alliance heureuse de l'utile avec l'agréable [2]. En un mot, Camus réussissait au moins autant par ses défauts que par ses qualités.

Quelques mots, en finissant, sur la moralité des romans chrétiens de Camus. On a pu voir plus haut qu'elle est quelquefois imparfaite. Il s'est trouvé, au XVII° siècle, des esprits vraiment sensés, vraiment pieux, qui lui reprochaient son indulgence. L'abbesse de Port-Royal, la mère Angélique, se plaignait de la *mollesse* de M. de Belley, et la sœur Claire-Eugénie, devant qui l'évêque de Belley lisait ses romans à Port-Royal, écrivait : « Si Dieu ne m'eût tenu de sa main, je fusse par là rentrée bien avant dans l'esprit du monde [3]. »

Nous n'en sommes pas surpris ; nous ne voulons pas nous exagérer l'efficacité morale du roman chrétien. Régler les passions en se servant des passions, cela rappelle le mot fameux : faire de l'ordre avec du désordre. Comme l'a dit très-spirituellement M. Saint-Marc-Girardin, « on ne bâtit pas la cité de Dieu avec les péchés capitaux. » Les amants ont beau finir par le cloître ou par le martyre, pour y arriver, ils prennent toujours le plus long, et l'on a le temps de rêver en chemin. La passion dont le roman chrétien

1. *Hommes illustres* : Camus.
2. Lettre à Mlle de Scudéry.
3. Sainte-Beuve, *Port-Royal*, t. I, p. 236.

s'occupe le plus au xvii° siècle, et dont il veut faire
l'éducation, est précisément celle qui s'y prête le
moins; nous l'avouons volontiers : on n'enseigne pas
plus l'amour platonique dans la vie que le bon goût en
littérature. Ayez l'esprit juste et délicat, vous sentirez
ce qui est beau ; ayez l'âme honnête et chaste, vous
aimerez ce qui est pur. Tout cela est vrai; mais d'a-
bord cette objection, fort juste contre les romans didac-
tiques en matière d'amour, n'atteint pas celui de *Palombe*, consacré seulement à l'amour conjugal. De
plus, il y a dans les récits de Camus une pureté si
visible d'intentions, une telle ferveur de zèle chrétien,
un tel accent de vertu, que le caractère de l'homme
donne un vif attrait aux préceptes du directeur, et
compense les défauts de sa direction. Et püis, cette
douceur de morale, cette *mollesse* que lui reprochait la
sévérité de Port-Royal, ne semblera pas un tort bien
grave de notre temps, où, en pareille matière, nous
aimons mieux la persuasion que l'autorité. Qui ne lui
pardonnerait aujourd'hui de se mettre volontiers du
côté des affections honnêtes opprimées, et d'attaquer
les parents qui, par cupidité ou défiance, empêchent
les mariages, et « séparent les cœurs? » Il veut que
l'on combatte les désirs qu'on inspire et les tentations
qu'on éprouve; mais il reproche à *Parthénice* d'avoir
voulu se défigurer, et blâme vertement Origène. Il
vante le couvent, mais il loue aussi le mariage, et il
parle avec charme des unions heureuses. Ses héroïnes
finissent par le cloître; il en est visiblement satisfait:
si elles pouvaient se marier, il les bénirait de tout son

cœur. En un mot, il y a dans ses livres beaucoup de
modération, beaucoup de charité, beaucoup de douceur. Il ne méprise pas la vie, il ne calomnie pas le
monde; il croit à l'honnêteté et à la vertu : sa manière d'être moral est de rendre la religion aimable;
c'est encore, après tout, le plus sûr moyen de la faire
aimer.

H. RIGAULT.

ÉPITRE DÉDICATOIRE

A MADAME LA MARQUISE DE GUERCHEVILLE.

Madame,

Il y a longtemps que je désirais témoigner au public la haute estime qu'avec tout le monde j'ai de vos vertus. Et, comme je n'étais pas assez fort pour en soutenir la gloire, ma faiblesse me retenait dans le silence, cultivant par l'admiration ce que je ne saurais représenter par mes paroles. Mais tout ainsi que les autels seraient vides, si on n'y osait offrir que des choses dignes de celui auquel ils sont érigés, de même la vertu serait sans honneurs, si on ne lui en devait rendre que de proportionnés à son mérite. A vous, madame, comme à la vive image de la vertu, l'honneur de la cour et la gloire de notre âge, s'adresse, ainsi qu'à un asile sacré, cette *Femme honorable.* Que si vous recevez en l'arche de votre protection cette *Palombe* qui a le rameau de paix en la bouche, la douceur en l'âme et la candeur sur le front, elle ne crain-

dra nullement le déluge des censures et des calom-
nies. C'est la grâce qu'elle se promet de votre parfaite courtoisie, et moi, la faveur d'être avoué.
Madame,

Votre très-humble serviteur, selon Dieu,

JEAN-PIERRE, évêque de Belley.

DESSEIN DE CETTE HISTOIRE.

Voici *la Femme honorable* que je te présente, mon lecteur, sous le nom de ***Palombe***, où j'ai pour visée l'image d'une dame toute pleine d'honneur et de vertu, qui, par sa modestie, sa candeur et ses souffrances, tira son époux des vicieuses passions où il s'était inconsidérément engagé. Le proverbe commun fait un bon ménage d'une femme aveugle et d'un mari sourd, parce que, pour conserver la bonne intelligence du mariage, la femme doit fermer les yeux aux déportements du mari, et le mari, les oreilles aux répliques de sa femme, et aux faux rapports qui lui sont faits pour troubler son repos. Mais, comme ce saint commerce est le bien le plus sacré, aussi n'est-il rien de plus sensible à une femme de bien que de voir son mari faire ailleurs l'empressé, transportant ses affections en un sujet illégitime. Mais combien est-il plus cruel (comme en l'histoire que je propose) de voir un mari autant injustement jaloux qu'il donne à sa femme un juste et manifeste sujet de l'être ? Nous verrons ici la femme forte, qui, comme l'acier, a mis sa fermeté en la douceur de sa trempe. Son âme, comme la bonne lame, a

plié sans rompre ; elle a, comme le roseau, résisté
en cédant ; elle a fait comme les femmes d'honneur,
auxquelles il appartient en ces occasions de se
montrer toujours les plus sages. De peur que les
honnêtes femmes ne se laissent aller à l'exemple
de la dépravation de plusieurs mauvais maris, je
leur propose un exemplaire d'une haute perfection en la personne de cette *Palombe*, fidèle à
son mari, qui a su, sans murmurer en ses longues
souffrances, rappeler à son devoir un époux que
le tourbillon impétueux d'une passion déréglée
avait emporté hors des bornes de la modestie. Et
parce que cette histoire est dressée comme un
miroir pour les dames, ou plutôt pour les âmes
mondaines, afin qu'elles y remarquent leurs défauts et leurs devoirs, je m'essaye de faire voir
le mariage en sa splendeur, et même de relever
son éclat par les ténèbres des passions déréglées
qui l'assiégent et l'assaillent. C'est à quoi vise cette
histoire catalane que je te présente, mon lecteur, dans la connaissance de laquelle pour ne
retarder davantage ton acheminement, je tranche
cette préface en ce lieu, après t'avoir donné le
biscuit de ces avis précédents avant que tu t'y em-
barques, priant Dieu qu'il t'en rende la lecture
aussi fructueuse, comme j'espère que la variété
des événements, plutôt que la beauté des ornements
du discours (à quoi je n'ai pas seulement pensé),
te la feront paraître agréable.

PALOMBE

ou

LA FEMME HONORABLE.

LIVRE PREMIER.

Tarragone est une cité fort ancienne, autrefois la capitale de Catalogne, maintenant déchue de sa magnificence et de sa splendeur. Ce fut en ce lieu que naquit un seigneur de parents fort illustres, et d'un lignage fort signalé parmi les Catalans. Il n'est pas nécessaire de publier le nom de sa race ; nous nous contenterons de l'appeler Fulgent, pour marque de la splendeur de sa naissance, qui lui donnait le titre de comte. Fulgent, l'aîné et le chef de sa maison, vivait avec beaucoup d'éclat et de réputation, ayant été élevé à la cour, et depuis page chez le roi, où, parmi ses compagnons, il s'était acquis beaucoup de gloire par la bonté de son naturel, la beauté de son esprit, sa bonne grâce en son maintien, et sa gentille disposition aux exercices convenables à un gentilhomme. Étant sorti de page,

et après avoir employé quelques années à se faire
des amis et des connaissances à la cour, pour
arriver en son temps aux charges où son rang et
son mérite le pouvaient appeler, il retourna en la
terre de son origine. De retour en sa maison paternelle, en peu de temps il se vit majeur, si bien
qu'en déchargeant ses tuteurs du maniement de son
bien, il entra en la charge de la tutelle de deux
frères qu'il avait et de deux sœurs, dont l'une fit
profession de religion peu après sa venue; l'autre
fut réservée pour faire une alliance digne de leur
rang. Son cadet, croisé de Malte, partit avec son
congé pour s'embarquer à Barcelone et se rendre
à l'île où l'appelait son devoir; son puîné demeura
auprès de lui, sage gentilhomme, et qui lui rendait
des devoirs de fils. Fulgent, de son côté, lui rendait
des témoignages d'une affection réciproque, tellement que ces frères, se prévenant en honneur, met-
taient en tel crédit en la ville la dilection fraternelle,
qu'on ne parlait que de leur concorde, comme d'un
rare exemple.

Fulgent étant fraîchement revenu de la cour, qui
est le théâtre de la vanité du monde, pour continuer l'exercice qu'entre les autres il n'avait que
trop bien appris à Madrid, qui était de muguetter,
cajoler et chuchoter auprès des femmes, se mit à
fréquenter les compagnies de Tarragone, qui le
regardaient comme un parfait miroir de chevalerie.

La nouveauté, mère de l'admiration, avec sa qualité, accompagnée de tant d'autres bonnes parties, lui donne non-seulement accès partout, mais il est reçu avec tant d'honneur et d'accueil, que c'est assez pour signaler une maison de dire qu'il la fréquente. Comme il avait un grand revenu qui lui avait été laissé par ses ancêtres, il le dépensait splendidement et libéralement, mais sagement, aux assemblées et aux tournois. Les deux frères étaient toujours les tenants, et les tenants toujours les vainqueurs. Après mille passe-temps publics qui étalèrent aux yeux de Fulgent tout ce qui semblait à Tarragone digne de sa vue, rien ne fut capable d'arrêter ses yeux, beaucoup moins d'enlacer son cœur. Siridon (appelons ainsi son jeune frère), dépositaire de ses pensées craignant qu'il quittât le pays, faisait tout ce qu'il pouvait pour lui persuader la demeure. Enfin, voyant un jour Fulgent dans ses ennuis ordinaires, par une inconsidération digne de son âge, mais qui n'eût pas été pardonnable à un homme mûr et prudent, il fut si peu judicieux de lui dire : « Mon frère, je suis bien d'accord avec vous qu'entre tant de sujets qui se sont présentés à nos yeux depuis votre retour de Castille, il y en a peu qui méritent d'arrêter en leurs mains votre liberté. Car, bien que plusieurs vous pussent amuser comme amies, je vois que l'honnêteté de votre courage vous fait désirer une mai-

tresse à qui vous puissiez légitimement adresser vos
vœux, et vous attacher à elle par les nœuds d'un
saint hyménée. Aussi crois-je qu'il faudra que vous
imitiez feu notre père, qui, pour s'allier selon ses
moyens, fut contraint de se dépayser, et d'aller au
royaume de Valence chercher une compagne. Et,
bien qu'il n'y ait personne qui perde plus que moi
en votre éloignement, néanmoins la gloire de notre
maison me fait passer par-dessus mes intérêts et
mes désirs, et sacrifier à la splendeur de notre race
mes contentements particuliers. » Ici Fulgent, pensant le consoler, lui dit qu'il voulait le mener avec
soi et le traiter à l'égal de sa personne en toutes
choses, comme celui qui par la naissance était un
autre lui-même. « Et c'est cela, reprit Siridon, que
je redoute plus que la mort. Car de vivre sans âme,
et séparé de celle à qui j'en ai donné la possession,
ce m'est tout un. — A ce que je vois, mon frère,
reprit Fulgent, vous aimez, et, comme je veux le
croire, vous aimez en bon lieu, et honnêtement, et
à dessein d'épouser, et vraiment je vous en aime
davantage, et je vous assure que je seconderai vos
saintes intentions autant que je pourrai. Mais comment ferai-je pour vous pardonner la dissimulation
dont vous avez usé envers moi, ne me faisant paraître en tant de compagnies où nous nous sommes
trouvés depuis mon retour de la cour, ni par parole, ni par aucun signe, qui était celle qui vous

tient à la chaîne? Vraiment cela témoigne trop de
défiance envers une personne qui vous est si assurée. — Monsieur, reprit Siridon, il ne faut point
de pardon à qui n'a point failli. Par quel signe vous
eussé-je pu exprimer les sentiments que j'avais pour
une personne qui ne s'est jamais trouvée en aucune
des conversations où j'ai eu l'honneur de vous accompagner? — A ce compte, mon frère, reprit
brusquement Fulgent, vous faites l'amour à la
platonique, et en idée, ou celle dont vous êtes le
Médor a l'anneau d'Angélique. — Nullement, répliqua Siridon, et, quand vous saurez l'histoire de
mes affections, vous direz que je souffre un dur
tourment. » Là-dessus, il se mit à enfiler des pané-
gyriques de celle qui occupait son cœur, à la façon
de ceux qui sont saisis de cette passion qui n'a
que des termes superlatifs pour exprimer les perfections de ce qu'elle chérit. Fulgent l'ayant pressé
de lui déclarer le nom de cette créature, des louanges de laquelle il l'entretenait : « Elle s'appelle Palombe, lui dit Siridon (ce mot en espagnol est le
même que Colombe). C'est toute la fleur du pays et
en richesse et en beauté; car c'est une héritière à
qui Domnio, commandeur de l'habit de Calatrava,
et des plus grands amis de feu notre père, a laissé
de grands biens; et, quant aux beautés, j'en ferai
juge votre œil, quand vous l'aurez vue. Elle était
encore si jeune quand vous partîtes de ce pays pour

aller au service de Leurs Majestés, qu'à peine sortait-
elle de l'enfance; car à présent, c'est le tout si elle
a quinze ans. Sa mère, qu'on appelle dona Ériberte, ayant encore quelques restes de cette beauté
qui la fit aimer à Domnio, s'est laissé prendre par
les yeux à un chevalier de l'ordre d'Alcantara nommé don Odile, qui n'a qu'un fils nommé Hilamon,
le plus hideux et le plus contrefait petit monstre
que la terre puisse porter. Sachant que dona Ériberte n'est pas trop pourvue de biens, et que tout appartient à sa fille, il lui promet de la prendre pour
femme, pourvu que l'on donne cette Cythérée à
son Vulcain. Cette folle mère, pour contenter sa passion, veut bien sacrifier cette Iphigénie à sa misère;
mais la cité tout entière réclame; la fille même
déclare qu'elle épousera plutôt un tombeau qu'un tel
mari. Sa mère l'empêche de fréquenter aucune
compagnie, ne la laissant voir à personne, et ne lui
permettant de voir aucun. Si bien qu'en ma recherche je n'ai eu aucune réponse de ses parents,
sinon que j'étais bien d'assez bonne race, mais que
je n'avais pas des facultés qui pussent arriver à aucune correspondance avec celles de Palombe. De
vous dépend ma bonne ou mauvaise fortune, et, si
vous m'aidez tant soit peu, non tant de vos moyens
que d'un vent favorable, je crois qu'il me sera facile de surgir à bon port. » Fulgent sentit son cœur
attiré par je ne sais quelles invisibles chaînes. L'im-

portant est de voir cette reine des beautés de la province tarragonaise, et cette unique perle cachée aux grottes de l'Océan.

Ériberte était si dépitée qu'elle avait juré que sa fille ne verrait le monde que quand elle aurait pris la résolution de lui obéir. Et Palombe, aimant mieux une retraite sombre qu'une liberté malheureuse, possédait son âme le mieux qu'elle pouvait par la patience. Encore Ériberte ne la tient pas tellement prisonnière qu'elle lui ravisse l'usage de la religion, ni la vue de ses plus proches parents; autrement c'eût été une tyrannie que les lois publiques n'eussent jamais supportée. Les deux frères épient donc les occasions de la voir. Ce fut à l'église qu'au lieu de chercher l'amour de Dieu Fulgent trouva celui du monde, et, au lieu de s'avancer aux grâces du Créateur, il poursuivit celles d'une chétive créature. Ce fut un soir, étant au salut en certain monastère, qu'il vit la première fois Palombe, et, aussitôt qu'il l'eut vue, il en fut éperdu. Siridon, impatient de savoir ce qu'il semble à son frère de ce sujet de son tourment, lui demande si sa folie n'était pas belle, d'être insensé pour une cause de tant de mérite. «C'est faute d'expérience, reprit le cauteleux Fulgent, qui vous fait ainsi parler, en quoi, outre votre passion, vous êtes pardonnable, car il n'y eut jamais de laides amours; mais, si vous aviez étudié en l'as-

trologie à Madrid, et si vous aviez vu les brillantes
étoiles qui sont au ciel de la cour, vous ne brûle-
riez pas tant pour les menus flambeaux de cette
contrée. Néanmoins, je vous véux servir en cette
occasion comme moi-même, et vous montrer en
tout que je suis votre frère. Mais il faut faire pro-
vision de patience et user ici d'un stratagème qui
éblouira les yeux de tous vos compétiteurs et de
tous les parents de la dame. Il faut que je fasse
semblant de rechercher cette fille de laquelle vous
êtes si passionné. Je crois que les parents et elle
aussi donneront les mains à cette proposition, la
plus avantageuse qu'ils puissent espérer en tout ce
pays ; si la mère, ennemie de l'avancement de sa
fille, y résiste, nous vaincrons aisément cette opposition par une lettre du roi, sans l'aveu duquel peu
de grands se marient en Espagne. Il est si bon
maître qu'il ne me refusera pas cette première
grâce, qui, obtenue pour moi, sera facile à changer
et à faire passer à votre avantage, vu que ce sera
toujours pour ma considération et pour le bien de
notre famille. » Siridon, qui ne pensait à aucune
fourbe, et qui eût pensé outrager son frère d'en avoir
une simple idée, trouva cet expédient le meilleur
du monde, et, baisant les mains de son aîné, les ar-
rosa de larmes que la joie exprimait de ses yeux.

A la première proposition qui fut faite du comte
pour Palombe, tous les parents tinrent cette al-

liance à grand honneur. Ériberte voit bien que ce
parti va tout à fait détruire ses inventions, et que
sa fille y donnera le cœur et les mains. Elle re-
double ses tempêtes, jusqu'à ce que le comte assemble les parents, qui font ordonner par la justice que la fille sera mise entre les mains d'une
sienne tante, sœur de feu son père, le chevalier
Domnio. Elle ne fut pas plutôt sous la conduite de
sa tante, que le comte commence à faire sa recherche à camp ouvert, à publier Palombe pour sa
maîtresse et à se déclarer son serviteur. Tout le
monde le croit ainsi, et Palombe même, à qui Siridon (ainsi que Fulgent lui avait défendu, allé-
guant la fragilité du sexe, incapable de garder un
secret) n'osait déclarer l'intelligence qu'il avait avec
son bon frère. Le change fut aisé à faire prendre à
ce jeune cœur, qui, outre la légèreté du sexe et la
faiblesse de l'âge, n'était pas autrement attaché à
Siridon que par une commune et fort simple bienveillance. Tout cela se passait avec une telle confiance de Siridon, que, voyant que Palombe s'engageait entièrement et sans dissimulation dans
l'affection de son frère, il n'en faisait que rire, et,
pour témoigner le peu de défiance qu'il avait de
son procédé, il lui disait quelquefois : « Seigneur
comte, vous jouez si parfaitement votre personnage
en cette comédie, qu'il n'y a pas un de tous ceux
qui vous contemplent qui ne croient que vous ne

soyez extrêmement passionné pour Palombe : je vous conjure de continuer. » Le rusé courtisan lui répondit : « Ce n'est rien fait de commencer, il faut achever. Vous voyez comme vos affaires sont en bon train; il faut que vous vous aidiez, car chacun est l'artisan de sa fortune. J'ai nouvelle d'un gouvernement prêt à vaquer sur le rivage de la mer, entre Valence et Grenade. Si je puis vous le faire donner, comme je me promets assez de crédit pour cela, avec une terre de notre maison et une croix de Montéze [1], qui pourra vous apporter quelque bonne commanderie, je crois qu'avec cela vous pourrez avoir raisonnablement pour arriver à ce parti. Siridon qui, outre son ardeur, avait encore, comme ont d'ordinaire les cadets de bonne maison, un merveilleux appétit d'être riche, se figure que si, avec tout cela, il peut joindre le grand héritage de la belle Palombe, il sera plus riche que son frère et lui fera sa part. Pour arriver à ses prétentions, Fulgent lui propose un voyage à la cour qui en est le territoire. Siridon, pressé de tous ces aiguillons, du désir des biens, de son amour et encore de celui de voir la cour, qui est si naturel à la jeunesse, y est plus tôt résolu que son frère ne l'y a convié. A l'ennemi qui s'en va, dit le proverbe, il faut faire un pont d'or. Fulgent s'en

1. Ordre de chevalerie de Notre-Dame de Montesa.

défait donc honorablement, en lui baillant pour
conducteur un de ses plus fidèles serviteurs, qu'il
rendit dépositaire de ses intentions, afin que, selon ses desseins, il gouvernât le voyage et le tirât
en longueur. Pendant que Siridon s'en va rêveur
et mélancolique, le comte avance son projet, et sa
dignité lui en fait trouver les routes si aisées,
qu'en peu de jours son mariage est conclu ; tous
les parents en sont d'accord. Il n'y a que la mère
qui ne se peut vaincre. Quant à la fille, qui n'avait
jamais regardé Siridon que comme une personne
indifférente, elle se prend si bien par les yeux et
par le cœur aux charmes inévitables de la conversation de notre courtisan, qu'elle ne vit plus
que pour lui, et ne respire que lui. C'est l'idole
de sa pensée. On passe outre, sans la permission de la justice, à la publication des bans ; à
quoi la mère s'oppose, mais son opposition est dé-
clarée nulle, comme fondée sur des causes dérai-
sonnables. En peu de jours, avec une réjouissance
universelle, Palombe se vit entre les bras aimés de
son cher Fulgent, et Fulgent en possession de cet
objet qu'il avait si ardemment désiré, si subtile-
ment poursuivi et si heureusement conquis. Le jour
des noces, l'épouse étant sortie en haut appareil
pour aller à l'église, soit que ses vêtements l'in-
commodassent, ou que la chaleur de la presse
l'étouffât, elle tomba, après la cérémonie, dans un

tel évanouissement, qu'on la tint pour passée ;
mais enfin, après beaucoup de trouble, de confusion et de remèdes, elle revint à soi plus agréable
que jamais, cette syncope étant attribuée à la multitude du peuple, des flambeaux et des cassolettes,
qui ôtaient presque la respiration dans l'église.
Après le souper de ce jour, le comte vint trouver
son amante ; et voilà Palombe, honnête comme
une rose, entière comme un lis, belle comme le
jour, douce comme porte son nom, vertueuse autant qu'il se peut désirer, qui se trouve l'épouse de
Fulgent ; épouse fidèle, loyale, passionnée, sage et
contente, mais, hélas ! d'un contentement qui ne
durera pas beaucoup.

LIVRE SECOND.

L'après-dînée du jour de ses noces, Fulgent, selon la coutume si commune par toute l'Espagne,
voulut donner les taureaux et être lui-même des
combattants pour faire paraître sa bonne mine et
son adresse. Il était brave et orné d'or et de pier-
reries, et si content qu'il ne se pouvait rien voir
de plus satisfait. Quand les théâtres, les fenêtres et
les échafauds furent remplis de leur plus bel ornement, qui sont les dames, Palombe y parut sur
un balcon couvert de carreaux et de riches tapis,
ainsi qu'un astre parmi des flambeaux. Quelques
gentilshommes et seigneurs firent diverses entrées
en la place, vêtus fort avantageusement, et montés
sur des genets d'Espagne. Mais Fulgent y entra
monté sur un cheval qui était une fleur d'Andalousie, duquel il tira des passades avec tant de justesse et de grâce à la vue de toute cette assemblée,
qu'il se fit tenir, comme il était, pour un des meil-
leurs écuyers de la Catalogne. Les yeux des assistants tantôt se retournaient vers l'époux et puis

vers l'épouse. En l'une, on admirait la beauté avec
la simplicité et l'humilité ; en l'autre, la valeur et
la bonne grâce. Les entrées étant faites, on lâcha
le premier taureau, qui parut, tout irrité par les
aiguillons dont il était outragé par ceux qui l'a-
vaient mis en furie ; il avait les yeux si ardents,
qu'il semblait qu'on lui eût attaché deux flambeaux
à la tête. Il emplissait l'air d'un mugissement
épouvantable ; il frappait la terre du pied et soufflait d'une façon terrible. Fulgent se réservait à
montrer son adresse des derniers. Le taureau fut
accueilli par deux braves chevaliers, qui en peu de
temps l'étendirent sur la place, avec un grand ap-
plaudissement de tous les spectateurs. Le second
fit une entrée encore plus furieuse que le premier, et ce redoutable animal se venait jeter de
roideur au travers des chevaliers qui étaient en
haie, pour le combattre par ordre et selon le si-
gnal qui serait donné ; mais, avant que l'on eût pu
juger où tendrait sa fougue, il surprit un de ces
chevaliers en désordre : un autre approche pour
tenir la place de celui qui avait été abattu ; mais
son cheval se cabra, en sorte que le chevalier fut
contraint de vider les arçons. Fulgent, voyant le
danger où étaient ses amis, y court pour les secourir et pour les venger, en faisant mordre la terre
à l'horrible bête, qui, enflée de ces deux victoires,
venait droit à lui, la tête basse. Le comte, adroit

à cheval et monté sur un genet extrêmement
souple, gauchit au heurt et passe, mais après
avoir donné de fort bonne grâce deux coups d'é-
pée à cet animal furieux de voir le pourpre de son
sang; et, comme il l'allait percer au cœur pour la
troisième fois, et fâché d'être si longtemps à vaincre, le taureau se retourna tout à coup si brusquement, que donnant une atteinte dans le flanc
du brave coursier, la corne entra si avant qu'il le
coucha mort contre la terre. Fulgent était paré
d'une grande et longue écharpe; tandis qu'il essaye de se démêler de cette fâcheuse attache, le
taureau blessé vient avec fureur : un grand bruit
s'élève qui lui crie qu'il prenne garde à sa vie, et
bien lui prit de se coucher dextrement; le taureau
bondit par-dessus lui. Néanmoins ceux qui le virent par terre le tinrent pour mort : voilà des chevaliers qui arrivent au secours; mais Fulgent se
relevait en délibérant de prendre une sanglante
vengeance de cet affront, quand chacun commença
à crier que Palombe était morte, et d'effet, croyant
que Fulgent ne fût plus entre les vivants, elle
tomba en pamoison. On ne vit jamais une telle
confusion. Mais ce n'est rien encore; voilà un des
principaux échafauds qui s'écroule. Deux hommes
furent tués, d'autres furent emportés demi-morts.

Cependant le taureau auquel on ne pensait plus
allait bien faire un autre carnage, si l'on ne se fût

avisé d'ouvrir la porte par où il était entré, et de
lui donner la vie, pour la sauver à tant de gens.
Fulgent fit donner aussitôt les secours nécessaires.
On étendit les morts sur le gravier; on emporta
les blessés; le comte fit des merveilles à donner
ordre que chacun fût soulagé selon son besoin.

Cependant Palombe était impatiente de savoir des
nouvelles de son cher Fulgent; on lui mande qu'il
vienne, autrement que Palombe est morte d'appréhension de le perdre. Mais il n'est plus temps;
il a bien d'autres pensées en l'âme : l'image de
Palombe a fait place à une autre qui le ravit. Entre
les piliers et les ais de cet échafaud amoncelés
confusément se trouva une dame vénérable, vêtue
en veuve, qui, légèrement blessée et relevée fort
humainement par le comte : « Ah! seigneur Fulgent, dit-elle, que sera devenue ma fille, dont la
vie m'est beaucoup plus précieuse que la mienne? »
A l'instant s'approche un jeune gentilhomme qui,
sentant faillir l'échafaud sous ses pieds, s'était jeté
en la place et n'avait aucun mal : « Ah! ma mère,
dit-il à cette dame, que je suis aise de vous trouver! Êtes-vous blessée? — Un peu, reprit la bonne
veuve, mais cela n'est rien. Où donc est votre
sœur? » Alors Fulgent se mit avec ce jeune gentilhomme dans la foule; on regarde çà et là parmi
les poutres et les tables, et voilà que l'on aperçoit
une personne comme accablée sous cette ruine;

on démêle ce bois le plus doucement que l'on
peut, de peur de l'achever d'accabler, et c'était une
jeune fille toute pâmée et qui paraissait morte, le
visage blanc comme la neige, les yeux fermés, la
bouche entr'ouverte; et le sang coulant sur une
joue faisait voir comme de l'ivoire teint dans du
pourpre. Cette belle demi-morte avait nom Glaphire (nous appellerons Cléobule le fils de la veuve,
et celle-ci se fera connaître sous celui de Dionée).
La triste Dionée, voyant sa chère fille en cet état,
lance des cris pitoyables vers le ciel, qui percent
le cœur de tous les assistants; mais soudain qu'on
eut reconnu au mouvement du cœur qu'il y avait
encore espérance de vie: « Madame, dit Fulgent,
permettez-moi que je me charge de ce doux poids,
et que je porte cette demoiselle en ma maison, où
vous viendrez après, et y serez reçue comme en la
vôtre. » Et aussitôt il part avec cette chère proie, et
si grand était son étourdissement, qu'il la porta en
la chambre même de son épouse (funeste pré-
sage!), et la jette sur le même lit où Palombe était
sans pouls, sans mouvement et presque sans vie.
Celle-ci, comme elle eut ouvert ses yeux faibles et
si abattus qu'à peine pouvaient-ils supporter la lumière, elle eut le premier en la bouche le nom
qu'elle avait si profondément gravé dans le cœur:
« Ah! cieux, m'avez-vous donc sitôt ravi mon Fulgent? O mes amis, que ne me laissez-vous mourir

avec lui? » Et, comme elle avait encore la vue tout
éblouie de son évanouissement, en la retournant
vers ce corps qui paraissait mort à son côté, elle
crut soudain que c'était celui de Fulgent tout en-
sanglanté, si bien que se jetant dessus toute transportée, elle se colla sur sa bouche toute pleine de
sang, et dit, en la baisant tendrement, ces pitoyables paroles : « Beau corps, qui possèdes maintenant les affections qui m'étaient si chères et si
précieuses ; reçois, je te prie, par ces baisers, les
reliques aimées d'une âme qui n'a jamais été empreinte d'une idée que de celle de tes perfections.
Cieux ! qu'avais-je commis contre votre rigueur,
pour me séparer ainsi de la meilleure partie de
moi-même ! » Elle eût continué plus longtemps ses
plaintes, si les remèdes qu'on voulait apporter à la
pauvre Glaphire n'eussent pressé de les interrompre. Sedose, sa tante, lui dit qu'elle a tort de
croire que Fulgent soit mort, que ce qu'elle em-
brassait n'était pas lui, mais une fille évanouie et
blessée par la chute d'un échafaud. Quand elle
retrouva Fulgent, soudain elle ressuscita, et, comme
elle le vit empressé à secourir Glaphire, son amour
la porta aussitôt à l'aider en ces devoirs. Que devint le comte, quand Glaphire ouvrit les yeux ? En
les tournant lentement et langoureusement, comme
à demi baignés de larmes et presque noyés dans
la mort, quand elle ne vit en toute la compagnie

aucun de sa connaissance, ne sachant comme elle
avait été transportée en ce lieu, alors, d'une voix
tremblante entre la peur et le gémissement, mais
argentine, et qui sortait d'entre deux rangs de
perles, elle réclama sa chère mère et son frère
Cléobule, faisant en cela le devoir d'une fille sage
et vertueuse, qui ne doit rien tant appréhender
que de perdre de vue ceux qui doivent être les
gardiens de son intégrité. A ces mots, le comte,
tout hors de soi, lui dit : « Ne craignez rien, belle
demoiselle, vous êtes chez vous et en lieu de sûreté. Madame votre mère n'est que légèrement
blessée, et votre frère est demeuré auprès d'elle
pour la soulager. » Sedose et les parentes, tant de
Fulgent que de Palombe, qui étaient là en grand
nombre, lui donnèrent la même assurance : ce qui
la consola un peu, c'est de se voir parmi tant de
femmes dont l'honnêteté paraissait sur leurs fronts.
On avait envoyé querir le chirurgien, qui tardait à
venir, à cause de la multitude des blessés. Sur
cette attente arrive Cléobule, portant sur ses bras,
aidé d'un de ses serviteurs, sa mère Dionée. Que
de joie quand elle vit sa fille ressuscitée, l'ayant
tenue pour morte! elle n'avait plus de sentiment
de son propre mal, tout attentive à la guérison
de sa fille. Le chirurgien arrive. Fulgent recommande cette guérison à l'assistance de Sedose, de
Palombe et des autres dames, qui lui promirent

d'en avoir grand soin. La pauvre Palombe, qui crut que c'était quelqu'une des parentes du comte, y rendit de grands devoirs. Glaphire fut mise en la chambre où logeait auparavant Siridon. Sa mère fit dresser un lit en la même chambre pour ne point perdre de vue celle qui était tout son trésor. Ce fut parmi ces orages que se passa l'après-dînée de ces noces sanglantes.

Le jour suivant, Fulgent parut sombre et mélancolique, ainsi qu'un captif qui traîne ses fers. Tout son soin est autour de sa belle hôtesse, et Palombe, qui ne voit que par ses yeux, honore à l'envi ce qu'elle lui voit estimer, joint que la pitié, si naturelle à une douce et aimable nature comme la sienne, lui donnait un extrême ressentiment du mal de Glaphire. Bientôt voilà le comte retiré chez soi, et vivant en reclus; il ne se laisse pas voir parmi les compagnies; il ne paraît plus, comme il avait accoutumé, avec splendeur et apparat; il n'est rien de si mélancolique et de si morne. Lui qui ne souhaitait rien tant que de voir la vertueuse Palombe en sa maison comme son épouse, maintenant l'en souhaiterait éloignée; sa peine est de faire voir à Glaphire cette extrême passion qu'il a pour elle, en sorte que ni sa femme, ni sa mère, ni son frère, qui sont toujours autour de son lit, comme des anges, ne s'en aperçoivent point. Pour prévenir toute défiance et fermer la porte aux soupçons, il essaye de tenir sa contenance si réglée qu'on ne puisse avoir aucune prise sur ses gestes, sa vue et ses discours : s'il parle, c'est avec beaucoup de respect et de circonspection. Dionée, qui s'estimait fort honorée des devoirs qu'il lui rendait et de la soigneuse assistance qu'il faisait à sa fille, récompensait ses feintes soumissions par de véritables et sincères ressentiments. Elle ne parlait à sa fille et à son fils que de la bonté du comte, des obligations qu'ils lui avaient, et de l'éternel caractère qu'ils en seraient gravés en leur souvenir. Ces jeunes âmes élevées à la vertu témoignaient que jamais tant de faveurs ne mourraient en leurs mémoires. Glaphire, qui était la douceur et la grâce même, récompensait les soins du comte avec des compliments si aimables, qu'ils eussent enchanté les roches, et Cléobule lui rendait tant de remercîments, qu'il n'estimait pas se pouvoir jamais dégager des obligations qu'il acquérait sur lui en la personne de sa sœur. En somme, il contracte avec le comte une telle amitié, qu'il ne parle plus que de lui. Fulgent, de sa part, cultiva cette inclination par toutes sortes de bons offices, ne feignant point de rendre au frère les démonstrations de bienveillance qu'il n'ose faire paraître à la sœur.

Un jour que les deux amis étaient ensemble dans le jardin du palais du comte, s'entretenant de divers sujets, Fulgent voulut savoir l'histoire d'une

passion d'un nommé Sindulphe pour Glaphire,
dont il avait par hasard ouï parler. S'étant assis
sous un cabinet d'orangers, Cléobule la lui raconta
de la sorte :

« Sindulphe est un gentilhomme autant pauvre
des biens de la fortune que riche de noblesse, et,
pour dire le vrai et ne taire point les justes louanges de nos propres ennemis, il est fort plein de
vertu. Ses parents ont été de tout temps très-
opposés aux nôtres, pour une haine de famille
trop longue à raconter. Un jour, devisant en notre
rue et devant la porte de notre maison avec de jeunes insolents qui médisaient d'un mien parfait ami,
je me sentis obligé, tant par les lois de l'amitié
que par celles de noblesse et de conscience, de
défendre son honneur; ce qui me fit repartir pour
mon ami en termes si forts qu'ils s'en sentirent
offensés, si bien que tous à la fois l'épée à la main
se jetèrent sur moi, qui me sentis en un instant
percé en deux endroits, quoique légèrement. Je
mets la main aux armes, et me défends le mieux
que je puis, tantôt parant, tantôt esquivant les
coups, tantôt les leur rendant en lettres de change.
Mais, entre tant d'épées, me voyant seul, que pouvais-je attendre que la mort, quand je vois arriver
Sindulphe, qui, avec un de ses compagnons, fondit sur les misérables qui m'assassinaient ? Ils s'é-
cartèrent comme une troupe de moineaux timides

devant l'émerillon, et Sindulphe me rendit blessé
entre les bras de ma mère et de ma sœur.

« Aussitôt qu'il m'eut délivré, il remercia sa
bonne fortune de lui avoir fait naître une si favorable occasion pour me témoigner le désir qu'il
avait de me rendre service. Si j'avais été étonné
de le voir joindre à mes côtés et me défendre du
péril, je le fus encore bien plus de l'entendre parler de la sorte. Mais quand je considérai la main
qui me venait de rendre un si bon office, je vis
que le cœur qui l'animait ne pouvait être d'un
ennemi. Je lui en fis le remercîment, louant sa
valeur et sa courtoisie, avec protestation de lui en
être à jamais redevable. Lui ne désirait rien tant
que de gagner mon amitié, afin qu'elle lui servît
de porte à l'accès qu'il prétendait en notre maison, car il aimait ma sœur. « Le ciel me soit té-
moin, dit-il, de l'extrême désir que j'ai de voir
finir en nous les mauvaises intelligences qui ont
été entre nos pères, afin de pouvoir jouir de l'honneur de votre conversation, que je souhaite plus
que chose qui soit au monde. — Gentil chevalier,
lui répliquai-je, souvenez-vous que je ne me lais-
serai jamais vaincre aux devoirs de l'amitié; tenez-
moi donc désormais pour votre esclave, et dispo-
sez de moi comme de chose que vous avez acquise
au hasard de votre sang et à la pointe de votre
épée. Laissons les morts ensevelir les morts, et

que les haines s'enterrent dans les sépulcres. La
vengeance n'est pas une portion de nos héritages,
ou, si c'en est une, nous y pouvons renoncer
comme courageux et le devons comme chrétiens. »
Pendant que nous disions ceci, il me soutenait
sous les bras, étanchant mon sang, et m'aidant à
monter pour aller en ma chambre, où ma mère
et ma sœur arrivèrent aussitôt. Le chirurgien banda
mes blessures, qui étaient légères. Dionée, transportée d'une affection maternelle, et de joie de
voir son fils unique sauvé à si bon marché, ce qui
la conviait à remercier son libérateur, le fit avec
des termes pleins de louange et de témoignages
d'une vraie bienveillance et de l'oubli de tout le
passé. Ici ma sœur, qui participait à la joie de ma
délivrance, et qui s'était tue par modestie, rom-
pant le silence : « Seigneur Sindulphe, vous nous
venez de rendre un office tellement obligeant en
sauvant mon frère d'une mort évidente, qu'il ne
se peut rien ajouter à l'infinité d'une telle obligation ; de ma part, il ne me reste qu'un déplai-
sir, qui est de sentir mes forces trop faibles pour
m'en pouvoir dignement revancher ; mais, si c'est
payer que bien reconnaître, ma bonne volonté
suppléera au défaut de ma puissance, et me tiendra lieu de mérite envers vous. » J'étais extrêmement aise que ma sœur, par ses paroles de com-
pliment, eût récompensé cette action de Sindulphe.

Il sort si ravi et transporté de contentement, qu'il ne se peut tenir de me dire à l'oreille : « Mon frère, c'est de vous que je tiens aujourd'hui la vie, et non vous de moi. » Ma mère, le voyant parti, applaudit aux compliments de sa fille, et lui fit paraître qu'elle l'avait obligée de reconnaître avec tant de courtoisie et d'honneur ma conservation. Aimant ma sœur passionnément, Sindulphe ne demeura pas longtemps sans me prier de la lui faire avoir pour épouse, comme étant cette alliance le comble de ses désirs. L'obligation que je lui avais était si grande que je lui promis d'en parler, et de plus d'y apporter tout ce qui serait de mon pouvoir. En effet, sur la proposition que j'en fis à ma mère, elle jugea que c'était le vrai moyen de pacifier par cette alliance tant de vieilles querelles, et que par une généreuse reconnaissance on lui ferait voir qu'il n'avait pas obligé des ingrats.

« Je rapportai incontinent à ma sœur ce que j'avais traité pour elle avec ma mère. Glaphire est semblable à ces machines qui ne se meuvent que par ressorts ; son ressort est la volonté de ma mère ; elle ne va qu'où celle-ci la pousse ; elle ne voit que par ses yeux, ne parle que par sa bouche, ne juge que sur son sens. Je crois que, quand elle se mariera, il faudra que ma mère dise oui pour elle, tant elle est indivisiblement attachée à

ce qui plaira à sa mère. Cette indifférence, que je
trouvais mauvaise au commencement à cause des
inclinations puissantes que j'avais pour mon ami,
m'a depuis paru très-vertueuse et être le vrai rempart de l'honnêteté des filles ; car il arrive tant de
traverses, dit le proverbe, entre le verre et la
bouche, entre les accords et les épousailles, que
celles qui suspendent leurs affections jusqu'à ce
qu'elles soient dans les bras de ceux à qui le ciel
et leur consentement les donnent, sont les plus
avisées, joint que les plus indifférentes avant le
mariage sont celles qui s'attachent avec plus d'a-
mour et de fermeté à leurs maris, parce qu'elles
n'ont jamais eu les cœurs frelatés d'autres affections, qui quelquefois reviennent aux plus sensées
durant les dégoûts d'un mariage. Il en a bien pris
à ma sœur d'avoir tenu son esprit en cette as-
siette, comme vous l'allez voir. Je porte à Sindulphe le consentement de ma mère, auquel était
annexée l'obéissance de ma sœur, mais à telle
condition, et non autrement, qu'il aurait de sa
part le consentement et la bénédiction de sa mère.
Il me dit que c'était lui donner la vie et la mort
en même temps : la vie, en la promesse que je lui
faisais ; la mort, en la condition que j'y apposais,
ne se pouvant promettre de pouvoir incliner sa
mère à condescendre à cette alliance. En effet, il
lui fit faire cette proposition par un de ses parents ;

mais elle protesta qu'elle se tuerait plutôt que de
consentir à ce mariage. De plus, elle ajouta que,
le meilleur des biens de la maison étant de son
chef, et son mari l'ayant, par son testament, faite
héritière, afin que ses enfants, dépendant d'elle,
lui fussent plus soumis, elle protestait de le déshé-
riter au cas qu'il se mariât contre son gré. Ma
mère, qui aime ma sœur éperdument, et moi-
même, qui la chéris comme frère et qui l'honore
particulièrement à cause de sa vertu, pouvions-
nous nous résoudre de mettre Glaphire entre les
mains d'une telle marâtre? Comme Sindulphe voulait continuer ses visites en notre maison, ma
mère le pria de s'en départir, le mariage ne se
devant plus espérer. Le voilà au désespoir. Il s'en
prend à moi et dit que je le trahis, que je fais semblant d'être son ami, mais que je suis son ennemi
couvert. Je voyais bien que ce n'était pas lui qui
parlait, mais la rage par lui, ou lui par elle;
c'est pourquoi je ne fis point état de ces outrages;
je lui remontrai le plus doucement que je pus, et
lui fis voir assez clairement, s'il eût eu des yeux
pour cela, qu'il avait tort de se défier ainsi de ma
sincérité. Ma modestie (comme c'est l'ordinaire)
accrut son insolence. Alors, me sentant un peu
ému, je lui dis que les paroles, entre gens de
bien, étaient toujours suivies des effets; que je le
priais de considé   qu'il ternissait, par ce dis-

cours, le bon office que par fortune il m'avait
rendu ; qu'il n'est pas de bienfait qui oblige tant
que désoblige le moindre reproche, et que, si mon
bonheur faisait naître pour lui une semblable occasion, je lui ferais paraître que j'avais une épée qui
trancherait pour son service, quand il la voudrait
employer. Il m'assigna un pré sur le rivage de
l'Èbre, entre des tamarins, pour y décider une
querelle qui n'était fondée que sur un vain om-
brage qu'il avait contre ma fidélité. Nous nous sé-
parâmes ainsi, et, soit que quelques-uns nous eussent ouï contester, ou qu'on me vît sortir avec une
épée de combat, nous fûmes aussitôt suivis de
gens qui nous empêchèrent de nous joindre. Mais
il n'en protesta pas moins que ma sœur serait sa
femme, qu'elle lui avait été promise, et qu'il l'en-
lèverait. Quand il parle de ravissement, je me mo-
que ; mais les femmes et les filles, à qui ce mot
de rapt est beaucoup plus épouvantable, comme
touchant à l'honneur, ne s'en rient pas. Cent fois
ma mère m'a proposé de quitter le séjour de notre
ville pour aller à Torillos ; mais je me suis toujours courageusement opposé à cette retraite, qui
est, en effet, une honteuse fuite. Les affaires en
étaient à ce point-là quand les tournois et les magnificences de votre fête, quand la pompe et l'é-
clat de vos noces et les cou᷐ ᷐᷐s taureaux nous
ont fait venir en cette v᷐ ᷐᷐ de per-

sonnes de tout le voisinage. Sindulphe nous a suivis. Mais au moins ma mère, ma sœur et moi,
nous avons rèçu ce grand bonheur en notre dis-
grâce, d'avoir rencontré l'honneur de votre connaissance, et, comme vous le témoignez par tant
d'effets et de bienfaits signalés, place en votre
bienveillance. A tout cela nous ne pouvons cor-
respondre qu'en la même façon que nous nous
comportons envers les grâces du ciel, par une
cordiale reconnaissance et par le vœu perpétuel
d'une dévotieuse servitude. »

LIVRE TROISIÈME.

Ainsi Cléobule finit son récit, que le comte écouta avec beaucoup d'attention, non sans imiter la mer, qui change de couleur selon les vents qui l'agitent. Mais Cléobule n'était pas si bon physionomiste qu'il pût, à ces altérations de visage, deviner les pensées du cœur, que Dieu a réservées à sa connaissance : car c'est lui seul, dit David, qui sonde les reins et les cœurs, et qui contemple la vanité des imaginations humaines. Néanmoins la fin du discours rasséréna le front de Fulgent, quand il vit que Sindulphe était éloigné de son but, et reconnut que Dionée et ses enfants se ressentaient, en gens d'honneur, des biens et des faveurs reçues en sa maison. Puis se sentant obligé à quelque repartie : « Je suis bien aise, dit-il, d'avoir appris ces choses de votre bouche. Sindulphe est un homme tout à fait indigne, non-seulement de faveur, mais de considération. De façon que, quand sa mère consentirait à ses noces, et quand ses facultés seraient plus grandes, je ne conseillerais jamais de lui sa-

crifier Glaphire. Seulement je le trouve digne de
pitié en un point, de le voir emporté par le torrent
d'une passion à laquelle les poëtes font céder non-
seulement les hommes, mais leurs dieux. L'amour
cache tous les défauts de ceux qu'il possède, ou,
s'il ne les cache, il les rend quelquefois dignes de
pardon. Si vous avez aimé, Cléobule, vous comprenez ce que je dis, sinon je parle à un homme
qui n'entend pas le sens de mes paroles. — J'ai
aimé, dit Cléobule; mais, par la grâce du ciel, ce
n'a pas été avec tant d'aveuglement. Je suis dans
l'âge auquel ce doux mal semble inévitable et presque nécessaire; mais je n'ai pas été jusqu'à la folie.
Je crois qu'il faut tâter de cette passion comme du
miel, médiocrement. Prise modérément, elle
éveille l'âme, lui donne une chaleur agréable qui
n'est pas sans lumière; c'est elle, disait Platon,
qui est mère de l'honnêteté, de la gentillesse, de
la politesse et de toute vertu; mais, quand l'excès y
est, c'est une frénésie; la discrétion, la courtoisie,
la civilité, la bienséance se perdent; ce n'est plus
que brutalité, violence, injustice. J'ai aimé, non
selon le cauteleux conseil de cet ancien, comme
ayant à haïr un jour, car cet avis répugne à la
franchise et sincérité, âme de la vraie amour,
mais discrètement et honorablement, sans perdre
le respect et la révérence qu'on doit à la chose
aimée. — A ce que je vois, reprit le comte, vous

aimez philosophiquement, et il semble que, vous
soumettant aux lois et au service d'une dame, vous
voulez être possesseur de vous-même, ce qui est
vouloir être ensemble maître et valet, choses in-
compatibles : ceux qui aiment avec tant de modération sont bien voisins de n'aimer pas du tout.
Aimer sagement, c'est comme qui dirait se chauffer froidement, ou se geler chaudement, et mettre
les contraires en un même sujet. — L'amour honnête, répondit Cléobule, n'a pas la vue bandée
comme le déshonnête, encore qu'il ait aussi bien
que l'autre son brandon, son arc, ses flèches et
son carquois ; il a la vue fort pénétrante, il prévoit
la fin dès le commencement, il consulte, considère
avant que s'engager, et ne fait durer son affection
qu'autant que la cire de la vertu donne vie à son
flambeau, flambeau dont la pure et céleste flamme
ne fait ni noirceur ni fumée. Les mauvaises amours
n'ont que soupirs, larmes, sanglots, mélancolies,
désespoirs ; mais les bonnes sont douces, égales,
gracieuses, aimables, patientes, courtoises ; les
grâces sont leurs associées, les ris, la vraie joie,
sans honte, sans crainte d'infamie, et sans remords
de conscience.

— De la façon que vous parlez, reprit le comte,
à qui ce discours ne pouvait plaire, l'on pourrait
aimer la même divinité ; nous ne parlons pas en
théologiens, mais en chevaliers et en courtisans

qui cherchent à se donner du bon temps avec les
dames, selon la variété des rencontres qui se font
parmi les compagnies. — Je l'entends bien ainsi,
répliqua Cléobule, et je crois que les chevaliers et
les courtisans doivent, plus que les autres, faire
profession d'honneur. Pensez-vous qu'il fait beau
voir un chevalier honorable; un gentilhomme bien
né, qui doit servir d'exemple et de modèle, adonné
à la recherche de ces plaisirs brutaux? Pensez-vous
qu'un courtisan qui a la gloire de paraître tous les
jours devant les yeux d'un grand monarque a
bonne grâce de courir toute la nuit après des voluptés indignes? — Pour être gentilhomme, répondit Fulgent, on n'en est pas moins homme,
c'est-à-dire sujet aux infirmités humaines, entre
lesquelles celle de l'amour n'est pas des moindres.
C'est pour cela que, sans soutenir l'impudence de
Sindulphe, j'excuse son imprudence, comme d'un
jeune homme transporté d'amour pour un objet
qui le mérite. — S'il y avait sujet de perdre le
sens et le jugement à l'aspect d'une beauté suprême, dit Cléobule, il faudrait conclure de là que
tous les bienheureux jouissant de la souveraine
beauté de Dieu seraient insensés. — Aussi sont-ils,
repartit brusquement le comte. — Cléobule : Comment cela? vraiment, voici une nouvelle théologie.
— Fulgent : Mais très-bonne et très-vraie. N'est-il
pas écrit qu'ils seront enivrés de l'abondance de

la maison de Dieu? Et qu'est-ce que l'ivresse, sinon
une folie? — Cette ivresse, répond Gléobule, n'est
pas une aliénation des sens, mais une extase sa-
crée, un ravissement divin qui suspend tellement
les esprits des élus à l'aspect de cette ineffable
beauté de la divinité que comme hors d'eux-mêmes,
et se perdant pour se retrouver plus heureusement
dans l'abîme de cet objet incompréhensible, ce
qu'ils peuvent faire est de s'écrier alternativement,
comme les séraphins : « Saint, saint, saint, le
« seigneur Dieu des armées. » — Pardonnez-moi,
seigneur Cléobule, dit le comte, je ne pensais pas
que vous fussiez si grand clerc; mais laissons ces
discours-là. Ils sont trop savants pour des gens de
notre âge; il faut les résigner à ces Pères graves
qui nous viennent dire des nouvelles de l'autre
monde et nous acheminer à la vie éternelle ; de
moi, je confesse que je suis sujet à la loi du péché,
et que je ressens cette continuelle rébellion des
sens et de l'esprit qui travaillait tant le docteur du
troisième ciel. — Quoi! dit Cléobule, criez-vous
famine sur un monceau de blé? Est-ce aux nouveaux mariés de tenir ce langage? Est-il un objet
en toute la province tarragonaise, je dirai plus,
en toute la Catalogne, qui égale madame la comtesse? Elle est belle, jeune, riche, noble, aimable;
elle vous adore; elle est honorable, chaste, bien
élevée, de bon esprit; d'un visage ravissant; et, qui

plus est, douée de tant de vertus, que vous diriez
qu'à l'envi elles se pressent pour loger en ce beau
corps, un chef-d'œuvre de nature et de grâce. —
O Cléobule, dit le comte, vous voyez bien la rose,
et non les épines. — Quelles épines, répondit le
chevalier ? Certes, vous pouvez dire que votre mariage en est exempt ; mais je crois que c'est pour
égayer votre belle humeur que vous jouez cette comédie. — Mon ami, répondit Fulgent, c'est dire
toutes les épines que de nommer le mariage ; et,
quand les ronces furent données pour malédiction
à la terre, ce fut en même temps que Dieu donna
à l'homme la femme pour compagne. — Vraiment
vous m'étonnez, dit Cléobule, de parler de la
sorte ; à peine êtes-vous dans les premières délices
du mariage, qu'il semble que vous soyez déjà dans
la confrérie des pénitents. — Les voluptés, dit Fulgent, en leur plus haut appareil, sont douloureu-
ses ; dangereuses les grandeurs trop éminentes, et
importune l'affluence des richesses ; en tout, la médiocrité l'emporte, mais par-dessus tout la liberté ;
il n'y a rien qui la puisse égaler, c'est le plus grand
et l'unique bien de l'homme. Le seul nom de joug
est une gêne à un cœur généreux ; il n'est que
d'être franc et libre. Oh ! que la vie des courtisans,
qui me revient sans cesse devant les yeux, me serait agréable, maintenant que je suis lié et garrotté
en mon ménage ! — Vous me faites peur, suivit

Cléobule; car je croyais qu'il n'y eût point en toute
la province de bonheur semblable au vôtre. Mais
enfin d'où peut venir ce dédain de dona Palombe?
car je ne crois pas que l'on puisse rien ajouter au
comble de ses perfections. — Elle a une imperfection insupportable, et qui ne se peut jamais corriger, dit le comte : c'est qu'elle est ma femme.
J'avoue qu'elle est extrêmement vertueuse, qu'elle
m'aime éperdument, qu'elle a un grand soin de
moi et de ma maison, qu'en un âge fort tendre,
elle a déjà un esprit fort mûr, qu'elle est riche,
noble, belle, désirable, douce, chaste, et telle
qu'on la pourrait prendre pour le patron d'une
femme honorable. Mais, après tout, c'est ma femme;
je l'aime comme le devoir m'y oblige. Mais y a-t-il
rien qui se fasse plus mal par devoir que l'amour?
Je l'aimais passionnément avant que je l'eusse
épousée. Je crois que, pour achever d'aimer une
femme, c'est le vrai remède que de l'épouser;
c'est guérir l'amour par le mariage, et, pour le
rendre saint, l'éteindre. Le mariage est un si sage
et si grave marché, que l'amour semble banni d'un
si sérieux commerce. Quand je pense au lien qui
m'attache, je ne puis aimer ma prison. J'en suis
toujours là, qu'un bien si grand qu'est la liberté
ne se connaît que par sa perte. — Oh ! qu'il y a de
gens au monde, reprit Cléobule, qui voudraient
être prisonniers de la sorte, et avoir changé leur

importune et misérable liberté à votre désirable et
heureux esclavage! Que c'est une bien plus rude
servitude d'être esclave de ses passions! Quelle misère plus grande de brûler à autant de feux que
paraissent devant les yeux d'objets agréables! Tel
est l'état des jeunes gens comme moi. Parmi ces
assemblées où se rencontre la jeunesse, et où, selon les inclinations, se forment les desseins des
alliances, ce ne sont qu'esprits qui cherchent où
s'attacher, fâchés de flotter sur la mer des incerti-
tudes. Vous diriez que la fiction de l'androgyne
de Platon est une vérité; chacun recherche sa
moitié et ne la peut trouver parmi cette multitude.
La raison de tout cela est dans l'inconstance de
l'esprit humain, qui, comme le cœur, n'a de repos que dans son mouvement. La pire condition
de toutes est de n'en avoir point, et le plus mauvais
choix est moins à priser que l'incertitude. — Cléobule, dit Fulgent, vous vous donnez aisément car-
rière parce que vous êtes libre, et c'est ainsi que
vous vous moquez des prisonniers. L'inexpérience
vous fait parler comme vous faites, et vous donne
un dégoût de la liberté, la plus délicieuse même
de la vie. Mais moi, je parle par expérience; j'ai
été libre comme vous. Oh! quel regret quand je
pense à ce temps heureux, lorsque, libre de tout
joug, je paissais mes yeux comme une abeille sur
toutes sortes de fleurs, et m'échauffais le cœur de

toutes les flammes! Vous dites qu'il n'est que
d'être marié, qu'on est le maître, qu'on jouit des
plaisirs innocemment; moi je dis qu'il n'est que
d'être garçon : les eaux dérobées sont les meilleures. C'est pourquoi je suis d'avis, pour récréer
notre malade et donner du passe-temps à nos
dames, que vous fassiez des vers en faveur du
mariage, et moi, au contraire, que je chante les
misères de ce lien. — Vraiment, dit Cléobule, je
le veux bien. »

De ce pas, s'étant levés, ils montèrent à la
chambre, où les dames étaient autour du lit de
la malade, qui petit à petit, comme une aurore
qui se lève, en reprenant sa vigueur, reprenait
de nouvelles fleurs dont elle embellissait son teint.
Quand on sut que le comte devait rimer contre
les noces, et Cléobule en leur faveur, ce fut un
éclat général de ris et d'allégresse, disant toutes
ensemble qu'ils en parleraient comme les aveugles de couleurs. « Car, disaient-elles, que peut
savoir Cléobule ce qu'est du mariage, ne l'ayant
jamais éprouvé, et le seigneur comte osera-t-il
bien sitôt chanter la palinodie, et se jeter si
promptement en la grande compagnie des re-
pentis? Encore, s'il attendait, comme les novices,
que son an de probation fût expiré! La partie fut
remise au lendemain, afin que nos poëtes eussent
le temps de trouver leurs rimes; ils conviennent

de l'air et du chant, et qu'ils parleraient alternativement en forme d'églogue, parce que les réponses entrecoupées seraient plus gracieuses.

Le lendemain tant attendu, les dames s'assem-
blèrent, comme des abeilles autour du rayon de
miel, auprès de la chère malade, pour entendre le
concert de nos Orphées. Quand ils furent entrés,
après les révérences et les compliments ordinaires
entre des personnes si honorables, les dames prirent place sur des coussins de velours. Eux s'assirent en des chaires, les guitares à la main, leurs
vers sur le bord de leurs lèvres, qui ne deman-
daient que le silence pour faire entendre par
l'harmonie de leurs voix leurs raisons et leurs
rimes. « Si le mal de Glaphire, dit Sedose sa tante,
était de ceux qu'on dit se guérir par la musique,
nous aurions grand sujet de croire que la fin de
votre chant serait le commencement de sa santé.
— Je ne doute point, dit Palombe, que cela n'y
serve ; car, quand l'esprit est récréé, le corps en
ressent du soulagement. — Madame, dit Cléobule,
si tout l'univers consiste en harmonie, et n'est
autre chose qu'un instrument musical, le même
doit se dire que nous sommes des petits mondes ;
et, comme la maladie est un désaccord des hu-
meurs, la santé n'est autre chose qu'un concert
bien ordonné des éléments qui nous composent.
— Mesdames, dit le comte, si vous laissez parler

ce philosophe et théologien, il vous rendra toutes
savantes et toutes des saintes, et je vous assure
qu'il nous va donner des vers chrétiens bons à
chanter à l'église ; mais je suis résolu, puisque
cette assemblée est pour la récréation, de vous
dire des choses fort éloignées de mon sentiment
pour le sujet dont je parlerai ; elles serviront à
rehausser la vérité, comme les mouches artificielles que vous mettez sur vos visages pour en
relever la blancheur de votre teint. Nous avons
expressément changé d'armes, le seigneur Cléobule et moi, non tant pour galanterie, que parce
qu'il semble peu séant à un mari de louer le mariage. — Voyez, mesdames, dit Cléobule, comme
le comte donne déjà le gantelet, déclarant qu'il va
chanter contre sa conscience. Mais nous perdons
le temps en contestations inutiles. Il en faut venir
à l'essai. » Et ils se mirent à chanter l'un après
l'autre, en stances correspondantes, avec beaucoup
d'art et de grâce. On ne les rapportera pas toutes,
ce qui serait trop long, mais voici comment ils
finirent :

         FULGENT (il s'adresse au mariage).

O châtiment cruel, sur la terre transmis
Pour frapper les humains, frappe mes ennemis ;
Qu'ils pleurent dans tes fers, tes tourments et ta flamme.
Pourquoi, si tyrannique, avoir fondu sur moi ?
Celui qui connaîtrait ta rigoureuse loi,
Épouserait plutôt un tombeau qu'une femme.

CLÉOBULE.

O céleste bonheur, sur la terre transmis,
O saint contrat d'Éden, oblige mes amis.
C'est par toi qu'en les cœurs brûle une chaste flamme.
O mon sang et ma chair, ô ma vie et ma foi,
Viens avec tes bienfaits les épancher sur moi :
Le paradis du monde est une honnête femme.

Cette conclusion de Cléobule fut bien autrement accueillie des dames que la conclusion farouche de Fulgent. Cléobule, chargé de lauriers et paré de couronnes par de si belles mains, se trouva si confus, que les changements de son visage témoignèrent bien qu'une secrète gloire mêlée avec sa joie animait son courage, et qu'il avait de la peine à contenir l'excès du contentement qu'il ressentait. Le comte eut beau plâtrer de belles excuses la témérité et l'extravagance de ses rimes, si laissa-t-il toujours quelque scandale dans les esprits, mais principalement il blessa le cœur de la sage comtesse, qui commença alors à soupçonner quelque dégoût de Fulgent envers elle. La défiance, s'emparant de l'esprit de Palombe, raffina la simplesse de son esprit, et lui fit prendre garde, non-seulement aux paroles et aux regards, mais jusques aux moindres actions, contenances, changements de visage de Fulgent, où elle nota beaucoup de choses qu'une seule humeur jalouse peut remarquer, car à toute autre vue elles étaient indifférentes. Mais elle avisa principalement aux regards, qui, messagers

des affections, s'élançaient toujours avec une attention extrême vers Glaphire et ne faisaient que
passer légèrement sur son visage, où autrefois ils
s'arrêtaient si fixement. Ajoutez que son invective
avait été sanglante contre le mariage, et prononcée
avec un accent qui découvrait les sentiments de son
intérieur. Il était facile à juger qu'il parlait de la
liberté à regret. Que de confusions en la pensée de
Palombe, et en même temps que de couleurs montèrent à son visage, quand elle ouït la conclusion
furieuse de ces stances, qui préférait à une femme
le tombeau! Et puis rappelant sa mémoire, et jugeant de la différence qu'elle avait remarquée
entre Fulgent amoureux et Fulgent marié, elle ne
pouvait comprendre l'extrémité de cette métamor-
phose. Ses yeux, qui ne sont plus ses yeux de
colombe baignée dans l'innocence, lui font apercevoir qu'aux regards du comte vers cette fille
couchée il y a plus de passion que de compassion,
et que ses devoirs si empressés proviennent d'un
autre motif que de la charité. Tout lui fait ombre;
car la jalousie est un mal qui se nourrit de tout et
ne se guérit de rien. Elle n'est point si aveuglée de
l'amour de soi-même qu'elle ne voie bien que sa
rivale (si elle l'est), étant remise en sa vigueur,
n'ait quelques avantages sur elle, et qu'elle ne porte
sur son front de quoi donner des alarmes aux plus
résolus courages. C'est ce qui l'afflige, et qui, pour

dire le vrai, était très-capable de mettre en peine
une habile femme.

Mais, tandis que nous nous amusons à sonder les
pensées de Palombe, nous ne songeons pas à la
naissance d'autres pures et honnêtes affections que
le chant de Cléobule engendre en un jeune cœur
qui n'a point assez de deux yeux pour le regarder,
de deux oreilles pour l'ouïr, ni d'une langue pour
élever ses louanges jusques au ciel. Tant que
Cléobule chanta, la sœur de Fulgent, Cantidiane,
eut toujours les yeux arrêtés sur lui, et, outre qu'il
touchait fort bien sa guitare, il avait la voix belle,
et il l'accordait avec tant d'art et de conduite, que
cela en relevait extrêmement la douceur. Cantidiane
était médiocrement pourvue de beauté, mais en un
âge florissant ; il n'est point de fleur que la fraîcheur et la nouveauté ne rende agréable ; la jeunesse, printemps de la vie, est d'elle-même pleine
de grâces. Mais, si la nature avait été pour son corps
moins libérale de ses faveurs, le ciel, qui lui avait
donné l'âme, l'avait récompensée d'un esprit qui la
rendait d'une conversation pleine de charmes. De
plus, le désir si naturel aux filles de paraître belles
en compagnie, pour captiver quelque courage, lui
fait souhaiter de paraître jolie en cette assemblée.
Mais il arrive assez ordinairement que les personnes
qui vont à cette chasse pour prendre se trouvent
prises, et reçoivent la passion qu'elles désirent

donner. Cléobule ne laissa donc pas d'imprimer en
ce jeune esprit, comme sur une carte blanche et
neuve, les caractères de son amour, bien qu'il fût
ignorant de cet effet, dont il était la cause.

Il y avait une autre jeune dame, nommée Ériclée,
fille de Sedose, et cousine de la comtesse, qui sur-
montait autant en beauté Cantidiane, comme elle
en était surmontée par la naissance. Elle avait déjà
plusieurs fois considéré Cléobule, et lui avait souvent parlé avec les yeux. Mais ses regards ne lui
témoignaient pas d'entendre ce langage si vulgaire
en Espagne et si commun partout où se trouvent
des gens qui aiment; ou, s'il voyait ces signes, c'é-
tait une marque évidente qu'il était des pires
aveugles, qui sont ceux qui ne veulent pas voir.

Voyez comme tout est mêlé maintenant! Le
comte aime illicitement et n'ose se déclarer; Glaphire est aimée et n'aime pas. Cléobule ignore les
bonnes volontés de deux dames qui toutes deux ne
savent rien de leurs communes affections. Palombe
commence à ressentir les premières pointes de la
jalousie. Quel fil nous tirera de ce labyrinthe? J'ai
ouvert un théâtre où les désespoirs, les jalousies,
les affections constantes et les volages, les perfidies
et les loyautés, l'honneur et l'infamie, en un mot
le vice et la vertu, doivent donner d'étranges combats et jouer de merveilleux personnages! Il sera
bon, laissant les affaires ainsi confuses, que nous

allions à Madrid voir comment s'y comporte
Siridon.

Au commencement de son séjour, tandis que la
beauté de Palombe était encore fraîchement imprimée en son âme, elle se trouva si remplie de
cette idée, qu'il n'y avait point de place vide pour
une autre bienveillance. Sa vie se fondait en pleurs.
Ce n'étaient que regrets, que soupirs, que tristesse.
Le cauteleux Hésique (le serviteur que Fulgent lui
avait donné), qui savait son mal, tâchait de le divertir le mieux qu'il pouvait, le reprenant de cette
extrême tristesse à laquelle il s'abandonnait. Hésique
le fit promener par les maisons royales qui sont
autour de Madrid, au Prado, aux admirables allées,
verdures et jardinages d'Aranjuez, et au prodigieux
monastère de l'Escurial. Enfin peu à peu Siridon
commença à respirer ; après avoir eu tant de peine
à savourer les délices de la cour, il s'y attacha d'autant plus fort, quand, par l'industrie d'Hésique, il
les eut goûtées. Son conducteur, sous couleur de
lui faire solliciter ses affaires, lui en fit voir les
pompes et les magnificences, l'introduisit sous le
crédit de son frère, qui avait laissé un grand nom,
et l'habilla pompeusement, afin qu'il parût dans les
compagnies conformément à sa qualité. Bien monté
et bien équipé, Siridon se fait voir par les rues,
fréquente les académies, va aux spectacles publics,
fait sa cour chez les grands ; son courage s'enfle ;

la vanité, le désir de la grandeur entrent dans son
âme ; mais surtout Hésique le pousse en la conversation des dames, sous prétexte d'apprendre à bien
discourir. Les jeunes cœurs ont quelque ressemblance avec les tablettes, où la première écriture
s'efface aisément pour faire place à la seconde.
Siridon sent alentir son feu pour Palombe, à mesure qu'il s'anime pour des objets plus présents.
Hésique, qui de temps en temps donnait avis au
comte comme se passaient ses affaires, ne manqua
pas de l'avertir de cette diversion de Siridon, qui
s'égaye tous les jours en divers lieux, c'est-à-dire
que, se dégageant de Palombe, il ne s'attachait fer-
mement nulle part. C'est ce que Fulgent demandait.
Sur ces entrefaites fut obtenue la lettre du roi, tant
désirée pour le mariage de Fulgent et de Palombe,
si bien que Siridon, se tenant comme assuré de la
posséder, s'adonna au plaisir avant de se retirer,
ni plus ni moins que ces dissolus qui débor-
dent au carnaval, sous couleur que le carême est
bien long, et qu'ils y auront tout loisir de faire
pénitence.

––––––

LIVRE QUATRIÈME.

Dès qu'Hésique sentit Siridon engagé si avant en d'autres passions, il prit son temps pour lui annoncer le mariage de Fulgent. Il lui représenta les regrets du comte, se voyant contraint par les parents de Palombe de l'épouser, à quoi il se trouva engagé de sa parole, que tout homme d'honneur doit avoir aussi chère que sa vie. Il lui fait entendre que jamais Palombe n'avait eu d'inclination pour lui, Siridon, ce qui était vrai, et que, sur la proposition que Fulgent avait faite de lui donner une terre de sa maison pour qu'elle épousât son frère, il avait été rudement éconduit, si bien que, pour la conservation de son honneur et de sa parole, il s'était sans amour engagé à ce mariage. Il n'en désirait pas moins l'avancement et le bien de son frère, et lui témoignait que si, sur ce grand théâtre de Madrid, il rencontrait quelque sujet digne de captiver son courage, il pouvait s'assurer les mêmes avantages qui lui avaient été promis à l'égard de Palombe. Hésique lui remit des lettres

du comte qui tenaient le même langage, et tracées
d'une main qui montrait assez un cœur saisi de
vrais regrets et qui eût désiré racheter sa liberté
pour tous les biens qu'il possédait en Tarragone.
La vérité est si forte d'elle-même, que sans art, et
plus encore sans fard, elle se persuade toute seule;
et celle-ci trouva Siridon si à propos et en disposition si désirable, que ce qui lui eût été un désespoir
en un autre temps lui fut une consolation en celui-
ci; car il songeait aux dames de la cour. Mais Fulgent lui conseillait aussi de jeter les yeux sur
quelque objet légitime, duquel il pût en un saint
mariage espérer. plus de félicité qu'il n'en avait du
sien. Siridon jugea bien que, s'il continuait cette
vie dissolue, elle lui ferait perdre les bonnes grâces de celui de qui dépendait toute sa fortune; de
manière qu'il jeta les yeux sur les femmes dont il
pouvait espérer une dot raisonnable pour passer
à son aise le reste de ses jours. Entre plusieurs
sujets honorables qui partagèrent longtemps l'esprit incertain de Siridon, il arrêta ses yeux non
sur le meilleur, mais sur celui qui avait en apparence plus de lustre, et en effet moins d'honneur.
C'était la fille d'un chevalier de Calatrava, qui, sous
le nom spécieux d'académie, recevait les joueurs
dans sa maison, où sa fille, que nous appellerons
Callitrope (parce que beaucoup d'yeux étaient tour-
nés vers sa beauté), était indistinctement cajolée et

A

muguettée par ceux qui ne possèdent rien que sous
le sort malheureux des dés et des cartes. Plusieurs
la voulaient bien pour maîtresse, et se faisaient
gloire de se dire ses serviteurs ; mais peu la dési-
raient pour épouse, parce que les facultés de son
père ne répondaient pas à la montre qu'il en faisait. Celle-ci donna dans les yeux de Siridon, qui,
n'étant pas, comme vous avez pu le remarquer
par la suite de cette histoire, des plus rusés, se
laissa aisément engager en ses caresses, et persuader qu'outre les délices que son imagination lui
promettait avec cette beauté, il tirerait encore
beaucoup de moyens de cette maison, où tout re-
luisait d'apparat, et ne montrait que magnificence.
Tandis qu'il se prend dans ces filets, retournons à
Tarragone.

Déjà la santé de Glaphire était tout assurée. Si
toute pâmée et sanglante, si tout enfoncée dans [la
douleur et dans les portes de la mort, elle avait
paru si belle aux yeux du comte, de quels effets
devait-elle assaillir son cœur, ayant repris cette
spécieuse forme qui la rendait aussi belle fille que
Palombe était belle femme? Déjà Dionée et Cléobule parlaient de la ramener en la maison paternelle, ce qui était une mortelle nouvelle pour Fulgent. Il représentait que, s'il leur plaisait de quitter
cette petite ville, dont ils étaient habitants, pour
choisir leur demeure en Tarragone et dans sa mai-

son, non-seulement ils se délivreraient des im-
portunités et des menaces de Sindulphe, mais ils
rencontreraient beaucoup de meilleures compagnies et seraient dans un palais où rien ne leur
manquerait. Mais comme ils lui disaient que demeurer davantage en son palais après la nécessité
passée, ce serait, en ménageant mal ses faveurs,
s'en rendre indigne, le comte fut contraint de re-
courir aux stratagèmes pour les obliger à cette demeure, qui n'importait pas moins à son repos qu'à
sa vie. Un jour, ayant tiré Cléobule à part : « Vous
voyez, lui dit-il, qu'il n'y a rien de si jeune ni de
moins expérimenté, non-seulement en ménage,
mais en la conduite du monde, que ma femme : de
sorte que, pour sa personne, elle a autant besoin
de gouvernante que jamais, et moi, pour ma maison, d'une personne qui la régisse. J'ai jeté les
yeux sur votre mère, et parce que je sais que vous
avez honnêtement de quoi vivre chez vous sans
vous engager chez autrui; aussi prendrai-je cette
faveur comme un secours en ma nécessité, dont je
lui serai redevable toute ma vie. Elle aura les clefs
et la surintendance de tout ce que je possède. Je
la tiendrai pour ma mère, et nous vivrons, ma
femme, ma sœur et moi, en respect envers elle, et
avec vous et votre sœur fraternellement. » Cléobule
s'était bien aperçu de l'affection que Cantidiane
avait pour lui. Ériclée, d'autre part, qui s'était ha-

sardée à lui découvrir sa passion, lui avait jeté
dans l'esprit, outre les attraits de sa grâce, ce
charme sans enchantement, mais inévitable : aime
qui voudra être aimé. Cléobule donna donc bientôt les mains à Fulgent pour acquiescer à son désir, lui témoignant qu'il n'avait pas tant de vanité
que la qualité de serviteur honorable en sa maison
ne lui apportât de la gloire, et se faisant fort de persuader à sa mère d'accepter ce parti. Néanmoins
il eut un peu de peine à l'y faire résoudre, soit que
son génie lui présageât un succès sinistre de cet
engagement, soit qu'elle aimât mieux une libre
médiocrité qu'une servitude opulente. Ce ne fut
point sans de grands combats qu'elle condescendit
par les prières de son fils au désir que le comte
avait de la retenir pour gouvernante de sa femme
et pour intendante de sa maison. Quant à Cléobule, il fut reçu pour écuyer de la comtesse, et
Glaphire pour être auprès d'elle en qualité de suivante, plus pour l'ornement et pour être compagne de Cantidiane, que pour rendre aucun autre
devoir. Quel fut le sentiment de Palombe ? Il est
malaisé de le dire ; car, bien que les pointes de la
jalousie commençassent à la chatouiller puissam-
ment, sa douce humeur et la crainte de déplaire
au comte, qui lui avait déjà fait sentir en termes
assez clairs qu'il ne voulait pas être contredit,
mais être le maître absolu en sa maison, étouffè-

rent en sa bouche toute plainte. Il serait impossible de raconter quelle fut la joie de Cantidiane quand elle sut la demeure de Cléobule, non-seulement à Tarragone, mais au palais de son frère. Il n'y eut que Sedose qui, voyant l'intendance de la maison en les mains de Dionée, se retira avec quelque sorte de mécontentement, ainsi qu'Ériclée. Palombe, vraie colombe sans fiel, but le calice sans contredire, se vit priver de sa favorite sans murmurer, reçut une gouvernante, elle qui devait gouverner, et sous le nom de suivante une femme qui la précédait en l'affection de son mari. Mais, voyant les extrêmes faveurs dont le comte obligeait tous les jours Cléobule pour arriver par le frère à la sœur, soit par prudence, soit parce que, comme femme honorable et éminente, elle ne vit que par les yeux de son mari, elle honora celui qu'il aimait. Ériolée ne paraissant plus que rarement, Cantidiane toucha plus sensiblement le cœur de Cléobule. Déjà avec candeur la sage Cantidiane avait déclaré à Cléobule les inclinations qu'elle avait pour lui, qui, recevant cette grâce comme les médecins leur salaire, en refusant, se disait trop honoré qu'elle eût daigné abaisser ses yeux sur un pauvre gentilhomme, de qui la naissance n'avait rien qui approchât de la gloire de son illustre sang. Il en était redevable à sa bonne fortune bien plus qu'à son mérite, et il tâcherait de

mériter de plus en plus la grâce qu'elle lui faisait
par ses devoirs et ses respects. L'affection non dé-
clarée s'appelle bienveillance simple ; quand elle
est manifestée, elle se nomme amour : mais, quand
cette amour est honnête et réciproque, alors elle
est vraie amitié ! Telle pouvons-nous appeler celle
de ces deux âmes pleines d'une mutuelle, honorable et sainte délectation qui avait pour but le sacré mariage.

Toutes choses semblaient disposées selon le dessein du comte. Tout son souci, maintenant, était
de faire connaître à Glaphire cette grande passion
qu'il souffre pour elle ; mais il connaît Dionée si
amoureuse de l'honneur et si sévère gardienne de
celui de sa fille, que, si elle s'aperçoit une fois qu'il
le marchande, il n'y aura pas moyen d'empêcher
qu'elle ne se retire d'un aussi funeste rivage.
Quant à Glaphire, c'est la même pureté, la même
gravité. Si elle a des attraits pour se faire aimer,
elle n'a pas moins de sévérité pour se faire craindre. De quelque côté qu'il se tourne, il ne voit
que des obstacles. Il est plein de passion et ensemble de retenue : pareil à ces vases dont l'em-
bouchure est étroite, qui ne se peuvent décharger
quand ils sont trop pleins. Il se consume comme
un flambeau, et l'occasion de se manifester à Glaphire ne se présente point, ou, si elle se présente,
il n'a point la hardiesse de la prendre ; de sorte

qu'il meurt à vue d'œil d'une peine inconnue.
Tous y prennent garde et s'affligent de voir ainsi
flétrir les fleurs auparavant épanouies sur son visage. Palombe s'en défie aucunement; mais c'est
avec beaucoup d'incertitude, pour n'en remarquer
point de clairs indices, encore qu'elle voit bien,
par des traitements un peu rudes et des paroles
dures, que le cœur de son mari n'est pas vers elle,
ni tel qu'il était quand il n'était épris que de sa
beauté, ni tel qu'il devrait être, y étant obligé par
un lien si saint. Elle se concerte avec Dionée, Cantidiane, Glaphire et Cléobule, de ce qu'on fera
pour tirer le comte de cette mélancolie. Ce que
leur prudence leur suggéra afin de lui faire changer d'air. Il a de belles maisons avec champs,
entre autres une sur les rives du fameux Èbre, accompagnée de canaux, de bocages, de jardins, de
fontaines, et de tout ce qui peut rendre agréable
une demeure champêtre. On lui fait trouver bon
d'y aller, sous prétexte d'y promener sa nouvelle
épouse. C'était en la saison de l'automne, qui peut
s'appeler sinon la plus belle, au moins la plus délicieuse de toute l'année, parce qu'elle joint le
plaisir au profit. Là, toute cette bonne compagnie
s'essaya de faire éprouver à Fulgent tous les contentements qui se peuvent recueillir à la campagne; mais on reconnut à la fin que les honnêtes délices et les passe-temps innocents et

rustiquès n'étaient pas plus convenables à sa guérison que l'entretien des villes. Son plus grand
plaisir (s'il en avait quelqu'un, accablé de tant de
tristesse) était de se dérober quelquefois, pour entretenir, seul en sa pensée, celle qu'il ne pouvait
entretenir qu'en commun, car Glaphire ne perdait
jamais de vue la comtesse ou Dionée. Un jour,
pour entretenir ses solitaires pensées, il était descendu dans un bocage qui était au bout du jardin :
là se trouvaient divers détours en forme de labyrinthe et des cabinets d'orangers et de grenadiers
si sombres et si couverts, que le soleil n'y enfon-
çait jamais la pointe de ses rayons ; la fraîcheur et
le silence y présidaient, à l'ombre d'un gracieux et
impénétrable feuillage. Après avoir bien rêvé, il
lui prit une humeur de charmer ses rêveries par
le chant, de sorte qu'il appela un page et lui commanda d'aller querir sa guitare. Palombe crut que
quelque joie avait accueilli le cœur de Fulgent,
puisqu'il se disposait à la musique, et qu'elle ferait
bien de l'aller trouver pour ajouter à ce chant
l'entretien conforme au dessein de le divertir. Cléobule, qui se trouva lors avec, lui loua fort cette
pensée, si bien que, descendant après le page auquel elle défendit de dire au comte qu'elle l'allait
trouver, pour lui rendre la surprise plus agréable,
elle s'avança avec son écuyer vers le bois. Ils
ouïrent de loin la voix de Fulgent qui résonnai

d'un accent lugubre, un air dolent et plaintif :
pour ne l'interrompre sitôt par leur présence, ils
se glissèrent, par des routes détournées, en des
lieux d'où, sans être vus, ils pouvaient entendre
distinctement, non-seulement le chant, mais les
paroles :

> Puisque étant si près du trépas,
> Par une cruelle contrainte,
> Mon destin ne me permet pas
> De me soulager d'une plainte,
> Sources, déserts, fleuves et bois,
> Et vous, de ces jardins intelligences saintes,
> Si jamais d'aucuns cris vous ne fûtes atteintes,
> Las ! soyez-le des miens cette dernière fois.

> Tant d'ennuis me vont consumant,
> Mon malheur est si déplorable,
> Qu'on ne vit jamais un tourment
> Plus cruel et moins tolérable,
> Sources, déserts, fleuves et bois;
> Et vous, de ces jardins intelligences saintes,
> Si jamais d'aucuns cris vous ne fûtes atteintes,
> Las ! soyez-le des miens cette dernière fois.

Cette dernière stance fut interrompue par un
profond soupir; puis, reprenant la voix, le comte
fit entendre ces paroles : « Misérable Fulgent, le
plus infortuné de tous les humains! faut-il que tu
consumes si tristement les déplorables restes de ta
plus florissante jeunesse ? Faut-il que, prodigue de
tes sanglots et de ton sang à celle qui ignore la
cause de tes souffrances, tu te consumes sans lui
faire savoir qu'elle est l'innocente cause de ton

supplice? Incomparable Glaphire, pouvez-vous
bien tous les jours, dans une glace fidèle, voir les
avantages dont la nature a embelli votre front, sans
vous sentir coupable des maux que vous me
voyez endurer? Mais que sais-je si le juste ciel ne
me permet point que je sois ainsi affligé pour me
punir de la trahison commise envers mon frère,
de ma déloyauté envers cette vertueuse Palombe,
qui me fut jadis si chère? Est-il quelque châtiment
plus grand que celui que je souffre? Mais qu'importe? Périsse plutôt notre vie dans le silence,
pour sauver notre honneur! Étouffons notre honte
et nos jours dans notre souffrance? »

Il serait malaisé de dire qui fut le plus émerveillé de Palombe ou de Cléobule. Ils se regar-
dèrent l'un l'autre sans dire mot, l'étonnement
d'une nouvelle tant inopinée les ayant rendus
comme immobiles ; puis ils se retirèrent tout doucement sans être aperçus. La comtesse la première rompit le silence : « Vraiment, Cléobule, je
ne m'étonne plus de la langueur de Fulgent, puisque votre sœur en est le sujet. Une beauté si éminente ne peut produire que des passions exces-
sives, et, si elle en était avertie ou y prenait garde,
je ne crois point qu'elle fût si rigoureuse de laisser
si pauvrement dépérir un tel chevalier sans prendre le soin de le guérir, selon que les lois de
l'honnêteté et de la bienséance le pourraient per-

mettre. — Madame, reprit Cléobule, l'ignorance de ma sœur, avouée par celui-là même qui se plaint des blessures qu'il dit recevoir de sa vue, l'excuse d'une part, mais beaucoup plus son honneur, auquel cette affection attente ainsi qu'à votre repos. Mais nous avons notre honneur trop visible-blement gravé sur notre front pour souffrir que seulement une affection illicite, même passive, y apporte, je ne dirai pas quelque tache, mais une seule ombre. — Je sais, répliqua Palombe, que la règle de votre devoir est celle de votre amitié et de votre courtoisie ; mais je ne crois point qu'il soit contre la civilité ni la bienséance de tâcher, par de douces paroles ou par quelques autres moyens gracieux, de procurer la paix d'un esprit inquiété, et la guérison des passions qui le tourmentent. — Madame, repartit Cléobule, je suis né d'une mère qui tiendrait pour un affront insupportable que sa fille fût regardée autrement que ne le permettent les termes de l'honneur et de la religion, fût-ce par le plus grand prince qui soit sur la terre ; car, pour moi, j'estimerais comme une trahison contre elle, contre mon sang, contre moi-même, que de lui celer ce que j'en sais, afin que par sa prudence elle y donne l'ordre nécessaire, et que, selon ses commandements dont je ne me suis pas départi, je règle mes devoirs. Je prévois qu'aussitôt elle parlera de partir, et ce sera un moyen pour guérir tout à

fait le comte, en lui ôtant l'occasion de se manifester : ainsi votre maison sera exempte du soupçon,
comme du crime. » Palombe, qui avait une pleine
connaissance de la vertu de son écuyer, et qui savait que son discours se reportait au vrai sentiment de son cœur, bien qu'elle vît que ce remède
était nécessaire pour son repos et pour le bien de
sa maison, tenait qu'en le précipitant il serait aussi
dangereux qu'avec le temps il se rendrait utile ; ce
qu'elle déclara nettement à Cléobule , duquel
après avoir loué la prud'homie et estimé le courage, elle le conjura de procéder lentement, et de
se servir d'industrie plutôt que de violence : sur
cette résolution, à laquelle acquiesça Cléobule, ils
se retirèrent.

Longtemps après revint Fulgent, dissimulant le
mieux qu'il pouvait les soucis dont son âme était
agitée. Il ne s'avisait pas que ses regards, trop
attachés sur Glaphire, servaient de commentaire à
ses discours, et ne donnaient que trop à connaître
à ces personnes si bien averties combien ses paroles étaient véritables.

Cependant, allons voir ce que fait à Madrid Siridon et de quelle façon il avance sa ruine.

Hésique savait ses pratiques avec Callitrope, dont
il éventait le secret en feignant de les favoriser. Il
sait que cette maison a plus d'éclat que de revenu,
que la mise y passe la recette, ce qui est le grand

chemin de l'hôpital, de plus que la réputation de la
fille est un peu suspecte. Il découvre les vanteries
du cadet, qui se fait fier de tirer de son aîné des
biens notables, et il suggère au père de la demoiselle d'aller en Tarragone effectuer ses promesses, en se rendant maître des biens espérés. Siridon prend son vol du côté de la Catalogne, laissant
Hésique à la cour pour solliciter les affaires et faire
terminer le procès. Mais il n'eut pas plutôt aperçu
cette éminente beauté de Glaphire, qu'elle effaça
Callitrope en son cœur. Aussi quand son frère, le
tirant à part, lui fit voir qu'il était bien informé de
ses affections vers Callitrope, que, s'il ne se désistait
de cette poursuite, il ne se devait rien promettre
de son assistance, Siridon, qui était déjà guéri de
cette maladie, demanda pardon de sa faute avec
tant de franchise qu'il l'obtint aussitôt; son frère
lui permit toute autre recherche, pourvu que l'honneur en fût tel que rien n'y pût être reproché qui
pût ternir la gloire de leur famille.

Il avait déjà demeuré peu de jours à Tarragone,
quand il s'aperçut du peu de correspondance d'affection qui était entre son frère et sa belle-sœur,
non pas que Palombe n'essayât par toutes sortes de
compliments et de caresses de se rendre le cœur
de son mari plus aimable et plus doux; mais, sa
violente passion l'emportant ailleurs, il ne pouvait
avoir pour elle que des témoignages d'amitié aussi

froids qu'ils étaient accompagnés de contrainte.
Ayant appris de Fulgent la tromperie dont il avait
usé envers son frère pour le supplanter de sa possession, et croyant obliger son mari en témoignant
une honnête bienveillance à celui qui était si proche, Palombe rendait à Siridon les devoirs d'une
sincère et cordiale amitié, et, bien qu'elle ne fût
pas si malicieuse que de vouloir par cette industrie
donner de la jalousie à son mari, le comte ne vit
pas de bon œil cet accueil gracieux dont Palombe
honorait Siridon. Il craignait ou que cela ne res-
suscitât les anciennes flammes de son frère, ou
que ses dédains ne rejetassent le cœur de sa femme
de ce côté-là, bien qu'il en fût fort éloigné. Dans
une conversation, après le repas, Siridon ayant
appelé Palombe son ancienne maîtresse, elle répliqua, en se riant de ce titre, qu'il était donc son serviteur du temps passé. « Et du présent, et du futur
encore, repartit Siridon, madame; car je sais
l'honneur que je vous dois et l'obéissance que je
veux rendre à vos commandements. » A ces mots,
les divers changements du visage de Fulgent firent
voir l'altération de son esprit, si bien que, se levant tout à coup sans dire un seul mot, il se retira.
Palombe, qui le devina, tirant à part Siridon, le
pria d'être une autre fois plus discret et retenu
en ses paroles; puis elle alla trouver le comte, sachant qu'il faut remédier promptement à de sem-

blables atteintes ; mais elle en fut rudement re-
poussée, et, comme elle pensait parler pour faire
les excuses d'une parole plutôt inconsidérée que
malicieuse, il l'interrompit en lui disant qu'elle fût
plus retenue en ses passions, et qu'au moins devant lui elle ne le mît pas tant en évidence, autrement qu'elle le contraindrait à repartir à de semblables affronts par des effets plus sanglants que le
silence. On ne saurait dire quel fut plus grand alors
en l'esprit de Palombe de l'indignation ou de la
honte, car il n'y a rien de plus sensible à une honnête femme que de se voir, je ne dirai pas accusée
si cruellement, mais seulement soupçonnée d'un
crime qu'elle n'a pas eu en la pensée. Il tint à peu
que cet outrage ne fît éclater ce que sa patience et
sa prudence lui firent encore retenir, ne jugeant
pas à propos de rejeter sur celui qui l'accusait
d'une affection illicite la même faute dont il la voulait rendre coupable. Mais cet effort qu'elle fit sur
soi-même lui fut chèrement vendu : un saisisse-
ment la prit et la fit choir toute pâmée. Le comte,
qui ne doutait nullement de son innocence et qui la
savait toute blanche de pureté et d'honnêteté, eut
regret de l'avoir par ses outrageantes paroles réduite
à cet état, de sorte que, prenant pitié de sa peine,
il cria au secours, et, à force de remèdes, on la fit
revenir de son évanouissement.

Quelque temps après, Fulgent ayant appris par

Siridon les affections de sa sœur envers Cléobule,
il appela celui-ci, et le tança au commencement de
son discours du peu de confiance qu'il avait en l'a-
mitié qu'il lui avait témoignée en tant de façons,
encore qu'il sût que ce n'était pas tant un défaut
de confiance qu'une abondance de modestie qui lui
avait donné cette retenue. Lors il lui manifesta de
qui il avait appris les affections réciproques de Cantidiane et de lui, lesquelles il loua et approuva,
estimant le jugement de sa sœur en un si digne
choix, et protestant qu'il chérissait cette alliance.
Je n'aurais jamais fait à raconter les paroles de
gentillesse et de civilité qui se dirent de part et
d'autre. Mais Cléobule s'apercevait bien que toutes
les faveurs du comte visaient à la ruine de l'honneur de sa maison, et étaient autant d'attentats à
la pudicité de sa sœur. Mais ce n'était pas à lui de
commencer la querelle; peut-être que le temps,
disait-il en soi-même, effacera cette passion adultère de son esprit. Cette alliance qu'il me propose
ne lui permettra pas de vouloir couvrir son beau-
frère d'une telle infamie. En tout cas, ma mère
peut retirer ma sœur; l'absence guérira cette plaie.
Tandis que le bien se présente, il le faut accueillir.
Sur cette résolution, il se retira après mille remercîments. Quand Dionée sut ces accords, elle en fut
ravie d'aise : car, outre l'honneur d'une alliance si
illustre et honorable pour son fils, l'utile y était

mettant à une autre fois la réponse. Cantidiane
s'en retourna de cette conférence avec de l'espoir,
mais sans aucune certitude que le comte dût consentir à ces noces de Siridon et de Glaphire. Néanmoins, de peur d'attrister démesurément l'esprit
du pauvre Siridon, qui, à son retour, attendait avec
impatience sa réponse, comme un arrêt de sa vie
ou de sa mort, elle lui fit croire qu'elle avait lu en
la contenance de Fulgent un désir de la contenter,
mais que, pour ne traiter à la légère une affaire de
tant d'importance, il avait demandé quelques jours
pour prendre avis de son conseil; Cantidiane,
comme se tenant assurée de tirer une pareille réponse de Fulgent pour Siridon que celui-ci avait
eue pour elle, avait fait entendre à Glaphire le secret de la passion que son frère souffrait pour elle.
Glaphire, aussi vertueuse que belle, bien que cette
proposition flattât doucement sa pensée, était
néanmoins si fort attachée à l'obéissance et à la
soumission qu'elle rendait à sa mère et à son frère,
que, sans faire paraître à Cantidiane la douce émotion de son âme, elle n'eut aucune réponse, sinon
qu'elle ferait ce que Dionée et son frère lui conseil-
leraient et commanderaient, avouant néanmoins,
tant elle était pleine d'ingénuité, que, si sa mère
et le comte s'accordaient en cette alliance, elle
mettrait cet honneur au plus haut point des féli-
cités de sa vie. Sur cette parole, Siridon s'aventura

de lui offrir son service et ses plus sincères affections, ce qu'elle accueillit avec une simplicité mêlée d'une réserve qui témoignait assez qu'elle n'é-
tait pas de celles qui s'engagent légèrement en des
bienveillances réciproques, quelque apparence
qu'il y ait de les voir réussir à une bonne et honnête fin.

Mais l'exil de Siridon était résolu dans l'esprit
du comte. Lorsque Cantidiane le vint retrouver
pour savoir sa résolution, elle le vit tout allumé de
courroux : « Allez, ma sœur, lui dit-il, vous devriez vous contenter que je fais pour vous plus que
je ne puis et que je ne dois. Il y a de la différence
entre pourvoir une jeune fille et un jeune homme ;
les filles sont de mauvaise garde, il faut s'en défaire comme on peut. C'est ce qui m'a fait consentir à votre alliance avec Cléobule, en laquelle je
me suis forcé plus que je ne pouvais, pour vous
mettre et lui aussi à votre aise. Je ne puis faire le
semblable de Siridon et de Glaphire ; c'est à lui
d'aller dans les armes, ainsi que font tous les cadets
des meilleures maisons d'Espagne, chercher de
l'avancement, avant que songer à sa retraite dans
un ménage. Ne me parlez donc plus de cette alliance, si vous me voulez obliger, parce que je n'y
veux nullement consentir. » Cantidiane fut saisie
d'étranges frayeurs durant tout ce discours, pro-
noncé avec une véhémence qui faisait bien parat-

tre le grand courroux du comte. De peur de ruiner son propre bonheur en voulant établir celui
de Siridon, elle crut, prudente qu'elle était, qu'il
fallait céder, comme le roseau à l'orage. Il faut aimer le prochain comme soi-même, et non pas
plus. Elle se contenta donc d'avoir rendu à son
frère les devoirs qu'elle se sentait obligée de lui
rendre, estimant que le temps plaiderait la cause
de Siridon, et qu'appelant de Fulgent courroucé à
lui-même adouci, il la pourrait gagner avec plus
d'avantage. Elle s'excusa vers le comte de ce que,
pressée par Siridon, elle l'avait prié d'une chose
qu'elle n'estimait pas qu'il dût avoir à contre-cœur,
et lui promit de ne lui parler plus de ce qu'elle
voyait lui déplaire, l'avertissant néanmoins que Siridon était éperdument amoureux de Glaphire,
qu'elle ne pensait pas qu'il pût supporter cette privation. « Je vois bien, reprit Fulgent, qu'il prépare
quelque folie. Mais je l'enverrai si loin, que l'absence effacera cette idée de son esprit. » Ayant
donc tiré à part son frère, et lui ayant témoigné
qu'il se sentait offensé du projet qu'il avait fait, il
lui protesta que, si contre son gré il épousait Glaphire, il le réduirait à la misère. Siridon se tut,
bien déterminé à souffrir toutes sortes de peines
pour la conquête de la cause qui l'animait. Il promit au comte ce qu'il voulut, avec intention de ne
rien tenir qui fût contraire à son affection. Fulgent

lui proposa de faire un voyage en Italie ou en
Flandre. Il se soumit, sur la pensée qu'il eut de
pouvoir esquiver cet éloignement par quelque souplesse, feignant une maladie, ou se tenant à Barcelone, ou par quelque autre industrie que son
amour lui suggérerait. Le comte, le prenant au
mot, le fit aller à Barcelone pour y attendre le
retour des galères de Gênes, ou le voyage de celles
d'Espagne vers Naples ou Sicile. Siridon alors fut
sur le point de se départir de sa promesse et de se
révolter contre son obéissance. Mais les persuasions
de Cantidiane furent si fortes, et les protestations
qu'elle lui fit de le maintenir bien avec Dionée,
Cléobule et Glaphire, qu'il se laissa aller sous la
parole de sa sœur à condescendre aux volontés de
son frère. Je sursois de représenter ses regrets,
ses sanglots, et le triste congé qu'il prit de Glaphire. Je me contenterai de dire qu'il lui fit un
adieu sur une romance espagnole. Il se représentait comme envoyé à la mort :

> Ainsi de verts festins et de fleur couronnée,
> Au milieu des hautbois accompagnant ses pas,
> La victime païenne était jadis menée
> Aux lieux qu'elle rendait sanglants par son trépas.

Nous rapportons ces petites particularités, en partie
pour divertir le lecteur, lassé de la longue déduc-
tion de l'histoire, en imitant ces voyageurs qui s'é-
garent auprès des claires fontaines, ou parmi

l'émail des prairies qu'ils rencontrent sur leur chemin; en partie aussi pour faire voir la rêverie des amants, qui, privés des véritables objets de leur passion, se repaissent de vent, et se plaisent autour des fantômes.

LIVRE CINQUIÈME.

Siridon, arrivé à Barcelone, ne put être diverti de l'humeur mélancolique dont il fut attaqué : ni la fertilité des champs de cette belle ville, ni la douceur de son air, ni l'ouverture de son port, ni la majesté de ses temples, ni la magnificence de ses palais, ni la politesse des chevaliers, ni la grâce des dames ne purent entrer en son esprit, car il est rempli de l'idée de Glaphire. A tout propos il écrit à Cantidiane pour avoir des nouvelles de celle à laquelle il n'osait écrire des lettres, parce que son honnêteté ou plutôt sa sévérité ne les eût pas reçues. Le comte, qui ne voit que messagers qui vont et qui viennent, s'imagine plus d'intelligence qu'il n'y en a. L'occasion de faire passer Siridon en Italie ne se présente pas. Barcelonne lui semble trop proche ; il croit que de là il peut venir aisément à Tarragone et y demeurer travesti, car ces deux villes ne sont distantes que d'une journée et demie de l'une et de l'autre ; cela le tient en des alarmes et inquiétudes continuelles. Tandis qu'il attend des nouvelles

de Flandre ou d'Italie, il le veut tenir plus loin de
soi ; sur quoi il s'avise de l'envoyer au préside de
Perpignan, ville capitale du comté de Roussillon en
deçà des Pyrénées, c'est-à-dire du côté de la France.
Il lui fait une dépêche avec commandement d'y
aller. Hésique, revenu de Madrid, est encore des-
tiné pour cette conduite, avec charge de le divertir
de cette pensée qu'il avait sur Glaphire. Il eut de
la peine à faire résoudre Siridon de quitter le séjour de Barcelone. Siridon obéit néanmoins, étan
convié à cela par Cantidiane, qui semblait l'assurer
par ses lettres que ce n'étaient qu'autant d'essais de
sa patience. Nous le laisserons à Perpignan, où Hésique le consigne aux mains d'un gentilhomme qui
promit de lui apprendre le métier de la guerre. Il
faut retirer nos yeux du spectacle de ces misères ;
car les maux sont contagieux, et la compassion a
une bonté maligne qui tire en nos cœurs par contre-
coup les passions et les affections d'autrui.

Retournons voir comment se comporte le comte
en l'absence de son rival. C'est ici qu'il nous faut
couler légèrement : on doit glisser sur les vices, de
peur que, voulant insister sur leur blâme et à leur
répréhension, il n'arrive tout au rebours de ce dessein, et que la description qu'il en faut faire pour
en dépeindre la laideur ne laisse des impressions
aux âmes faibles, plus attrayantes au péché que retirantes du mal. C'est pourquoi, sans étaler les in-

dustries malicieuses de Fulgent, il me suffira de dire
qu'après avoir sondé le courage de Glaphire, et reconnu qu'elle était aussi peu attachée à Siridon que
Palombe l'était quand il l'envoya à la cour, il fit
entendre à cette honnête et chaste fille le grand
tourment qu'il souffrait pour elle. Il assaisonna sa
trahison d'autant d'attraits, de protestations et de
promesses de l'élever à une haute fortune, que le ser-
pent en proposa à notre première mère pour la faire
mordre au fruit défendu. Peu s'en fallut qu'à cette
inopinée déclaration la belle et pure Glaphire ne tom-
bât en syncope. Mais, puisque j'ai résolu de ne rien
déduire de ce qui se dit en ce malheureux entretien, où le comte se comporta aussi lâchement que
la vertueuse vierge généreusement et saintement,
il me suffit de dire que, sans répondre à ses propositions infâmes, aussitôt qu'elle se vit libre, la première chose qu'elle fit, ce fut de l'aller raconter à
sa mère, lui remettant le soin de sa conduite et de
la conservation de son honneur. Ainsi doivent faire
et ainsi font toutes les filles bien élevées, qui portent gravé sur le front le saint nom de pudeur.

De vous dire l'atteinte que fit en l'esprit de Dionée cette nouvelle que lui apprit sa fille, se voyant
comme à la veille des noces de Cléobule avec la
sœur du comte, il est malaisé ; mais elle n'eut pas
plutôt vu le péril, qu'elle résolut de quitter cette
maison, où jusqu'alors elle n'avait été favorable-

ment accueillie que sous un masque trompeur. Elle
fait venir son fils, qu'elle trouva plus instruit qu'elle-
même de cette affaire. Ils conclurent en leur conseil de quitter au plus tôt cette maison funeste ;
néanmoins avec tout le respect, la modestie et la
douceur qui se pourraient pratiquer, sans témoigner aucun mécontentement au comte ni aucun
ressentiment de son attentat : de cette façon, Cléobule estimait se conserver en l'alliance de Cantidiane.
Le premier moyen pour faire une sortie honorable
et sans bruit fut de feindre quelque affaire importante, qui demandait la présence de Dionée à la
Selva, son habitation ; mais Fulgent éluda ce coup
par sa souplesse, promettant d'employer tout son
bien et tous ses solliciteurs pour la délivrer de cette
peine, et disant qu'elle était nécessaire au gouvernement de sa maison. Alors Palombe, ayant su par
Cléobule que le comte avait enfin découvert sa passion à Glaphire, consentit qu'on feignît un mécontentement contre elle, encore qu'elle sût qu'elle s'at-
tirerait de la part de son mari mille anathèmes et
malédictions. Dionée fit donc entendre à Fulgent
que, les yeux de la comtesse étant changés pour
elle, peut-être parce qu'elle voulait elle-même com-
mander en sa maison, elle ne voulait pas demeurer en ce palais malgré la maîtresse, quelque
faveur qu'elle eût reçue du maître. Fulgent, se doutant que Palombe s'était aperçue des passions qu'il

avait pour Glaphire, la chargea d'outrages, protestant qu'il l'enverrait en quelqu'une de ses maisons
des champs, où il la tiendrait comme prisonnière,
pour lui apprendre l'obéissance qu'elle lui devait ;
et il la chassa de son appartement. Cantidiane s'of-
frit alors de parler à son frère. Elle lui représenta,
en termes de fille de bien et zélée pour la gloire
de sa maison, le grand tort qu'il se faisait de détourner les yeux des vertus de son épouse légitime,
pour attacher ses affections à un objet qu'il ne pouvait justement posséder, trahissant lâchement en
un même moment la fidélité de son mariage et le
droit de l'hospitalité ; elle ajouta des considérations
de revenir à un meilleur sens, d'arracher ce malheureux dessein de sa fantaisie, et de consentir
plutôt aux noces de Siridon et de Glaphire, que de
poursuivre une entreprise dont il ne pouvait rapporter que des infamies et des désespoirs. Le comte,
sortant inopinément hors de soi-même, comme celui qui se voit enlever des mains une proie ardemment désirée, se fit rempart de sa témérité et bouclier de son effronterie. Rendant à sa sœur, pour
les saintes remontrances qu'elle lui avait faites, des
bravades et des outrages, il la menaça enfin de
rompre son alliance avec Cléobule et de révoquer
son consentement à ses promesses, si elle était si
hardie que de s'opposer à ce qu'il était résolu d'emporter ou d'y perdre la vie. Mais Cantidiane, que la

noblesse de son sang rendait généreuse, faisant réflexion sur la bonté de sa cause, et relevant son
courage, ne parut nullement se soucier des intérêts
de son affection particulière, et ne fit état que de
l'honneur de sa maison et de la défense de celui de
Glaphire. Elle répliqua hardiment en faveur de sa
belle-sœur Palombe, et fit voir au comte l'opprobre
qui allait tomber sur son visage, si, laissant cette
vertueuse comtesse, il se portait vers une fille dont
il n'obtiendrait que des dédains et des mépris.
Avec ces soufflets de réponses magnanimes, elle
alluma un si grand feu de colère dans l'esprit du
comte, qu'il la chassa de sa présence, en lui disant
que nul ne l'empêcherait de posséder celle qui était
en sa puissance, de sorte que, le masque étant levé, le comte se déclara passionné, fit parade du
mal, et se glorifia de ses malignes prétentions. Cléobule lui protesta qu'étant né gentilhomme il n'esti-
merait jamais sa vie mieux employée que pour la
défense de la réputation de sa sœur, et lui demanda
son congé pour elle, pour sa mère et pour lui, disant ne pouvoir supporter un tel affront, duquel il
aurait un ressentiment tel que doit avoir un noble
courage, quand il serait hors de sa maison. Le
comte, avec un dédain pareil à son orgueil, le lui
donna pour lui et pour sa mère, comme le chas-
sant honteusement, avec des paroles pleines d'igno-
minie, mais non pas pour Glaphire, qu'il dit vou-

loir posséder, soit par amour, soit par force. Ces
mots manquèrent de faire mettre la main à l'épée
de Cléobule, pour venger sur-le-champ un tel affront ; mais, de peur de ruiner sa maison et même
l'honneur de sa sœur en perdant la vie, il se contenta de repartir que, quand il serait hors de son
service, il parlerait en homme libre. Il se retira
donc, non pas de la maison, mais de la présence
de Fulgent. Le comte fit venir ses braves pour empêcher que personne ne partît de son palais : ils
avaient ordre seulement de laisser sortir Cléobule
(selon la maxime qui veut qu'on dresse un pont
d'or à l'ennemi qui s'en va); mais à cette condition
qu'il ne pût rentrer, et qu'à son retour la porte lui
fût fermée.

Nos prisonniers étaient en cette extrémité quand
un jour, sur le soir, il plut à Dieu de jeter sou-
dainement en l'esprit de Glaphire, la plus intéressée en toute cette affaire, un moyen admirable
et tout à fait extraordinaire pour se sauver et se
tirer de l'opprobre; car, ayant en garde quelques
habits de son frère, elle en met un qui lui vint
assez bien ; puis, couvrant ses jambes de bottes,
et s'attachant une épée au côté et. repliant tous ses
cheveux sous un grand chapeau à la catalane, elle
descendit en la cour des écuries, où, ayant pris le
temps à propos, elle-même accommoda un des
chevaux que son frère, comme écuyer du comte,

avait accoutumé de monter ; et, l'ayant bridé et
sellé, monte dessus et se présente à la porte pour
sortir. Les gardes, qui crurent à son habit et à
son port que ce fût son frère, pensant faire grand
plaisir au comte de le défaire de cet homme, lui
firent un grand passage. Ainsi sortit Glaphire,
conduite, comme il est à croire, par son bon
ange, et animée de l'esprit de Dieu. Tout ceci fut
si soudain, qu'elle n'en donna avis ni à sa mère,
ni à son frère, ni à Cantidiane, ni à Palombe.
Aussitôt qu'elle fut dans la rue, le visage couvert
de son manteau, après avoir bien tournoyé çà et
là, n'osant demander le chemin de peur de se
faire connaître, elle rencontra la porte de la ville,
par où s'étant mise à la campagne, elle fut bientôt accueillie des ténèbres de la nuit. Imaginez-
vous une vierge plus craintive qu'une colombe,
dans l'horreur des ténèbres, en un équipage contraire à sa condition, ne sachant quelle voie elle
devait tenir, sinon qu'elle désirait se sauver à la
Selva, lieu de sa naissance et de sa maison paternelle. O Seigneur, sauvez-la de ceux qui l'affligent!
délivrez-la de la main de ses ennemis!

Hélas! que vais-je dire, et qui ne frémira en
lisant ces lignes? Après que la vertueuse Glaphire
eut passé toute la nuit, tantôt par les montagnes,
puis par les vallées, cherchant des sentiers égarés,
sans rencontrer personne qui pût l'adresser au

chemin de la Selva, la peur, qui jusqu'alors ne
s'était point emparée de son esprit, commença à
s'y faire place, et celle qui s'était montrée plus
qu'homme, à la fin devint plus faible qu'une fille.
O fille de peu de foi, que craignez-vous? Si Dieu
est pour vous, qui vous peut être contraire? N'a-
vez-vous jamais vu un navire battu de l'orage auprès d'une côte bordée de rochers? Certes les
nochers voudraient bien gagner la haute mer;
mais enfin la tempête et les vents, plus forts que
leur industrie, les porte en une plage où, pensant échouer et se perdre, ils se trouvent sur la
grève en sauveté, et plus heureux en leur naufrage qu'ils n'eussent osé espérer durant qu'ils
étaient en péril. Tel fut l'événement de cette fuite;
car la sage Glaphire, après avoir bien cheminé en
tournoyant, sans s'écarter de Tarragone, se trouva
aux portes de la ville comme le soleil commençait
à sortir de la maison de l'Aurore par le portail de
l'Orient. Alors, pensant être perdue, elle se re-
lança, par une fervente prière, entre les bras de
Dieu. Las! que ne peut l'amour de la chasteté sur
un gentil courage? Certes, il élève l'âme au-dessus
d'elle-même, et faisant résoudre les vierges à toute
sorte de tourments et de morts plutôt que de perdre leur honneur, il les porte à des actes si
héroïques, qu'ils passent les moyens de les bien
exprimer. Au lieu de demander le chemin de la

Selva, il lui vint en la pensée (Dieu le suggérant
ou le permettant ainsi) d'entrer en Tarragone et
de s'aller rendre en les bras de Sedose, tante de
Palombe et mère d'Ériclée. Elle avait vu fort souvent ces dames chez le comte, et elle n'était pas
ignorante des affections que celle-ci avait pour son
frère. Elle avait été plusieurs fois en cette maison,
en y accompagnant Palombe, quand elle allait visiter sa tante, si bien qu'entrant de grand matin
elle y alla tout droit sans avoir besoin de conduite.
Entrée dans la maison de Sedose sous le nom de
Cléobule, elle fut admise pour parler à cette dame,
parce qu'elle lui fit dire que c'était pour une affaire pressée et importante. Ce fut là que, sous
l'habit de Cléobule, elle lui fit connaître qu'elle
était Glaphire, lui contant de point en point tout
ce que nous venons de raconter, ainsi qu'il lui
était arrivé, la conjurant de lui servir de mère, de
protectrice de son honneur et de bouclier contre
les atteintes des méchants, par ce qu'il y a de plus
saint au ciel et en la terre, par le bien qu'elle
voulait à Palombe, qui était intéressée en cette
occasion, et par tout ce qui peut doucement forcer, soit par pitié, soit par raison, une dame honorable à la conservation d'une fille de bien. Ima-
ginez quel étonnement saisit Sedose et encore
Ériclée, qui dormait en la même chambre, quand
elles entendirent parler Glaphire de cette façon, et

qu'elles virent sauvée d'un si évident naufrage
celle qu'elles croyaient tellement assiégée par le
comte, que nulle force n'était capable de la retirer
de sa puissance. Il eût fallu renoncer à la profession qu'elles faisaient d'aimer l'honneur pour lui
refuser assistance en cette puissante nécessité.
Mais, parce que la puissance de Fulgent était redoutable à Tarragone, elles crurent que le plus
sûr était de la cacher au plus secret endroit de
leur maison, ce qu'elles firent après lui avoir fait
changer d'habits et l'avoir revêtue d'une des robes
d'Ériclée, qui ne lui vint pas mal. O Seigneur,
que vous êtes plein de miséricorde! O Dieu des
vertus, que bienheureux est celui qui espère en
vous !

Mais tandis que Glaphire respirera dans cet
asile, et qu'elle espérera sous les ailes de Dieu,
allons voir ce qui se passe au palais du comte.

Il fut aussitôt averti, par les satellites qu'il avait
mis à sa porte, de la sortie de Cléobule, dont il
conçut une joie nonpareille, estimant son plus
grand obstacle ôté pour se mettre en possession de
Glaphire. Ayant donc donné ordre de ne le laisser
plus rentrer, l'impatience le porta aussitôt en l'appartement des dames, pour paître ses yeux de
l'objet dont la douceur lui causait tant de douleur.
Cléobule qui, étant assuré de sa sœur, parce qu'elle
était en la garde de sa mère et de Palombe, ne

f

veillait que sur les actions du comte, le suivit aussitôt. Ce ne fut pas un petit étonnement pour Fulgent de voir celui qu'il estimait être hors de son palais. Il ne lui dit rien ; mais, s'avançant à grands pas vers le quartier de la comtesse, il le laissa entrer en celui où sa mère était retirée. Tandis que le comte s'amuse à entretenir Palombe de discours fort indifférents, fâché de ne rencontrer point Glaphire auprès d'elle : « Vos jalousies, lui dit-il, qui vous font haïr ce que j'aime, vous le font chasser de votre présence ; mais, malgré toutes les oppositions que l'on me saurait faire, je serai le maître, et je ferai connaître à ceux qui méprisent mon amitié les effets de mon indignation. » Palombe protestant qu'elle n'avait vu ni Dionée ni Glaphire, il la croyait d'autant moins qu'elle l'affirmait davantage.

Cléobule, qui était en des défiances continuelles, surtout quand Fulgent allait chez les dames, ne la voyant point en la chambre de sa mère, crut qu'elle était en celle de la comtesse, ce qui le mit en alarme, et demandant à Dionée de ses nouvelles : « Elle n'a, lui dit-elle, d'aujourd'hui sorti de son cabinet. » Cléobule y entra, où ne trouvant sur le lit de sa sœur que ses habits qu'elle avait laissés lorsqu'elle s'était travestie, il sortit tout troublé. Sa mère, avec un effroi qui se peut mieux imaginer que représenter, pensa pâmer à cette nouvelle.

Elle crut être trahie, et sa fille ou tuée, ou, ce qui lui semblait pire, enlevée et déshonorée. Cléobule, comme homme, les laissa plaindre, mais, résolu d'en venir aux mains, et de faire sentir les effets d'un juste ressentiment aux ravisseurs de sa sœur, se prépare à mourir au milieu d'une sanglante exécution. De ce pas il entre hardiment dans la chambre de la comtesse, où je ne saurais dire ce que la colère lui fit proférer contre Fulgent, ni les termes dont il le traita, Fulgent, au commencement, se moquant de se voir appeler ravisseur, et disant que, quand il l'aurait fait, il se soucierait peu de ses menaces. A la fin il se fallut éclaircir du fait; le comte n'était pas moins troublé que Cléobule. Il appelle ses serviteurs, auxquels il recommande d'ôter l'épée à Cléobule. Tous ensemble firent une patrouille par toute la maison, et ne laissèrent chambre ni cabinet sans le visiter exactement. Quand on vint à l'écurie, il se trouva un cheval de moins, qui était celui-là même que les gardiens de la porte dirent que menait Cléobule, et sur lequel en sortant il était monté. Là-dessus on forma diverses conjectures. Ce visage couvert d'un manteau faisait confesser à quelques-uns qui étaient à la porte que ce pourrait être Glaphire, revêtue des habits de Cléobule. On fait la revue des habits; la conjecture est trouvée véritable. Le comte alors, pensant être trahi, crut que les larmes de Dionée

étaient fausses et les colères de Cléobule contre-
faites, et que sa femme et sa sœur avaient trempé
en la conspiration. D'autre part, la mère de cette
chaste fugitive, et son frère, pleinement ignorants
de ce stratagème, soupçonnaient que le comte l'eût
fait enlever secrètement. Il rend sa femme et sa
sœur complices de cet attentat, qu'il nomma une
conspiration faite contre son contentement, et
protesta de leur faire sentir des traits d'une haute
vengeance. Les autres croient qu'il les prévient de
ces accusations pour émousser les pointes des leurs,
et pour cacher sous les apparences son rapt, qu'ils
tiennent pour manifeste. Pour comble de malheur,
Dionée et Cléobule, Palombe et Cantidiane, se
voient séparément enfermer en leurs chambres,
qui leur tenaient alors lieu de prisons, jusques à
ce, disait le comte, qu'il eût informé la justice. Il
est impossible de représenter le désespoir de la
mère, la rage du frère, les regrets de Cantidiane,
et les soupirs et gémissements de la douce Palombe.
Tandis qu'ils attendent entre ces murailles ce
qu'il plaira à la Providence d'ordonner de leur
captivité, les voisins et plusieurs passants témoignaient d'avoir vu Cléobule à cheval, avec toutes les
circonstances du temps et de l'habit, qui pouvaient
faire croire que c'était Glaphire déguisée. On s'en-
quiert des chemins qu'a pris ce chevalier prétendu :
les gens du comte le suivent à la piste et battent la

campagne çà et là ; mais ils furent aussitôt ac-
cueillis des ténèbres de la nuit. Néanmoins, la plus
commune opinion d'entre eux étant qu'elle avait tiré
vers la Selva pour se sauver parmi ses parents au
territoire de sa naissance et en sa maison paternelle, plusieurs vont à la Selva à toute bride, où
ils se trouvent devant que le soleil revenant sur
l'horizon commençât à blanchir la sommité des
montagnes voisines. Ils revinrent à Tarragone aussi
savants qu'ils en étaient partis.

Sedose étant informée de la prison de Palombe,
sa chère pupille, s'y transporta soudain, comme
pour consoler cette pauvre enfermée; elle lui raconta ce que nous avons dit de la sortie de Glaphire
et de sa retraite en sa maison, et elle redonna la
vie à Cantidiane et à cette désolée comtesse, qui
étaient en des frayeurs et en des agonies nonpa-
reilles. Elles résolurent néanmoins entre elles que
Cléobule et sa mère en auraient l'avis auparavant
que Fulgent en sût rien, de peur qu'il n'enlevât de
force cette fille de la maison de Sedose, avant que
sa mère, par l'aide de la justice, sût donner ordre à
sa sûreté. Cette résolution prise, elle fut exécutée
sur-le-champ; le comte n'eut avis de ceci que
quand tout fut expédié, et Glaphire remise en la
sauvegarde de la justice. Se voyant de cette sorte
frustré de sa proie, ni la pudeur publique, ni la
révérence des lois ne peuvent arrêter le torrent de

sa fureur : pour cela, braves, satellites et amis sont
en armes ; ils tiennent des assemblées secrètes où
se font des propositions qui ne peuvent être suivies
que d'exécutions forcenées. Sindulphe, sous main,
étant averti des préparatifs du comte, en donne
avis à Cléobule, afin qu'il se prépare à la défensive,
s'offrant de l'assister en cette occasion, et tâchant
ainsi de se remettre en ses grâces et de reconquérir
Glaphire. Mais Cléobule qui, se sentant dégagé du
comte, ne voulait pas d'autre part s'engager à Sindulphe, le remercia de ses offres, se disant assez
fort d'avoir Dieu et la justice de son côté. Le désespoir jeta Sindulphe en la pensée de prévenir
Fulgent en l'enlèvement de Glaphire. Il va à la
Selva, il ramasse ses amis, et prépare quelques
braves à cette exécution, à quoi lui donnait une
merveilleuse facilité l'accès qu'il avait en la maison
de Sedose. Ériclée, ayant eu communication du
dessein de Sindulphe et par conséquent de celui du
comte, et feignant de favoriser celui-là, crut avoir
en main la plus belle occasion de s'obliger éternel-
lement Cléobule ; elle lui écrivit ces quatre lignes
pour le convier à la venir trouver, pour lui apprendre les secrets de ces deux entreprises qui visaient au même but, la ruine de son honneur.
Elles disaient ainsi :

« Je tiens en mes mains vos destinées, et, si j'ose

le dire, je porte les clefs de votre vie et de votre mort.
Jugez, Cléobule, si je vous aime, puisque, sous les
cendres de votre oubli, les feux de ma sainte et sincère affection n'ont pu s'éteindre. Maintenant que
je vous crois guéri de vos légèretés par la privation
de l'objet qui vous avait fait prendre le change,
j'expérimenterai si l'ingratitude pourra avoir accès
en un courage que je n'en ai jamais jugé capable;
si votre cœur ne correspond à l'extrême et incomparable obligation que j'acquerrai aujourd'hui sur
lui en vous découvrant un secret que ce papier ne
peut recevoir, et qui ne vous importe pas moins
que la vie, je ne croirai plus qu'il y ait de reconnaissance ni d'amitié au monde. Si vous en voulez
être informé, vous me viendrez voir; c'est à quoi
tend l'avertissement que je vous en donne.

« ÉRICLÉE. »

Outre l'inclination que Cléobule avait de voir sa
sœur, auprès de laquelle Dionée s'était rangée en
la maison de Sedose, imaginez-vous si cet écrit
fut un aimant puissant pour l'y attirer. Là donc,
après mille protestations de ne le déceler point, de
se conduire avec discrétion et de reconnaître son
honnête amitié par une bienveillance réciproque,
Ériclée lui déclara ce que le comte et Sindulphe
machinaient en même temps sur l'enlèvement de
sa sœur. Cléobule, qui avait l'esprit souple et gen-

til, voyant bien qu'il fallait user de feinte, fit voir
à Ériclée que, son alliance avec Cantidiane étant
comme désespérée, il pensait désormais être libre
de sa parole, et qu'il ne cesserait qu'il ne lui eût
témoigné par ses services combien il se sentait son
redevable, la suppliant de lui continuer ce bon
office en détournant Sindulphe de son projet, jusques à ce qu'il pût donner ordre à la sûreté de
l'honneur de Glaphire. Il y ajouta tant d'autres
compliments (en quoi la gentillesse de son esprit
le rendait fort expert), qu'il laissa Ériclée la plus
contente du monde, et en la créance de l'avoir
obligé, en sorte qu'il ne s'en pouvait jamais dégager que par l'engagement du mariage.

LIVRE SIXIÈME.

Cependant Cléobule, troublé de se voir si faible
en une terre où il était comme étranger, avec tant
d'ennemis sur les bras, ne savait à quel saint
adresser ses vœux, quand il lui tomba en l'âme
ce mot des saintes pages : « Si ton frère pèche
contre toi et se rend obstiné en sa malice, dis-le
à l'Église. » Sur quoi lui vint en l'esprit d'avoir recours à l'archevêque de Tarragone, grand prélat
en biens, en naissance, en autorité, mais sur tout
cela grand en piété et en sainteté de vie. Les évê-
ques en Espagne sont de petits rois, et leur puissance y est aussi redoutée qu'elle est redoutable ;
car ce sont les pères et les pasteurs des peuples.
Quand, informé par la bouche de Cléobule qui
s'alla jeter sous sa protection, il sut la vérité des
faits et les particularités de tant d'événements que
nous venons de dépeindre, alors, tout embrasé de
la gloire de la maison de Dieu, et prêt à corriger
le vice qui lui était rendu notoire par une relation
fidèle, il prit aussitôt ce gentilhomme avec sa

mère et, sa sœur en sa sauvegarde ; et parce qu'il estima que, contre la violence dont l'honneur de la fille était menacé, il ne pourrait trouver promptement de plus forte barrière ni de bouclier moins pénétrable qu'un monastère, il commanda que Glaphire fût mise dans le plus fort et le plus signalé de toute la ville, non pour y être religieuse, elle n'y étant pas bien résolue et la mère n'y pouvant consentir, mais seulement pour y être à l'abri de l'orage qui menaçait son intégrité ; ce que la mère et le frère trouvèrent bon de la sorte, et ce que la fille souhaita éperdument.

C'est maintenant que le comte et Sindulphe perdent l'espérance de posséder Glaphire, soit par ruse, soit par violence. Encore Sindulphe se promet, par le moyen d'Ériclée et par ses soumissions et services, de se mettre en la grâce de Dionée et de Cléobule, et par là de reconquérir Glaphire. Mais le comte, ne pouvant se venger de Cléobule qui était en la protection de la justice et de l'archevêque, ni faire aucun dessein sur Glaphire, qui était entre les vestales sacrées et comme entre les mains de Dieu, déchargea son courroux sur les innocents. Il chassa ses gardes, congédia tous ses braves et une partie de ses valets, les accusant de trahison et d'intelligence. Mais tout cela ne fut rien auprès du mauvais traitement dont il affligea la patiente Palombe et sa sœur Cantidiane. Après

les avoir plus étroitement renfermées et, outragé
leur constance d'opprobres et de contumélies que
je n'oserais réciter, il les chassa toutes deux honteusement de son palais, renvoyant sa sœur chez
une parente, et reléguant Palombe en une de ses
terres, sur le rivage de l'Èbre. Mais Cantidiane,
qui aimait aussi tendrement la sœur qu'ardemment le frère, voulant courir la même fortune
que Glaphire, obtint facilement de l'archevêque la
permission de se retirer au même asile où elle
était, si bien qu'étant toutes deux en un même
monastère, elles attendaient avec patience le secours de Dieu. Pareilles à ces perdrix des Alpes,
qui changent leur couleur grise en blanche à
force de voir et de fouler la neige, ainsi petit à
petit Jésus-Christ, l'amour de la croix et le
désir de le servir en une vie plus parfaite, s'allaient
formant et gravant dans l'esprit de ces filles par
l'exemple de la bonne vie des saintes religieuses,
auxquelles elles voyaient tous les jours pratiquer
tant de vertus, et mener en terre une vie qui a
beaucoup de rapport avec celle que les anges
mènent au ciel. Mais elles ressemblaient à ceux
qui ont été longtemps en des cachots ténébreux,
et qui, revenant à la lumière, ont de la peine à en
supporter l'éclat. Aussi, comme elles venaient des
ténèbres du siècle, elles avaient de la peine à
passer à l'admirable lumière de la splendeur des

saints. Ces passages de la vie mondaine à la religieuse, c'est-à-dire de l'imperfection à la perfection, ne sont pas des ouvrages humains, mais des changements de la droite de Dieu. Il n'appartient qu'à lui de métamorphoser la terre en or et les vases de honte en vaisseaux de gloire.

Sans doute ces dames fussent bientôt tombées d'accord ensemble de demeurer en ce saint lieu; mais elles tenaient au dehors par des chaînes invisibles, d'autant plus fortes qu'elles étaient attachées au cœur. Cléobule, sous prétexte de visiter sa sœur, avait aussi la liberté de voir sa chère Cantidiane. Glaphire même, toute sage et toute retenue qu'elle était, n'était pas insensible à l'exil de Siridon, qu'elle voyait banni à son occasion, et qu'elle savait (par Cantidiane qui l'en entretenait souvent) endurer un martyre aussi violent que cet amour était extrême. Cantidiane, avec son esprit subtil, lui représentait les souffrances de son frère exilé en la plus dolente et néanmoins la plus aimable forme qu'elle pouvait; de sorte qu'elle amena par sa dextérité les affaires à ce point, que, comme Cléobule lui promettait de l'épouser, quand elle n'aurait autre dot que sa légitime, ainsi promettait-il de donner sa sœur à Siridon, quand il n'aurait de sa maison que ce que les lois lui acquéraient, malgré les résistances de Fulgent.

Les affaires étant en ce point de ce côté-là,

voyons un peu comme vont celles de Palombe.
Certes, si elle n'eût été pourvue d'une douceur incomparable, elle n'eût pu supporter de si sensibles
et si sanglants affronts. Mais Palombe, reléguée
dans une maison champêtre, séparée de son mari,
passe ses tristes joies en larmes et en plaintes, et
ses longues nuits entre les épines de mille ennuis.
Ses joues, jadis parterre de vives fleurs, sont
maintenant baignées de torrents de pleurs qui ra-
vagent toute leur beauté. Ce bannissement de Palombe, cette séparation cruelle et scandaleuse,
emplissaient de murmure toute la province tarragonaise. L'archevêque, comme bon pasteur, visita
souvent Fulgent pour essayer d'arracher de son
cœur le trait mortel qui livrait son âme en la puissance du prince des ténèbres. Il l'eût guéri, si le
comte, bannissant sa raison, ne se fût point rendu
incapable des remèdes. Tous les discours de ce
doux père aboutissaient à le convier de rappeler
auprès de soi sa femme légitime, et à quitter les
illégitimes prétentions qu'il avait sur une
vierge. Il avait beau lui représenter les excel-
lentes vertus qui rendaient l'une et l'autre admirables, pour l'exciter à la bienveillance pour son
épouse et à perdre l'espoir de posséder Glaphire,
dont l'invincible chasteté rejetait tous ses artifices,
le comte détournait ses yeux du ciel, c'est-à-dire
ses pensées de l'éternité et des choses célestes ; au

contraire, il attachait obstinément sa vue vers la
terre, et son affection à des desseins terrestres et
indignes d'une belle âme. Le saint prélat fut contraint de l'abandonner aux désirs déréglés de son
cœur déloyal et infidèle. Après avoir employé tous
les remèdes lénitifs, il était sur le point de lancer
sur la tête du comte la foudre de l'excommunica-
tion ; mais pour ne rien précipiter en une affaire
si sérieuse, nul retardement n'étant trop long
quand il s'agit non-seulement de la vie temporelle
d'un homme, mais de son salut éternel, il allait
toujours dilayant, pour attendre ce pécheur à re-
pentance. Et voyez combien Palombe était bonne
(car cette femme est une vive image de vertu,
d'honneur et de bonté); quand elle eut avis que
l'archevêque était en cette délibération, elle lui
écrivit plusieurs fois pour le conjurer de retenir
ses malédictions. O Seigneur, ayez pitié de cet
infidèle mari, en faveur de cette fidèle épouse qui
suspend par ses douces prières les censures de l'É-
glise !

Tout autre moyen étant interdit à la pauvre
bannie que celui des lettres, elle l'employa pour
ne laisser rien d'intenté à la recherche du salut de
cette âme. Bien qu'elle pensât semer sur le sable
infertile une semence qui ne rendrait aucun fruit,
néanmoins Dieu, qui choisit les choses débiles pour
confondre les fortes, la folie pour abattre la

sagesse, et ce qui n'est rien en apparence pour
perdre l'orgueil de ce qui paraît être grand, se
servit de ce moyen pour opérer cette prodigieuse
conversion que vous allez entendre.

Palombe ne cessait donc d'écrire au comte, bien
qu'elle ne reçût de lui aucune réponse ; et, comme
la fréquence de ces lettres commençait à passer à
Fulgent en titre d'importunité, pour lui marquer le
peu d'espérance qu'elle devait avoir de reconquérir
son esprit, il entra un jour en son cabinet en délibération d'en faire une liasse, et de lui renvoyer ce
gros paquet de lettres closes, avec défense de continuer. Comme il tirait ces lettres l'une après l'autre
pour en faire un faisceau, je ne sais quelle curiosité
lui vint d'en voir au moins une, pour savoir de
quel air s'y prenait cette reléguée pour se remettre
en ses grâces, et si là dedans elle ne lui découvri-
rait rien du stratagème qui lui avait tiré Glaphire des
mains. Il arriva que cette première lettre, comme
un chaînon frotté d'aimant, attirait toutes les autres, et à la fin toutes ces boucles firent une chaîne
invisible dont son cœur fut tellement lié, qu'il ne
fut jamais plus en sa puissance de sortir de ce
doux, de ce pur, chaste et légitime esclavage, que
le joug du mariage forme entre deux parfaits
époux. O Dieu, que vous êtes admirable en vos inventions! Je priverais le lecteur de la meilleure
partie de cet ouvrage, si je ne lui étalais et les pa-

roles et la substance de quelques-unes de ces lettres, par lesquelles Dieu opéra un effet si puissant.
Voici donc celles que j'ai pu recueillir, et que je
prie le lecteur de considérer avec attention, en se
remettant en mémoire les vertueuses et saintes
qualités de celle qui les écrit, le déplorable état de
celui à qui elles s'adressent, et la bonté de Dieu,
qui préside sur l'un et sur l'autre.

I.

« N'avez-vous pas peur, Fulgent, que Dieu, prenant la cause de mon innocence en sa main, ne
vous fasse sentir les.traits de sa juste colère ? Pour
ne vous rendre à aucune pitié, et ne prendre part
à mes peines par aucune compassion, vous m'é-
loignez de votre présence. Venez seulement, et
voyez..S'il vous plaît que je meure, j'y consens, et
je me rends à votre volonté; je subirai toute con-
damnation, pourvu que ce soit en votre présence
que je sois accusée. Ah! quand bien même j'aurais
failli en contrariant vos injustes affections, la peine
que vous m'en avez fait souffrir jusqu'à présent ne
suffit-elle pas à effacer tous les crimes du monde, si
c'est un crime que de vous obliger, par les preuves
de ma fidélité, à la conservation de la vôtre, et, qui
est plus, de votre honneur et de votre vie? Que si
je suis innocente, comme j'offre de vous le faire

voir clairement, quelle obligation avez-vous à mes
peines des témoignages qu'elles vous offrent de ma
sincérité? Hélas! si vous me touchiez moins au
cœur, votre aversion me serait fort indifférente :
on perd facilement ce qu'on ne prise que très-peu;
et au rebours la privation est extrêmement sensible d'un objet chèrement aimé : car qui ne sait
que rompre une sainte amitié, c'est souffrir autant
de supplices que l'on y moissonnait de contentements, et périr autant de fois que ces délices reviennent en la mémoire? Retirez-moi de ces souffrances,
ô vous que, malgré vos cruautés, j'aime plus que
mes yeux; ou, pour le moins, venez honorer de
votre vue le sacrifice que je vous rends ici de ma
propre vie. Je quitterai le monde sans regret si je
suis favorisé d'un seul trait de votre pitié. »

II.

« Fasse le ciel que vous puissiez comprendre ma
justification à mesure que vos yeux s'engageront
en la lecture de ces lignes, qui vous marquent les
preuves de mon innocence, jointes inséparable-
ment au tort que vous avez de m'avoir condamnée!
Vous assurez que je vous ai offensé, et il vous
plaît que cela soit parce que vous le dites. Si vous
voulez absolument que je sois la cause de la fuite
de Glaphire, votre volonté me tiendra lieu de rai-

son, et, pour vous témoigner la créance que j'ai
en vous, je démentirai ma propre connaissance
pour acquiescer à vos paroles. Mais, quelque supposition que vous puissiez faire par une autorité
impérieuse, vous ne pouvez nier que l'extrémité
de mon affliction ne passe les bornes d'une posi-
sition équitable. Vous avez appris la vérité de la
bouche de Cléobule. Dieu, qui se sert des choses
les plus obscures pour mettre les plus cachées en
évidence, nous découvrit par l'ombre des bois vos
pensées longtemps auparavant que vous les eussiez
déclarées. Il s'est servi de la solitude et du silence
pour vous accuser et pour vous convaincre, et de
votre bouche pour vous trahir. Ce que nous enten-
dîmes ne fût jamais sorti de nos cœurs, si vos actions n'eussent déclaré votre passion, dont vous
fîtes un trophée au triomphe que vous remportiez
de mon respect et de ma patience. Si j'eusse témoigné des ressentiments, ma faute n'eût-elle pas
été digne, non-seulement de pardon, mais de
louange? Il faudrait sortir de l'enceinte du monde
pour trouver une femme qui endurât un pareil
affront, avec tant de retenue, et peut-être que le
ciel me punit de la connivence que j'ai apportée
à votre crime. Un tel outrage qui ne peut être
fait avec justice, ne peut être enduré avec honneur. »

III.

« N'avez-vous pas bonne grâce, Fulgent, de dire
que votre mal provient de ma jalousie? N'aurais-je
pas meilleure raison d'avouer que ma jalousie pro-
cède de votre mal? Otez-en le sujet, me voilà gué-
rie : vous serez sans plainte, et moi sans douleur,
comme sans rivale. Pourquoi accusez-vous en moi
ce que vous autoriseriez en vous si un autre me
regardait contre les règles de l'honneur et de la
bienséance? Pourriez-vous souffrir un rival en ce
qui vous appartient uniquement? La sainte loi du
sacrement qui nous assemble, de nous deux ne
fait qu'un, et ce que toutes les puissances de la
terre ne sauraient séparer, votre colère le divise!
Ne m'avez-vous pas mille fois protesté durant vos
premières et plus pures affections que vous ne brû-
leriez jamais d'autre amour que de la mienne?
Quelle faute ai-je commise, si j'ai désiré vous maintenir en loyauté? Ma jalousie, si j'en ai, n'est-ce
pas la marque de mon amour? Au fond, ma faute
est de vous aimer trop. Et pourtant, bien que je
susse qu'une autre me dérobait le cœur qui m'était
dû, lui ai-je jamais montré mauvais visage ou dit
aucune fâcheuse parole? Je considérerais que j'eusse
été déraisonnable de m'irriter contre elle pour votre crime. Comment eussé-je pu haïr son inno-

cence, puisque je n'avais aucune aversion de vous qui m'offensiez? Voyez jusqu'où allait l'indulgence de mon amour : je cherchais en ses beautés des excuses pour votre faute. Rappelez donc à vous votre raison, cher Fulgent, et après vous reviendrez facilement à moi. Il y a encore de secrètes et invisibles liaisons qui unissent nos âmes ; mais vous ne les apercevez pas, parce que vous n'êtes ni à vous ni en vous-même. Si une fois vous pouvez reconquérir votre jugement, je ne perds point l'espérance de rentrer en votre affection ; et alors ce beau printemps me fera oublier le rude hiver que j'expérimente, et l'excès de mes joies surmontera de bien loin la grandeur de mes souhaits. O mon Dieu, rendez-moi mon Fulgent, ou plutôt, en me rendant à lui, rendez-moi à moi-même! »

Ces lettres, attentivement lues et affectueusement relues, attendrirent ce cœur auparavant insensible. Il se sentit accablé de la force des raisons et de la douceur des paroles. Cette chaste Palombe revint devant ses yeux en la plus belle et glorieuse forme qu'il l'eût jamais vue ; et, comme les pleurs redoublent la beauté des personnes belles, cette dolente image, toute noyée de larmes, lui paraissait comme une colombe qui voltige sur les pleins courants des eaux claires et nettes. Tant de vertus que cette femme honorable avait témoignées du-

rant son affliction lui revinrent en foule en la
pensée. Et comme il est impossible que deux
grandes passions règnent ensemble en un même
cœur, l'amour de Glaphire lui parut si laide et si
difforme à comparaison de l'honnêteté de celle
qu'il devait à Palombe, que, honteux de tant de
fautes et de folies, sans l'espoir du pardon qu'il se
promettait de la bonté de Palombe, il eût été réduit en une pitoyable condition. Il alla promptement trouver l'archevêque. Ce bon père, pleurant
de contentement, le reçut à bras ouverts, comme
un prodigue perdu et regagné, comme une ouaille
retirée de la gueule du loup et des portes de la
mort. Il reçut de ce bon prélat des bénédictions
au lieu d'anathèmes. Après s'être réconcilié à Dieu
et à l'Église par le ministère de ce saint évêque, il
lui manifesta la trahison dont il avait usé envers
son frère pour le détourner de la recherche de
Palombe, et la rigueur qu'il avait exercée envers
sa simplicité, le reléguant comme en exil pour le
divertir des légitimes affections qu'il avait conçues
pour Glaphire, ensemble les promesses qu'il avait
faites à Cléobule de lui donner en mariage, avec
une riche dot, sa sœur Cantidiane; et que, pour
réparer tous ses torts, il était résolu de faire ces
deux mariages, afin de faire abonder la grâce où
le délit avait régné. En quoi il fut non-seulement
confirmé par le très-illustre archevêque, mais de

plus exhorté et conjuré, afin de mettre l'édification en la place du scandale. Et voyez comme toutes choses arrivent à leur but, disposées suavement par la douceur de la Providence; car c'était sur le point que Cléobule avait projeté de retirer sa sœur et Cantidiane de Tarragone pour les mener, en compagnie de sa mère, à Torillas pour épouser solennellement celle-ci, et donner Glaphire en mariage à Siridon. Le comte rappela sa femme de son exil, alors qu'elle pensait être la plus éloignée de ce bonheur; il fit entendre à Cléobule ce qu'il projetait d'accomplir pour les réciproques mariages de lui et de Cantidiane, de Siridon et de Glaphire. Cette nouvelle fut tellement inopinée, que Dionée et son fils croyaient toujours qu'il y avait quelque trahison cachée sous l'appât de ces propositions si désirées. Mais l'archevêque, interposant son autorité et se rendant caution pour Fulgent, assura que tout cela s'accomplirait avec sincérité et franchise; aussi les soupçons s'évanouirent et les ombrages furent dissipés. Les transports de Palombe, les joies de Dionée, les ravissements de Cantidiane, les consolations de Cléobule, les allégresses de Glaphire et de Siridon, surpassent la faculté de les exprimer. Afin que la joie fût entière en cette fête, Sindulphe et Ériclée, sur leur commun désespoir de posséder, celui-là Glaphire, et celle-ci Cléobule, furent promis l'un à l'autre, non

sans grande providence du ciel ; les deux objets
qui empêchaient la mutuelle attraction de leurs
désirs étant ravis à leur espoir, ils se trouvèrent
liés d'affections mutuelles, et leur bienveillance,
nourrie dans une longue conversation, se trouva
tellement forte, que leur amour fut accompli dès
le point de sa naissance. Tant il est vrai que les
mariages se font dans le ciel, c'est-à-dire qu'il y a
une prévoyance plus qu'humaine qui préside sur
les hyménées ; que Dieu fait parfaitement bien tout
ce qu'il entreprend, et que c'est à juste raison que
nous devons recevoir ce qui part de sa main ! Car
sans doute l'humeur d'Agérice, mère de Sindulphe, se trouvant inflexible en la haine qu'elle portait à la maison de Glaphire, jamais Glaphire n'eût
pu être heureuse avec ce gentilhomme, qui, déshé-
rité par sa mère, n'eût eu pour partage que des
malédictions et la pauvreté. Ce qui n'arriva pas en
son alliance avec Ériclée, qui, avec d'assez beaux
moyens, apporta, comme une colombe, l'olive de
paix en la maison d'Agérice, qui l'aima tendrement. Quant à la mère de Palombe, l'archevêque la
prêcha tant, qu'enfin il fléchit son courage : de sorte
qu'au lieu des malédictions, qu'elle révoqua, elle
donna mille bénédictions au mariage de Fulgent
et de sa fille. Ajoutez à cela que le comte, l'appelant en son palais auprès de sa fille, la rendit gouvernante et maîtresse de sa maison et de ses biens.

Ainsi les quatre hyménées se rencontrèrent, car
j'ai quelque raison de mettre au rang des autres
celui de Fulgent et de Palombe : si ce n'est pas
l'usage des corps, mais l'union des cœurs qui fait
ce sacré lien, qui ne voit que ce fut seulement en
ce temps-là que l'honorable Palombe posséda entièrement son cher Fulgent? Le comte fit à son frère
et à sa sœur les avantages qu'il leur avait promis,
y ajoutant même beaucoup de choses par excès de
courtoisie et de libéralité, pour témoigner combien sa conversion était véritable. L'archevêque fit
toutes les solennités des bénédictions, et assista à
ces noces, où l'eau des angoisses passées fut changée en vin savoureux des délices présentes. Dieu
bénit ces mariages d'une heureuse lignée, et poussa
leur commune bienveillance jusque dans la posté-
rité.

Jouissez, amants heureux, jouissez, après tant
de troubles et de désastres qui vous ont agités en
tant de façons, de la joie de ceux qui, après la
tourmente, sont arrivés au port. Bénissez les travaux qui vous ont exercés et éprouvés comme l'or
en la fournaise, bénissez la main de Dieu, qui
vous a fait goûter le mal et le bien pour vous apprendre la bonté, la discipline et la science de ses
voies par tant d'expériences.

On peut tirer plusieurs beaux enseignements des
divers événements représentés en cette narration ;

mais celui-ci brille sur tous les autres, que les
femmes vertueuses et honorables, par la douleur
et la patience, ramènent enfin à la raison les maris les plus dissolus.

FIN.

TABLE.

FIN DE LA TABLE.

Imprimerie de Ch. Lahure (ancienne maison Crapelet)
rue de Vaugirard, 9, près de l'Odéon.

www.ingramcontent.com/pod-product-compliance
Lightning Source LLC
Chambersburg PA
CBHW071403050326
40689CB00010B/1737